高等职业教育创新型系列教材

新媒体营销

主　编　郭义祥　李寒佳
副主编　彭　幸　黄　静　伍　丹　武海华
参　编　许　蕾　邓　彦　张　路　墨亚兰
　　　　石　柳　杨　兰　李　伟　杜　渭　刘佑华

U0299458

北京理工大学出版社
BEIJING INSTITUTE OF TECHNOLOGY PRESS

图书在版编目（CIP）数据

新媒体营销 / 郭义祥, 李寒佳主编. – – 北京：北京理工大学出版社, 2022.1（2023.2 重印）

ISBN 978 – 7 – 5763 – 0643 – 9

Ⅰ. ①新… Ⅱ. ①郭… ②李… Ⅲ. ①网络营销 – 高等学校 – 教材 Ⅳ. ①F713.365.2

中国版本图书馆 CIP 数据核字（2021）第 219713 号

出版发行 / 北京理工大学出版社有限责任公司	
社　　址 / 北京市海淀区中关村南大街 5 号	
邮　　编 / 100081	
电　　话 /（010）68914775（总编室）	
（010）82562903（教材售后服务热线）	
（010）68944723（其他图书服务热线）	
网　　址 / http：//www.bitpress.com.cn	
经　　销 / 全国各地新华书店	
印　　刷 / 三河市天利华印刷装订有限公司	
开　　本 / 787 毫米 ×1092 毫米　1/16	
印　　张 / 16.5	责任编辑 / 施胜娟
字　　数 / 370 千字	文案编辑 / 施胜娟
版　　次 / 2022 年 1 月第 1 版　2023 年 2 月第 3 次印刷	责任校对 / 周瑞红
定　　价 / 49.80 元	责任印制 / 李志强

图书出现印装质量问题，请拨打售后服务热线，本社负责调换

前　言

随着现代传播技术的飞速发展，麦克·卢汉所预言的地球村已经变成了现实。在全球化时代到来的今天，信息传播已不再局限于报纸、杂志、广播、电视等传统方式，其与互联网技术充分融合，创造出了新时代的信息发布与传播新平台——新媒体。

新媒体的飞速发展是一件令世人瞩目的新鲜事。截至 2020 年 3 月，我国网民规模达9.04 亿，互联网普及率达 64.5%，手机网民规模达 8.97 亿，网民使用手机上网的比例达99.3%，网络新闻用户规模达 7.31 亿，手机网络新闻用户规模达 7.26 亿，网络购物用户规模达 7.10 亿，手机网络购物用户规模达 7.07 亿，网络支付用户规模达 7.68 亿，手机网络支付用户规模达 7.65 亿，网络视频（含短视频）用户规模达 8.50 亿，短视频用户规模为 7.73 亿。

这一切都昭示着新媒体时代的到来。这个新的时代完全改变了人们接触、参与信息的方式，颠覆了人们的生存方式和生活方式，消费者的购买方式和购买行为更是发生了新的变化，同时也引发了营销方式的变革，注重体验性、沟通性、差异性、创造性、关联性的新媒体营销应运而生。新媒体营销已经成为现代企业营销模式的重要组成部分。

随着 5G 时代的到来，更促使新媒体发生了一个质的飞越，它将手机与互联网结合在一起，形成"新媒体现象"，新媒体企业无论在营业收入、年增长率和总资产年平均增长率上，都超过 50%，行业规模发展速度惊人。这一切给现代企业营销提出了新的挑战，如何运用新媒体开展营销，营造一个良好的企业生存和发展空间成为当务之急。

面对如此快速发展的市场，我们觉得有必要推出一本可以帮助读者快速入门的新媒体营销教材，使读者能对新媒体营销有全面的了解，同时掌握新媒体营销的基本技能。本书从新媒体营销基础知识讲起，将新媒体营销涉及的几个载体分为不同的模块进行讲解，由于部分内容属于理论知识不好理解，所以本书在理论知识中添加了很多实际案例，以期通过理论结合实际案倒的方式使读者尽快将所学知识应用到实际工作中。

现代企业只有全面深入地观察新媒体、把握新媒体、运用新媒体，才能与消费者合拍，经营好自己的企业，与时代同步，这也是本书编写的目的和期待产生的价值。本书的规划和编写有以下特点：

1. 以课程思政改革为引领

本书积极贯彻落实党的十九大、全国教育大会、全国高校思政工作会议精神，以习近平新时代中国特色社会主义思想为指导，落实立德树人的根本任务，旗帜鲜明地坚持正确的政治方向、舆论导向和价值取向。每一个任务单元都设置知识、能力、思政三维目标，并通过"思政园地"栏目挖掘专业与课程背景下的思政元素，将社会主义核心价值观的践行与优秀传统商业文化的渗透贯穿始终。

2. 新商科"课、岗、赛、训、证、创"融合的特色突出

本书融入最新的新媒体营销岗位标准与技能要求，对接技能大赛，突出实训特色，以营销内涵为主线，注重新媒体营销策划能力与营销内容创作能力的培养。每一个任务单元都遵循"学习目标"（三维目标）、"案例导入"（引出问题）、知识赏析（解决问题）、"知识测验"与"技能训练"（考核提升）的逻辑结构展开，并创新性地开设了四个栏目：

（1）思政园地。将社会主义核心价值观、法治意识、职业道德、优秀商业文化、传统文化内化于心，贯彻始终。

（2）行业术语。分享新媒体行业的新概念、新名词、新理念。

（3）岗位衔接。介绍新媒体营销工作岗位职责要求与能力要求及相关情况，让读者对新媒体营销岗位有初步的印象。

（4）协作创新。指导学生分小组开展协作学习，将创新思维、团队合作与思辨能力融入课堂。

3. 实现了在线开发课程和新形态一体化教材的"互联网＋"式互动

本书体现了数字技术对教育教学的强大支撑，以"一本教材就是一门课程"的目标进行开发，建设了微课、动画、视频、图文、课件、习题、实训、案例等内容丰富的颗粒化资源，以满足时代移动学习的需要，推动线上线下混合式教学、自主学习、翻转课堂等改革与创新实践。

本书的写作源于学校建设"智慧商务服务一流专业群"课程建设的需要，在此感谢长沙职业技术学院对此书的大力支持。此书的编写团队是一支活跃在高校战线，富有激情、思想前卫、乐于探索的教师队伍。其中任务一由郭义祥编写，任务二由彭幸、黄静编写，任务三由郭义祥、李寒佳编写，任务四由黄静、郭义祥编写，任务五由李寒佳、伍丹编写，任务六由邓彦、彭幸编写，任务七由张路、黄静编写，任务八由墨亚兰、武海华编写，任务九由石柳、刘佑华编写，任务十由杨兰、武海华、彭幸编写，任务十一由郭义祥、李寒佳、李伟编写，任务十二由李寒佳、李伟、许蕾、杜渭编写，郭义祥、李寒佳负责全书大纲设计以及书稿的最后审稿。

在编写的过程中，我们借鉴了一些学界和业界研究者的观点和内容，并将相关著述附于书后的"参考文献"中，在此表示深深的感谢！但同时，本书在一定程度上也存在经验不足的遗憾，特别是"新媒体营销"作为新生事物，其应用还处于摸索阶段，可供借鉴的东西还非常有限。所以，全书内容难免存在不足，敬请专家和同仁批评指正。

编　者

2021 年 12 月

目　录

项目三 实施新媒体营销

项目一
新媒体营销入门

任务 1　新媒体营销初步认知

知识目标

了解新媒体产生的背景、发展现状与趋势

了解新媒体营销对企业的作用

掌握新媒体及新媒体营销的内涵和特征

掌握新媒体时代的营销理念与方式

熟悉新媒体营销的常用思维

熟悉新媒体营销岗位的成长路径与岗位职责

能力目标

能够建立新媒体营销思维，强化创新意识

能够描述新媒体时代下营销变革的特征

能够以案例形式描述新媒体营销的模式

能够编制一个新媒体营销的岗位群说

思政目标

培育并践行社会主义核心价值观

培养新媒体从业人员的法治意识与职业道德

传播优秀商业文化与中国传统文化

培养文化自信

学习导图

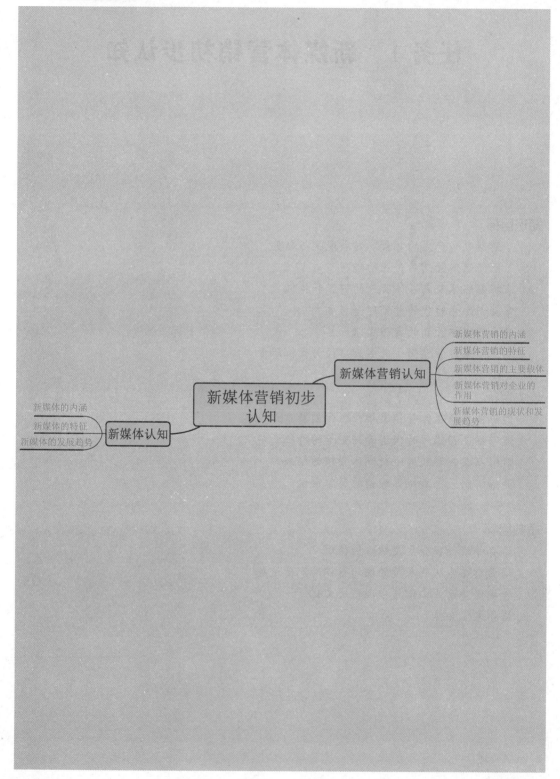

新媒体营销初步认知

新媒体认知
- 新媒体的内涵
- 新媒体的特征
- 新媒体的发展趋势

新媒体营销认知
- 新媒体营销的内涵
- 新媒体营销的特征
- 新媒体营销的主要载体
- 新媒体营销对企业的作用
- 新媒体营销的现状和发展趋势

 **案例导入**

"接地气"营销：中关村摊煎饼、蓝翔技校开挖掘机

《煎饼侠》是大鹏导演的第一部喜剧电影，影片保留了《屌丝男士》的机智幽默风格，运用"戏中戏"的方式讲述了一个小人物的奋斗史。大鹏邀请来了三十多名中外著名的影星、艺人在片中实名出演，包括曾志伟、关君如、尚格·云顿、邓超、羽泉、袁珊珊、郭采洁及相声演员岳云鹏，喜剧演员小沈阳、宋小宝、刘小光、王小利等，这部电影的客串明星涵盖了中国所能见到的几乎所有喜剧流派。"国民岳父"韩寒也献出处女秀，在片中饰演他自己。

尽管《煎饼侠》看上去是一场山寨超级英雄的"闹剧"，实际上这场"闹剧"是一个戏中戏，整个故事讲述的是一个小人物的梦想保卫战。大鹏与蓝翔技校的上千名学生动情讲述自己拍摄电影的原委，讲述自己做网络编辑、主持人、拍网剧，十多年来从未忘记电影梦，他鼓励学生们做好手边的每一件事，不放弃自己的梦想。

虽然这是一部宣传超级英雄的电影，但是与观众耳熟能详的好莱坞大片相比，无论在制作成本还是人物的设定上都有不小的距离。利用互联网、新媒体"接地气"的营销战略，让其成为"奇迹"。

大鹏全程参与了电影的宣传发行，包括31个城市的路演、在街头卖煎饼、去蓝翔技校宣传等一系列"接地气"的营销活动。"放弃采用'高大上'的营销话语，放低身段走进受众语境，才能与受众平等对话。"大鹏说。

为了宣传电影，"大鹏摊煎饼"的图片在新浪微博"爆红"。大鹏首选网民聚集、年轻网友众多的中关村摊煎饼，此事件在微博上迅速发酵。当天多个微博大V账号转发了"大鹏摊煎饼"的图片，而相关的视频热度更是高达到226.2万。

另外，与走进一般高等学府的宣传方法不一样，"大鹏进蓝翔"更能体现其运用互联网思维、制造网络话题宣传的路径。在蓝翔技校内，大鹏开挖掘机、学厨师、学摊煎饼等活动的照片，在微博等社交媒体上也引发了大量的关注。

31个城市的路演更是让《煎饼侠》创下了电影路演的纪录，从早到晚都在奔波中，以至于后来大鹏每次上台前都要先问问助理，他身处哪个城市。

（资料来源：中国经济周刊－经济网版权作品，有删减。http：//www.ceweekly.cn/2015/0810/123232.shtml）

 **知识赏析**

1.1　新媒体认知

 ### 1.1.1　新媒体的内涵

新媒体（New Media）的概念是由美国哥伦比亚广播电视网（Columbia Broadcasting System，CBS）技术研究所所长戈尔德马克（P. Goldmark）于1967年率先提出的。

新媒体是一个相对的概念，与媒介技术的不断推陈出新紧密相关。相对于报刊、户外媒体、广播、电视四大传统意义上的媒体，新媒体被形象地称为"第五媒体"。

新媒体是一个相对的概念，与媒介技术的发展密切相关，人们对于新媒体的认识也从来不是一蹴而就的，是随着新媒介的发展而不断加深的。对于新媒体，业界和学界给出了多个定义。

清华大学熊澄宇教授提出："所谓新媒体，或称数字媒体、网络媒体是建立在计算机信息处理技术和互联网基础之上，发挥传播功能的媒介总和，全方位、立体化地融合了大众传播、组织传播和人际传播，以有别于传统媒体的功能影响我们的社会生活。"

广义而言，新媒体指利用数字技术、网络技术，通过无线通信网、宽带局域网、互联网等传播渠道，结合手机、计算机等输出终端，向用户提供文字、图片、音频、视频等信息及服务的新型传播形式与手段的总称。

狭义上讲，"新媒体"可以理解为"新兴媒体"，即以数字技术为基础，以网络为载体进行信息传播的媒介。

常见的新媒体平台，主要包括但不限于微博、微信、今日头条、百家号、优酷等，如图 1-1-1 所示。

腾讯系旗下的App主要有：QQ、微信、应用宝、QQ浏览器、QQ音乐、QQ阅读、QQ输入法、腾讯新闻、腾讯视频、腾讯地图、腾讯微云、腾讯游戏、腾讯微视、微店和全民K歌等。

阿里巴巴是中国最大的电商企业，阿里系旗下的App主要有：淘宝、天猫、支付宝、咸鱼、聚划算、一淘、蚂蚁金服、饿了么、口碑网、阿里云、中国雅虎、中国万网、优酷、土豆、书旗小说、高德地图、飞猪、UC浏览器、菜鸟网络和墨迹天气等。

百度是中国第一大搜索引擎，百度系旗下的App主要有：百度、百度图片、百度新闻、百度网盘、百度贴吧、百度阅读、百度百科、百度知道、百度输入法、百度音乐、百度地图、百度视频、百度翻译、百度糯米、百家号、好看视频、爱奇艺和有钱花等。

头条系主营业务和App是以今日头条为核心，包括抖音短视频、火山小视频、西瓜视频、悟空问答、头条号、多闪、懂车帝、前内涵段子、faceu激萌、图虫、快看漫画、TopBuzz和musical.ly等。

图 1-1-1　常见的新媒体平台（图来自：互联网截图）

新媒体的体系中，微信、微博两大自媒体当前流量巨大，用户居多，是比较易于分享传播的流量平台，所以平时谈到新媒体一般就理解为微博和微信。新媒体和自媒体的关系，从体量以及所表达内容的丰富程度来看，自媒体更小、更精准，某种意义上是指"一个人的媒体"，新媒体则更侧重于平台（或者说渠道）。新媒体和自媒体的关系如图 1-1-2 所示。

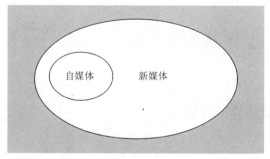

图 1-1-2　新媒体和自媒体的关系

1.1.2　新媒体的特征

新媒体的特征主要表现在 6 个方面，即信息主体多元化、信息沟通共享化、信息传播及时化、信息服务个性化、信息形式多样化和信息内容碎片化。

（1）信息主体多元化

新媒体的出现使用户可以在社交网络上分享各种信息，"人人拥有麦克风，人人都是自媒体"。

（2）信息沟通共享化

新媒体的出现使用户不仅可以从社交平台获取各种新闻消息，而且可以在社交平台上发表自己的观点，参与事件讨论，互动沟通，分享自己的感悟。

思 政园地

自媒体人需要注意哪些准则?

咪蒙的微信公众号已经关闭，账号页面显示已注销。咪蒙，曾经火爆的公众号顷刻间消失在公众视野。此前，咪蒙旗下的"才华有限青年"发布《寒门状元之死》一文，被推向舆论的风口浪尖，咪蒙因为弄虚作假，过度煽情，有意渲染暴戾情绪，博取人性焦虑和痛点的流量，终没有走得长远。

这个事件，其实，也是在提醒广大的自媒体人，在这个充满机遇的伟大时代，应该恪守底线，不要过于放大情绪，用哗众来谋求利益。

所以，具有信息传播性质的自媒体人，需要时刻把握自己的自媒体准则。

实事求是，不弄虚作假

实事求是，这句话我们从小说到大，要坚持一切从实际出发。自媒体人要尊重事实，不胡编乱造，没有的就是没有，不要无中生有，更不要对事实添油加醋。不弄虚作假，说的也是要讲求客观事实，主要是强调不要刻意制造假象，或捏造歪曲事实的信息。更不要为了获得流量，天马行空，作毫无根据的推论。

不做标题党，提升内容质量

或许有的标题能带来更多的流量，但用户点击进去却发现标题与内容差异太大，使用户的喜爱度大大降低，从长远来说，并不利于自媒体号的质量和发展。而且，未来平台的方向一定是鼓励原创，且是高质量的原创，如果想持续发展，获得更好的平台的青睐和支持，务必提升内容质量，自媒体作者数以百万千万计，内容质量优秀的作者会走得更加长远，获得更好的收益。

遵守自媒体平台规则，传播正能量

自媒体人一定要熟悉平台的相关规则，牢记并遵守。自媒体人，应当更多地传播社会正能量。社会需要正能量，个体需要，群体需要，有正能量才能更好地以积极乐观的心态面对生活，明白家庭责任和社会责任，做一个有责任感的社会人。

全媒体时代，有底线有原则有梦想

在这个全媒体的时代，人人都可能是一个媒体，能发挥媒介作用，但每个人都应有自己的原则和准则，不能逾越底线。自媒体人不能为了追逐利益去尝试冒险，越过底线和原则，自媒体人应有社会担当，在全媒体时代更多地创造社会价值，传播正当正确信息，有梦想，能为自己的事业努力拼搏。

的确，时代给予了我们重要的工具和手段，人类文明的进程也是利用工具不断进步的历程。互联网也有属于它的文明，而这个文明的创造，自媒体人就是其中重要的建设者。

全媒体时代，恪守准则，严把底线，不辜负时光，传播正能量，共建诚信公正的社会家园。

（3）信息传播及时化

新媒体的出现不仅使用户可以随时随地获取信息，而且，新兴的移动社交应用如微博、微信，以及各大短视频平台等媒介更是可以将用户分享的内容第一时间发布出去，让信息直达受众。

（4）信息服务个性化

新媒体时代，受众细分化趋势加深，新媒体融合了传统媒体的很多优点，能够为受众提供个性化的服务，用户可以自主选择内容和服务。

（5）信息形式多样化

新媒体的出现不仅扩大了用户的参与范围，而且带来了海量的传播信息。每个人都可以使用各式各样的社交平台分享内容，信息在表现形式上也更为丰富多样。新媒体能够集文字、图片、音频、视频等多种表现形式于一体，带给用户的是更加震撼的视听享受。

（6）信息内容碎片化

随着互联网时代的到来，数字技术、网络技术、传输技术的大量应用，大大强化了受众作为传播个体处理信息的能力，碎片化现象不但让受众群体细分呈现为碎片化现象，也引发着受众个性化的信息需求，整个网络传播呈现为碎片化语境。"碎片化"是遍及所有新媒体平台最重要的趋势。

 1.1.3 新媒体的发展趋势

（1）新媒体将引领时代潮流

新媒体产业在媒体行业中所占比重迅速上升，尤其是在发达国家，世界进入了数字娱乐信息时代。

（2）对传统媒体产业构成了巨大的挑战

部分传统的媒体行业将逐步走向衰微，适应市场需求的媒体行业将继续保持活力。

新媒体产业对报刊、图书出版等传统媒体产业构成了巨大的挑战。20 世纪 90 年代中期以后，国际报业明显出现了萎缩的趋势。如英国的《独立报》在 1990 年发行量超过 40 万份，从 1995 年起发行量开始下滑，到 2003 年 9 月只剩下 20 万份。北美是全球报业最发达的地区，发行量也出现停滞或萎缩的情况，进入 2005 年，北美出现了近 10 年来发行量最大幅度的下滑。据统计，世界报业自 2001 年以来，各国报纸 10% 的广告收入（约 15 亿美元）被网络媒体所代替。

随着数字化和互联网的迅速发展，图书出版业也面临市场萎缩的窘境。以日本出版业为例，日本出版业的销售额在 1996 年以后连续下滑，到 2003 年减少了 17%。杂志从 1999

年至 2003 年，广告收入减少了 8%。据日本《出版指标年报》的统计，1996 年图书杂志销售总额最高，为 2 兆 6563 亿日元，其后逐年下降，到 2003 年下降到 2 兆 2278 亿日元。

新兴媒体产业的崛起，对传统媒体产业构成冲击是毫无疑问的。但影响的范围和程度仍有待进一步观察和研究。可以肯定的是，一些适应市场需求的传统文化行业仍将继续保持活力。

（3）媒介融合趋势进一步强化

互联网环境下，媒介融合的发展趋势进一步强化，电视、手机、电脑"三网合一"纵深发展；网民的意识形态也呈现出融合发展态势，"地球村"的概念得到越来越多人的认同。

（4）更加注重"以用户为中心"的用户体验

新媒体属于体验经济，追求用户的自我感受满足，用户在消费过程中重视自我体验。

新媒体时代，"以用户为中心"的传播方式越来越深入策划、设计、功能等一系列用户体验当中。

（5）新媒体的技术支撑体系已经比较成熟，新媒体的终端已经相当普及

新媒体是一种传播方式。我们不能将传播方式、载体和内容混为一谈，目前传播内容没变，新媒体带来的只是传播方式不同。从全世界范围内来看新媒体技术已经完全成熟，计算机成为新媒体传播的中心环节，互联网成为基本载体，光电传导、电子纸也日趋成熟。我国新媒体传播的硬件技术和支持条件已经成熟，特别是在通信领域技术上不但与国际发展水平相当，甚至有几十项技术能够领先于国外发达国家。

任何媒体传播都没有今天新媒体传播的条件好，中国目前用户的数量已经达到 4.2 亿，计算机显示器、阅读器有 1.3 亿，市场上流通的电子书有 30 多万种，新媒体的终端设备已经相当普及。这不是政府规划而是市场自动形成的。绝大多数有阅读能力的人都具备新媒体阅读的终端。

（6）使用新媒体的消费者越来越多

在新闻出版总署进行的阅读调查中，阅读传统出版物的人数在以每年 12% 的速度下降而阅读新媒体的人数则以 30% 的速度在增长，特别是年轻人和知识分子人群表现尤为明显，他们正是出版物市场未来消费的主力军。再比如说，过去人们读书、看报的时间现在已经大量转移到网络上。这些事实都说明了新媒体已经被读者、观众和听众所接受，人们的阅读、学习习惯已经发生了很大的转变。

（7）新媒体传播的内容正在日益丰富

传统媒体每天传播的信息量不及互联网的 1/4，互联网提供了丰富的内容，给人们带来了精神享受。新媒体的市场达到了一定的规模并逐年扩大。

（8）越来越强的用户参与性

新媒体的突出特点是双向互动性，强调用户的参与，这使越来越多的媒体、企业商家重视用户对项目或商品的参与性。

新媒体相较于传统媒体，其最突出的特征便是改变了过去信息单向传播的模式，变成了传播者和接收者之间随时随地的双向传播模式。这样的传播模式导致了新媒体的开放性和参与性。而且越来越多的媒体、企业、商家开始重视受众、用户对项目或商品的参与性，因为在新媒体时代，关注度越高，才越能有较大的商业价值。传统媒体的传播模式，

将受众和传播者截然分开，受众只能作为接收者被动地接收信息。但新媒体的平等性和匿名性特征将这一界限彻底打破，接收者可以是传播者，传播者也可以是接收者。从而实现了所有人向所有人的传播模式，所以，新媒体具有极强的参与性。传统媒体为了寻求改变，也在新媒体开辟阵地，与电子商务结合，增加新的利益点。在2015年和2016年的中央电视台春节联欢晚会上，节目组就采用了"摇一摇"和"咻一咻"新媒体的玩法与用户互动。由此可见，"用户参与性"已成为新媒体的一种重要发展趋势。

除了注意力、移动载体和头部内容，新媒体还有一种发展趋势，就是参与感，即从被动阅读到积极参与。从没有互联网到如今移动互联网普及，阅读的内容量和更新速度发生了翻天覆地的变化。首先是信息总量，以往的报纸杂志所能承载的信息总量是非常有限的，而当今的门户网站和新闻客户端所承载的信息总量几乎趋于无穷。再有就是内容更新速度，从早期的每月更新，到后来的每日更新，再到现在的实时更新，更新速度不知翻了多少倍。内容量的飞涨和更新速度的飞升对阅读者的参与程度产生了巨大的影响。从最早的写信投稿、热线电话、短信投票，到现在的在线评论和弹幕直播，提升用户参与感无疑成为吸引目标人群关注度的一个重要手段，因此，新媒体内容的策划方式早已从简单的传播性设计向高黏性的参与感设计发展过渡，所以，参与感也是新媒体发展的重要趋势。

1.2　新媒体营销认知

1.2.1　新媒体营销的内涵

所谓新媒体营销，简单来说，就是企业通过新媒体渠道所开展的营销活动。具体而言，新媒体营销则指的是信息化、网络化、电子化环境下开展的一种营销活动。

1.2.2　新媒体营销的特征

新媒体营销认知

新媒体营销作为一种新兴的营销方式，从一诞生就受到了企业的关注，并呈现出强劲的生命力，而这与其营销特点密不可分。简而言之，新媒体营销的特征表现为以下几个方面：

（1）成本低廉

经济成本低廉：企业不需要自建平台，借用社交平台开展营销，减少资金投入；技术成本低廉：企业开展新媒体营销对技术的要求不高，平台操作简单方便；时间成本低廉：新媒体营销信息传播无须经过相关部门审批，简化了信息流通的环节。

（2）应用广泛

随着网络技术和新思维的不断涌现，新媒体的传播渠道也在日益增多，主要有博客、网络视频、网络社区、IPTV、移动电视等。

（3）模式健全

围绕各种类型的新媒体可以开展多种新媒体营销模式，目前较为健全的营销模式有微博营销、SNS营销、网站营销、视频营销、搜索营销等。

（4）前景广阔

新媒体涵盖了丰富多彩的内容，各种传播渠道使每个人都拥有了信息发布和传播能力。同时，大家对信息的解读和分析也达到了前所未有的广度和深度。通过对社交平台上大量数据的分析，企业对用户需求的理解越来越准确，从而使未来市场越来越广阔。

新媒体改变了以往传统的信息传播模式，其双向性是一大优势。新媒体营销模式也促使企业开始改变以往的营销观念，促进企业营销观念的提升。从长远来看，新媒体的快速发展和普遍接受是必然的。

随着新媒体时代的到来，众多基于新媒体应用的营销可能逐渐产生，把握新媒体发展趋势，顺应新媒体格局的变化，促使企业营销理念升级。

 ### 1.2.3 新媒体营销的主要载体

新媒体营销是借助新媒体开展的营销活动，层出不穷的新媒体为企业开展新媒体营销提供了多样化的载体，并且伴随着近年来快速发展的互联网，新媒体营销的渠道也更加多元化。通常来说，新媒体营销的载体主要有以下几类。

（1）网络媒体

与传统的音视频设备采用的工作方式不同，网络媒体依赖 IT 设备开发商提供的技术和设备来传输、存储和处理音视频信号。最流行的传统的 SDI（串型数字）传输方式缺乏真正意义上的网络交换特性。需要做大量的工作才可能利用 SDI 创建类似以太网和 IP（因特网协议）所提供的部分网络功能。所以，视频行业中的网络媒体技术应运而生。

网络媒体和传统的电视、报纸、广播等媒体一样，都是传播信息的渠道，是交流、传播信息的工具、信息的载体。

与其他媒体比较，网络媒体主要有以下优势：

①传播范围最广：全球性

传统媒体无论是电视、报刊、广播还是灯箱海报，都不能跨越地区限制，只能对某一特定地区产生影响。但任何信息一旦进入 Internet，分布在近 200 个国家的近 2 亿 Internet 用户都可以在他们的计算机上看到。从这个意义上讲，Internet 是最具有全球影响的高科技媒体。

②保留时间长：全天候（常年）

报纸广告只能保留一天，电台、电视台广告甚至只有几秒、几十秒，而 Internet 上发布的商业信息一般是以月或年为单位。一旦信息进入 Internet，这些信息就可以一天 24 小时，一年 365 天不间断地展现在网上，以供人们随时随地查询。

③信息数据庞大：全面性

影像、动画、声音、文字；涉及政府、企业、教育等各行各业；写文章、搞研究、查资料、找客户、建市场、信息流、物流……

④开放性强：全方位

⑤操作方便简单：傻瓜化

仅点点鼠标，浏览、搜索、查询、记录、下单、购物、聊天、谈判、交易、娱乐、报关、报税等，轻松实现，跟发传真、打电话一样简单。

⑥交互性沟通性强：全动态

交互性是互联网络媒体的最大优势，它不同于电视、电台的信息单向传播，而是信息互动传播，用户可以获取他们认为有用的信息，厂商也可以随时得到宝贵的用户反馈信息。以往用户对于传统媒体的广告，大多是被动接受，不易产生效果。但在 Internet 上，大多数来访问网上站点的人都是怀有兴趣和目的来查询的，成交的可能性极高。

⑦成本低、效率高：最经济

电台、电视台的广告虽然以秒计算，但费用也动辄成千上万，报刊广告也不菲，超出多数单位个人的承受力。Internet 由于节省了报刊的印刷和电台、电视台昂贵的制作费用，成本大大降低，使大多数单位、个人都可以承受。网上访问，去杭州跟去纽约，没有区别。

⑧强烈的感官性：全接触

文字、图片、声音、动画、影像等多媒体手段使消费者能亲身体验产品、服务与品牌。这种以图、文、声、像的形式，传送大量感官的信息，让顾客如身临其境般感受商品或服务，并能在网上预订、交易与结算，将更大增强网络广告的实效。

（2）移动媒体

移动媒体是指利用各种信息传输技术以满足流动人群需求的新型或新兴媒体。移动媒体大致包括三类：第一类是作为传统媒体延伸的移动媒体，即基于无线电信号传输的车载广播、车载电视等；第二类是基于手机增值业务的手机媒体，短信改变了手机仅仅作为通信工具的单一功能，使之成为人际传播与大众传播结合的新媒体。尔后陆续出现手机报、手机广播和手机电视等新型媒体；第三类是基于移动互联网的各种移动终端服务及设备，包括笔记本电脑、上网本、平板电脑、电子阅读器、GPS 设备和娱乐设备。移动互联网媒体也是目前发展最快、被重点研究的新媒体。

（3）互动性电视媒体

数字电视是一种从节目采集、节目制作、节目传输直到用户端都由数字方式处理信号的端到端的系统。

我国近年来正在大力推行电视由模拟信号向数字信号转换，未来几年将全部实现数字信号的覆盖。

IPTV 即网络电视，主要是通过电信运营商的宽带网络或有线电视来为用户提供多种交互式视频节目服务的一种新型电视传播媒介。用户在使用过程中，通过加装 IP 机顶盒，能够搜索多个电视频道，还可以通过连接互联网实现网络搜索功能。

（4）户外媒体

传统户外广告借助新的视频技术、网络技术实现了创新发展，如户外 LED、楼宇电视、移动车载电视等都属于户外新媒体。

户外新媒体营销属于"等候经济"，用户在等电梯、汽车等情境下，以一种看似闲散的伴随性方式传播信息。

 1.2.4 新媒体营销对企业的作用

新媒体的崛起和传统媒体的衰弱，以及其鲜明的成本低廉、应用广泛、模式较全等特点，让许多企业主看到了新媒体的营销价值，尝试着走新媒体营销的道路。总的来说，新媒体营销对企业的作用主要表现在以下几方面。

（1）精准定向目标客户

企业借助大数据技术，通过对社交网络等新媒体海量数据进行分析，可以有效挖掘用户的需求，为产品设计及开发提供良好的市场依据。

（2）拉近与用户的距离

在 web 2.0 带来巨大革新的年代，营销思维也产生了巨大改变，具有体验性、沟通性、差异性、创造性、关联性，互联网已进入新媒体传播 2.0 时代。新媒体营销借助于新媒体中的受众广泛且深入的信息发布，实现消费者能切身融入品牌之中。例如，伊利微电影的新手法，拉近了伊利与消费者的距离，做到了与消费者的心灵沟通。

（3）降低企业的宣传成本

与动辄百万元制作费的传统传媒广告相比，企业利用新媒体发布产品信息以及营销活动的成本近乎为零，极大地降低了企业的宣传成本；企业通过网络社交媒体还可以低成本地进行舆论监测。

（4）提升企业的营销传播效益

新媒体营销的精准性，使它可以按效果收取广告费，能更加客观全面地评估营销效果，借助网络社交平台，能够轻松实现对营销活动各方面传播效果的统计分析。

 1.2.5　新媒体营销的现状与发展趋势

（1）新媒体营销的现状

据 CNNIC 发布的第 38 次《中国互联网发展状况统计报告》显示，截至 2015 年 12 月，34.0%的企业设置了互联网专职岗位，其中 7 人以下的微型企业比例最低，为 30.2%。中小企业很难配置专人专岗。但随着企业互联网水平的发展，企业对具备专业运维、研发、商业运营技能人才的需求量会激增。

（2）新媒体营销的发展趋势

①新媒体广告创意要求更高，内容营销更受欢迎。随着电商、网络广告的发展，新媒体界的营销竞争愈加激烈，对企业新媒体广告创意要求也更高。一个好的营销案例就是讲一个好故事，越来越多的企业热衷于讲故事。

②社交营销成为主场。当前的微博、微信、社交网站、即时通信、社交游戏等新媒体营销多属于社交媒体营销的范畴，俨然成了新媒体营销的主战场。

③视频、短视频将成为新媒体新的增长点。视频营销结合了"视频"与"互联网"的优点，以传播迅速、感染力强及成本低廉等优势，赢得了企业青睐；碎片化时代的到来，用户的注意力越来越稀缺，短视频满足了人们碎片化的阅读需求，比较容易得到消费者的免费传播和参与。

④公众平台成为新媒体营销主渠道。移动互联网时代，以微信为代表的公众平台成为承载用户的重要载体，其所拥有的简单方便、用户精准、覆盖面广等特点使企业开展新媒体营销有天然优势，当前盛行的"公众号＋社群"的营销模式在未来将被应用到更多的网络营销当中。

知识小结

　　本项目作为全书的基础储备知识，由新媒体认知及新媒体营销认知两部分组成，旨在引导读者在前期学习和了解新媒体知识，树立新媒体营销的意识。其中，新媒体认知部分属于基础中的基础知识，向读者简要讲解了什么是新媒体、其特征及发展趋势等知识。重点以新媒体营销为核心，详细讲解了新媒体营销的内涵、特征、主要载体、对企业的作用及其现状和发展趋势等相关知识，使读者了解新媒体，树立新媒体营销的意识。

知识测验

一、选择题

　　1. 互联网环境下，媒介融合趋势进一步强化，最终实现"三网合一"，这里的"三网"是指（　　　）。

A. 广播网　　　　　　B. 电信网　　　　　　C. 互联网　　　　　　D. 广播电视网

　　2. 下列选项中，属于目前户外新媒体的有（　　　）。

A. 移动车载电视　　　B. 户外 LED 广告　　　C. 灯箱广告　　　　　D. 楼宇电视

　　3. 新媒体营销所具有的特征是（　　　）。

A. 成本低廉　　　　　B. 应用广泛　　　　　C. 模式健全　　　　　D. 前景广阔

　　4. 下列选项中，属于当前主要的新媒体营销运行模式的有（　　　）。

A. 微博营销　　　　　B. SNS 营销　　　　　C. 网站营销　　　　　D. 视频营销

　　5. 下列选项中，属于当前企业开展新媒体营销的主要载体的有（　　　）。

A. 网络媒体　　　　　B. 广播媒体　　　　　C. 互动性电视媒体　　D. 户外媒体

二、判断题

　　1. 广义而言，"新媒体"可以理解为"新兴媒体"，即通过技术手段改变了信息传送的通路，只是一种信息载体的变化。（　　　）

　　2. 互联网时代，新媒体的崛起推动媒介快速发展，在引领时代潮流的同时，也给传统媒体行业带来了一定的冲击。（　　　）

　　3. 所谓新媒体营销，就是企业通过新媒体渠道开展的营销活动。（　　　）

　　4. 企业开展新媒体营销的最大优势就是降低了广告宣传费用。（　　　）

　　5. 目前户外新媒体的主要形式包括城市户外 LED、楼宇电视、车载移动电视等。（　　　）

技能训练

　　把以下新媒体平台名称填入相应的派系矩阵框内：

行业术语

1. 新媒体：广义而言，新媒体指利用数字技术、网络技术，通过无线通信网、宽带局域网、互联网等传播渠道，结合手机、计算机等输出终端，向用户提供文字、图片、音频、视频等信息及服务的新型传播形式与手段的总称；狭义上讲，"新媒体"可以理解为"新兴媒体"，即以数字技术为基础，以网络为载体进行信息传播的媒介。

2. 新媒体技术：以数字技术为基础，以网络为载体进行信息传播的媒介技术。

3. 新媒体营销：简单来说，就是企业通过新媒体渠道所开展的营销活动。具体而言，新媒体营销则指的是信息化、网络化、电子化环境下开展的一种营销活动。

 **岗位衔接**

新媒体技术（初级）：主要面向互联网企业、电子商务企业、转型互联网＋的传统企业等，主要有助理设计师、新媒体编辑、新媒体运营助理等岗位。

新媒体技术（中级）：主要面向互联网企业、电子商务企业、转型互联网＋的传统企业等，主要有设计师、新媒体运营专员等岗位。

新媒体技术（高级）：主要面向互联网企业、电子商务企业、转型互联网＋的传统企业等，主要有新媒体运营主管岗位。

知识拓展

"蓝黑白金"之争：最意外的逆袭

事件起源于一位外国网友在 TUMBLR 社交平台上分享了一张裙子的图片，但就是这张看似普通的横条纹连衣裙图片却引起了网友之间的一场辩论，争论点就是裙子的真实颜色。主要有两种意见："蓝色＋黑色"和"金色＋白色"，而且双方对于自己的判断十分肯定，并对于另一派眼中的颜色表示完全不理解。

2015 年 2 月 27 日，戚薇亦在微博晒出这条裙子，衣服的颜色引发网友热议。有的网友表示，这不就是蓝黑色吗？但还有一部分网友则坚持认为是白金色，更有网友表示一会儿看到的是白金，一会儿是蓝黑。

几乎全世界的媒体都在讨论这条裙子，其中包括华盛顿邮报、时代周刊等严肃的主流新闻媒体。还有不少国外网站发起了网上投票。中央电视台、人民网等媒体纷纷报道此事，并尝试从生物、物理等角度为网友解惑。

美国网站 BuzzFeed 的投票显示，75% 的人选择白 + 金，25% 的人选择蓝 + 黑。无论是社交网站还是现实中小范围测验，"白金派"都是多数派。

环球网国际新闻："蓝黑白金"裙子引发热议，国外多数人支持白金。76% 的网友认为是白金；24% 的网友认为是蓝黑。

新浪微博的投票中，近 80% 的人认为是白 + 金，20% 的人认为是蓝 + 黑。

百度网友投票：7 102 名网友支持蓝黑，7 542 名网友支持白金。

讨论依然在持续。有时候你眼睛看到的不一定是真实的。网络世界无奇不有，每个新奇的话题，背后是网友的求知欲。

一条带魔性的裙子突然夺得网民的眼球，蓝黑还是白金简直成了比"to be or not to be"更纠结的问题。"争论"从 BuzzFeed 烧到 Facebook，再烧遍全球所有的社交媒体，空前盛况甚至完爆各大顶级品牌的营销。

就在蓝黑党和白金党激烈交锋的同时，这条裙子的商家——英国服装品牌 Roman 的女装销量暴涨了 347%，成为最大赢家。一片茫然之中中了头奖的 Roman，知名度一下子从三线品牌中崛起，名利双收。

（资料来源：http://www.hi.chinanews.com/hnnew/2015-02-27/376511.html）

项目二
学会新媒体营销

任务 2　微博营销

知识目标

　　掌握企业微博的定位

　　掌握企业微博内容的规划

　　掌握企业微博的日常运营

　　熟悉企业微博营销活动的推广渠道

能力目标

　　能够搭建企业微博

　　能够设计微博营销活动的方案

思政目标

　　培育并践行社会主义核心价值观

　　培养新媒体从业人员的法治意识与职业道德

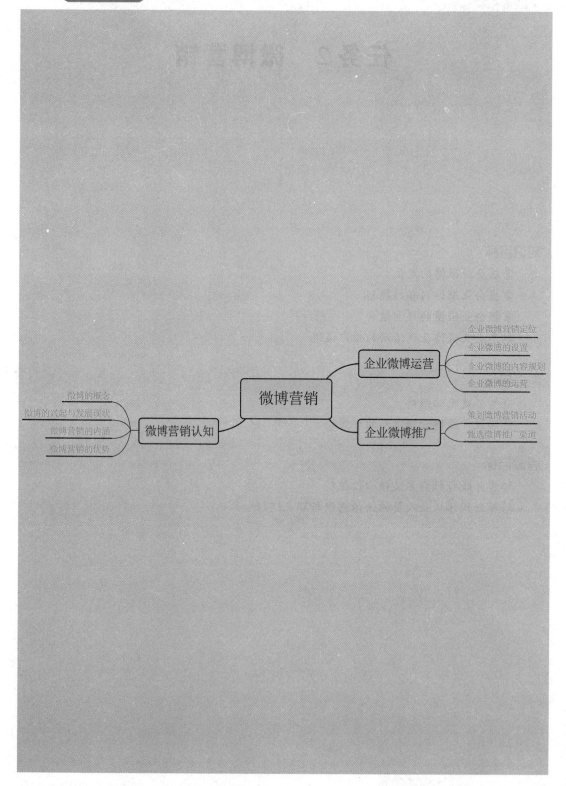

微博营销

企业微博运营
- 企业微博营销定位
- 企业微博的设置
- 企业微博的内容规划
- 企业微博的运营

企业微博推广
- 策划微博营销活动
- 甄选微博推广渠道

微博营销认知
- 微博的概念
- 微博的兴起与发展现状
- 微博营销的内涵
- 微博营销的优势

案例导入

<h1 style="text-align:center">寻找"中国锦鲤"</h1>
<h2 style="text-align:center">——支付宝微博营销事件</h2>

2018年国庆期间，支付宝官方微博推出寻找"中国锦鲤"转发抽奖活动，中奖者即为"中国锦鲤"，引发网友疯狂转发。"锦鲤"一词也因此走红，成为"好运"的象征。支付宝用一条"祝你成为中国锦鲤"的微博打破了社交圈的平静。由200多商家组团提供的、价值300万元的"中国锦鲤全球免单大礼包"在微博上创下了6小时转发破百万的纪录，成为微博史上转发量最快破百万的企业微博，最终这条微博共收获了400多万转评赞，2亿曝光量。此后，诸多企业、自媒体纷纷效仿，一股覆盖线下线上的"锦鲤"营销热潮就此兴起。

支付宝锦鲤的揭晓使"锦鲤"的网络热度在10月9日达到峰值。锦鲤活动带来的营销效应此后持续发酵，11月8日，支付宝花呗顺势推出了"花呗锦鲤"活动，支付宝将会帮获奖者还"一整年"的花呗，此次活动也形成了"锦鲤"热度新高峰。关于"锦鲤"的网络讨论直到今日依旧在持续，但因同类活动过多且质量参差不齐，以至于用户产生审美疲劳，虽然讨论依旧存在，但热度已经明显下降了许多。

支付宝锦鲤活动成为微博有史以来势头最强、反响最热烈的营销活动之一，作为开启"锦鲤"式营销活动首创者的支付宝功不可没，之所以这样讲，不仅是因为有200多商家的参与，更重要的是打破了许多记录，而商家也在这种极高的曝光量背后获得了巨大的收益，支付宝也收获了百万粉丝，可谓共赢。

"中国锦鲤"中奖者"@信小呆"一夜爆红，两天内狂涨85万微博粉丝，其本人表示"下半生是不是不用上班呢？"引来了无数网友的美慕。之后网友纷纷转载@信小呆的照片，希望能沾点"锦鲤"的运气，"转载这个信小呆，你就可以收获爱情""转载这个信小呆，考试必过！"等等，虽然这些和支付宝"锦鲤"活动已无太多关联，但这却是"锦鲤"式营销带来的传播效应的直接体现。

此次支付宝"锦鲤"活动之所以吸引众人目光，与"豪华的"奖品包有着重要关系。但光有奖品还是不够的，能够充分调动用户的参与性才是最重要的一点，恰好支付宝抓住了这一点。首先活动时间恰当，国庆长假让网友有充足的时间来参与活动，同时也可以把支付宝的理念传递到位；其次强大的品牌联动，使活动得到最大范围的传播；最重要的一点就是支付宝的造势，各种精彩话题为活动带来不少关注度，比如：加拿大旅游局仅为中国锦鲤提供一句"欢迎光临""长长的奖品条幅""内定风波"等等，有了这些充足准备，想不爆都难！

此次抽奖活动从冷启动到造势再到持续发酵，支付宝提前考虑到了每一个关键的传播节点，充分利用微博的广场媒体优势，成功打造了一次完美的点、线、面营销。支付宝微博抽锦鲤无疑成为2018年营销大事件的头条。

微博营销从来都不是一蹴而就的事情，它需要根据自身的定位、品牌口碑以及用户喜好合理规划，这都需要耗费时间精力去完成，一味模仿却忽略自身的实力，到头来结果往往不尽如人意。

（资料来源：搜狐网"2018 年锦鲤式营销事件"复盘 2019 – 01 – 09. https：//www. sohu. com/a/287722457_ 651065）

 **知识赏析**

2.1 微博营销认知

在信息碎片化的网络时代，人人都是媒体。每个人都具备传播属性，都会成为一条信息的源头。当这条信息渗透到个人的社会化人际关系网络中，就可能会引发大规模传播之势。随着微博的兴起和黏性的增强，微博营销彰显出了诱人的吸引力。

2.1.1 微博的概念

微博（MicroBlog），也就是微型博客，类似于博客，是一种通过关注机制分享简短实时信息的广播的社交网络平台。用户可以通过 App、PC、网页等各种客户端组建个人社区，以文字、图片、视频等多媒体形式公开发布信息，并实现即时分享。因而我们也可以将微博理解为基于用户关系信息分享、传播的社交平台。

2.1.2 微博的兴起与发展现状

（1）微博的兴起

微博起源于美国，埃文·威廉姆斯等人于 2006 年联合创建了一家名为 Twitter 的网站，致力于服务公众对话，它可以让用户更新不超过 140 个字符的消息，这些消息也被称作"推文（Tweet）"。不久这一模式传入国内，2007 年国内第一家微博服务社交网站饭否上线，之后又陆续出现了一系列微博网站，但由于当时网络环境不成熟，几乎全部销声匿迹了。2009 年 8 月，中国门户网站新浪推出"新浪微博"内测版，成为第一家提供微博服务的门户网站，微博正式进入中文上网主流人群视野。微博这个全新的名词，以摧枯拉朽的姿态扫荡世界，打败奥巴马、甲流等名词，成为全世界最流行的词汇。2010 年国内微博迎来春天，微博像雨后春笋般崛起。网易、搜狐、腾讯等门户网站纷纷开设微博。接着传统媒体人民网、凤凰媒体等也相继推出微博服务。微博领域的竞争进一步激化。

（2）微博的发展现状

微博现已进入了成熟期。同时伴随着移动互联网的飞速发展，以及智能手机的普及，用户能越来越方便地使用微博来记录生活、分享信息，微博渐渐融入人们的生活，成为主流媒介。在经过激烈竞争后，新浪微博发展成为微博业务市场最大的社交平台，形成了新浪微博一家独大的市场格局。截至 2018 年年底，新浪微博拥有月活跃用户 4.62 亿，连续三年增长数超过 7 000 万。本项目内容的相关知识也是围绕新浪微博展开的。

2.1.3 微博营销的内涵

鉴于微博的社会化媒体属性越来越突出，各大品牌开始运用微博完善自身的社会化媒体营销策略，利用微博的社交属性塑造品牌形象，引爆传播量、积累社会化资产，满足品牌的营销需求。

微博营销是指通过微博平台为商家、个人等创造价值而执行的一种营销方式，即商家或个人通过微博平台发现并满足用户的各类需求的商业行为方式。其以微博作为营销平台，以粉丝为潜在营销对象，通过和粉丝进行互动交流，向网民传播企业产品信息，塑造良好的企业形象，最终为企业带来收益。

 ### 2.1.4　微博营销的优势

微博营销可以在助力企业提升认知度、喜爱度、购买及推荐意愿方面均能取得显著效果，而其花费的费用却远低于传统的媒体广告，甚至有时还能零成本取得出其不意的营销效果。总的来说，企业或个人开展微博营销的优势可以总结为以下几个方面。

（1）多样化

微博营销过程中注重创意，创意内容往往需要利用多媒体技术，而微博本身就借助了先进的多媒体技术手段，企业或者个人可以采用文字、图片、声音、视频、链接等多种展现形式将产品进行详细描述，让创意更加生动，让内容更加精彩，从而使潜在客户更容易接受信息，对于树立企业形象有很大的帮助。不仅如此，丰富多彩的创意内容更加能防止出现审美疲劳，利于用户阅读以及体验。

另一方面，微博具有丰富多样的广告营销产品体系，拥有包括明星类、重点项目、信息流、视频类、曝光类、搜索类、程序化等在内的 8 大类商业产品，"全面覆盖" 和 "深度沟通" 双管齐下，多种资源组合，帮助企业或个人营销效果增值。

（2）成本低

微博营销之所以可以得到大众的喜爱、企业的青睐，不光是用户群体广，更加考虑到营销成本问题。微博营销注重线上活动策划，相对传统营销活动而言，消耗的人力以及物力成本较小且用户群体广泛，还可以精确锁定受众目标，因此在营销过程中更加高效，在收益上自然高于普通营销。当然，成本高低、收益高低还需要考虑主题策划的四要素，即时间、地点、人物、事件都必须经过深思熟虑，需要慎重做出选择以及全面思考。

（3）群体广

微博用户数量在日益剧增，且速度飞快。用户群体也比较广泛，企业可以快速找到自己的用户目标，针对性非常强，通过粉丝的积累，能够有效利用众多粉丝的关注进行病毒式传播，不断提高自己企业的影响力。不仅如此，企业与企业之间，企业与名人明星之间同样能够进行合作，这样产生的效益更高，更为突出，会获得更多微博用户的关注以及更广泛的传播。

（4）传播快

微博营销是一种口碑营销、主动营销。一条好的微博内容，或者说微博内容是粉丝感兴趣的，它的转载速度十分快。而且粉丝每次转载，都是进行一次好的口碑营销，通过粉丝的力量主动营销是企业最受益最愿意看到的营销方式。微博的功能也较为强大，一键转发便能够实现分享，便利性也是用户愿意传播的重要因素。

2.2 企业微博运营

随着互联网用户爆炸式的增长，企业越来越注重网络营销。尤其在国际金融危机后，大多数企业在降低广告预算的同时，调高了互联网营销的投入比例。早几年前博客当道的时候，很多企业就纷纷在网上开通官方博客，将这一平台作为企业宣传和品牌推广的窗口。伴随着微博在互联网中的走俏，越来越多的企业在微博中开辟官方账号，通过自营或外包的方式运营企业微博，通过与网友们的亲密互动聚集人气，开拓品牌营销的新领地。

2.2.1 企业微博营销定位

无定位不营销，强调了定位在营销推广中的重要作用。微博定位是企业官方微博营销推广取得效果的前提。但是实践中很多企业虽然开通了微博，却没有清晰的定位思路，因此效果甚微。为此，企业官方微博运营前必须做出明确清晰的定位。企业微博定位的类型主要包含以下几类。

（1）品牌推广型微博

品牌推广作为企业形象塑造的必要一环，一直是营销工作的重中之重。部分企业将品牌推广的主阵地就建设在微博上，这类型的微博，主要是为了树立企业的品牌形象，加深品牌在消费者心智中的印象。例如，梅赛德斯－奔驰官方微博的置顶微博是转发了中国青少年发展基金会发布的梅赛德斯－奔驰在抗击新冠肺炎疫情期间爱心捐款的微博，这条微博表现了企业在国家和社会危急时刻，能勇于承担社会责任的正面形象，为企业发展赢得了良好的口碑（如图2－2－1所示）。

图2－2－1 梅赛德斯－奔驰官方转发的博文

（2）内容互动型微博

在我们的印象中，作为官方信息的发布平台，企业官微一般都是一本正经的形象。但大多数时候，严肃的官方内容并不能引起粉丝的反应，教条般的信息输出、硬邦邦的产品信息很难换来粉丝们的回复和转发。相反，如果把官微当成一个人物来运营，那么互动就会变成自然而然的事情。近年来一些迅速蹿红的企业官微，靠的正是这种定位。

很多品牌官微做得可以说是"半死不活"，很少能与粉丝产生有效的互动。相比之下，那些成功的官微，普遍采用了人格化定位。无论是网络化、口语化的语言，还是亲民、亲切的语气，都让受众群体觉得，其背后是一个有温度的人，而不是一台机器。

天猫的本尊账号——@我的头好重啊啊啊，就是官微人格化的典型代表。虽然天猫在微博上已经有淘宝、天猫等账号，但为了避免对粉丝的打扰，更好地与粉丝互动交流，天猫注册了@我的头好重啊啊啊账号，并将其定位为品牌发言人的角色。该微博以天猫公仔形象为切入点，以拟人化的称谓与粉丝互动，受到了粉丝们的欢迎。目前@我的头好重啊啊啊已有600多万粉丝，平日里的卖萌耍帅，活动前的预热活动，都能吸引大批粉丝的参与（如图2-2-2所示）。

图2-2-2　浙江天猫技术有限公司官微发布的博文

（3）业务型微博

从根本上来说，企业开展微博营销的最终目的还是盈利，因此在微博上对企业主营业务的宣传推广必不可少。尤其是自阿里巴巴注资新浪微博之后，双方大规模的产品合作正式开启。新浪微博与淘宝完成账户互通后，淘宝卖家可以在淘宝后台直接向新浪微博发布商品、微博，此外还可实现商情监控、转化率分析、影响力分析、粉丝分析等多个功能。如图2-2-3所示为零食品牌三只松鼠股份有限公司官方微博发布的商品推荐博文。

 2.2.2　企业微博的设置

企业通过微博内容与用户进行互动交流，在明确自己的微博定位后，就需要通过对各项细节的设置来打造整体形象，从而达到营销的目的。

三只松鼠 V 👑
3月3日 20:00 来自 微博 weibo.com
#上天猫交星朋友# 3.8马上来临，有多少你想见的人还没见到呢？😂
先来挑个礼物表明下心意吧！@天猫 三只松鼠每日坚果限时半价购
零食好礼，就上淘宝搜索"38福利清单"，给你满满惊喜😊
🛒 活动【三只松鼠_每日坚果750g/30包】零食吃货...

活动【三只松鼠_每日坚果750g/30包】零食吃货大礼包
干果混合孕妇

￥158.00

去看看

图2-2-3 三只松鼠股份有限公司官微发布的博文

（1）微博名称

企业要为微博设置一个好的名字，微博名字不是随便取的，需要遵循以下几个原则。

①昵称要突出所在行业关键词，如汽车之家、餐饮视觉研究室；

②昵称不要太长，控制在5个字左右，如摄影之友、金融圈观察；

③让消费者通过昵称可以知道能获得什么信息，如小白学数据分析、PPT技巧精选；

④让消费者通过昵称可以知道企业是做什么的，如野兽派花店、美术教育联盟；

⑤可按"姓名＋行业＋产品"的方式取名，如爱尔眼科医院、周小帅私房菜。

另外，微博昵称的设置还要考虑到用户的搜索习惯，这样才能被微博用户搜索到，从而保证被粉丝尽快发现。

（2）微博头像

微博头像的设置要有辨识度，最好能让用户一看就知道商家是做什么的，从而让用户留下深刻印象。

微博头像设置有一些小的技巧可以在实践中运用。一是如果是品牌企业开通的微博，可以用企业的品牌标识作为头像。二是如果是商铺店面开通的微博，可以用店面或商品照片作为微博头像。三是可以根据产品的目标人群选择头像，以满足目标人群的喜好。图2-2-4分别是三种不同类型头像的范例。

图2-2-4 微博头像设置技巧示范

（3）微博标签

标签类似于关键字，用户搜索时，系统就会根据关键字匹配，找到相关微博。关键字比直接搜索标题或内容速度更快、更准确。微博标签可以在账户信息、微博文章、微博图片中增减与修改，并具有多项营销优势。

第一，增加微博的曝光率。浏览者在访问相关标签时，搜索引擎就能搜索到含有标签的微博，增加被浏览的概率。

第二，方便地查找到使用相同标签的博文，快速找到与本企业或产品有关联的用户。若用户发表的是正面积极的内容，企业官微可以转发、评论。如果用户发表的是意见或投诉等负面内容，也能尽快处理用户意见。官微可以关注、互粉，扩大会员和用户群。

第三，用标签寻找意见领袖、大 V。在任一话题下搜索相关微博和相关用户，可以根据用户的粉丝数量判断出该话题的意见领袖是谁，由于意见领袖能够接受、解释并向他人传播营销信息，在那些意见领袖作用明显的产品领域和群体里，找到意见领袖就是找到了营销的关键点。网络大 V 是在微博上十分活跃且有着大群粉丝的"公众人物"。通常把"粉丝"在 50 万以上的称为网络大 V。大 V 多是有一定知名度的学者或名人，所以微博账号总有大批粉丝追随，在与企业相关的话题下有大 V 的评论或转发，此大 V 就可以成为企业营销重点对象，通过大 V 的号召力扩大企业影响力。

第四，标签可以用来搭建虚拟社区。企业可以根据自己的产品或系列采用统一的特定话题标签，并号召用户也添加对应标签，从而搭建一个个微社区。每次发布相关信息都加上标签，不断壮大社区成员，丰富社区内容，实现营销推广目标。

在进行微博营销时，企业可以合理使用标签，高效地实现企业品牌、企业产品的宣传与推广，锁定高质量的目标用户群体，达成营销目的。

（4）微博简介

简介是微博账号设置基本信息里的重要内容。微博简介内容需要简单明了、语言独特、独树一帜，使人印象深刻，从而提高别人对企业的关注度。企业可以用公司全称、主营业务、主打产品、企业文化、广告语、企业网站等不同方式来填写简介，如图 2 - 2 - 5 所示。但为了更好地展示企业身份、提高企业的辨识度，企业认证用户的认证说明栏位显示为企业执照全称，不支持随意进行个性化设置或修改。

图 2 - 2 - 5 耐克体育（中国）有限公司微博简介

（5）微博资料

完整的微博资料除了名称、头像、标签这些内容之外，企业微博还可以填写客服电话、邮箱、公司网址等其他相关信息，为用户提供更贴心的服务。

2.2.3　企业微博的内容规划

企业微博在完成定位后，还需要对企业微博内容进行规划，从整体定位角度出发把握微博发布的内容。企业微博内容规划可以从以下几个方面进行。

（1）注重实用性

求真务实的态度是任何一家企业都应该重视和强调的，因而，在发布微博时可以从实用性的角度出发，向用户提供有价值的、实际应用较多的干货知识，会让粉丝产生高认可度。如图2-2-6所示，北京卡路里科技有限公司的官方微博会经常发布健身教学视频，与用户分享科学的健身方式，内容具有很强的实用性。

图2-2-6　北京卡路里科技有限公司发布的健身视频

（2）富有趣味性

互联网时代，越来越多的人的生活时间被网络占据着，用户刷微博更多是为了放松、娱乐，因而，在运营企业微博的时候需要站在用户的心理需求角度，可以发布些有料、有趣的博文，向粉丝传递企业具有亲和力的形象。如图2-2-7所示为海尔官方微博发布的博文，语言诙谐幽默，内容也具有趣味性。

图 2 - 2 - 7　海尔官方微博发布的博文

（3）追求独特性

在人人追求个性化的时代，用户不再满足于大众化的标准产品，私人订制式的需求在网络世界变得更加强烈。这样看来，企业的微博营销则正是顺应了用户市场新的发展方向，改变过去单一的营销理念，以奇制胜，吸引消费者的关注。具体而言，即企业微博发布的博文要新颖独特、富有创意。支付宝官方微博在日常发布的博文中都是采用朋友之间直接对话的口吻，风格独特，容易拉近与用户之间的距离，如图 2 - 2 - 8 所示。

图 2 - 2 - 8　支付宝官方微博发布的博文

（4）讲究故事性

有故事才会有情怀，有情怀才会有品牌。用户认可企业品牌是每一家企业都渴望的事情，然而真正能够打动用户的更多的还是有人文情怀的故事。所以，企业一定要用好微博这个平台，发挥出其窗口的效用，讲好企业故事。图2-2-9是时尚芭莎杂志官方微博发布的明星公益视频，倡导演艺人员关注自闭症儿童，奉献爱心。

图2-2-9 时尚芭莎杂志官方微博发布的明星公益视频

思 政园地

微博营销应该遵循的6个基本原则

在微博内容发布过程中还要把握好一些基本原则，遵循网络道德，倡导网络文明。

人际传播的过程就是交朋友的过程，你的朋友越多，你作为信息源发出的信息传播得就越广，越有效。在现实中多交朋友、交好朋友的"秘诀"如真诚守信，开朗，具有幽默感，多分享快乐少诉苦等都可以用在微博上。下面谈谈几个基本原则在微博上的应用。

①有趣原则。有趣就是微博内容不能太枯燥了，太官方了。如果微博内容没有趣味，你的微博粉丝就不愿意转发，也就无法实现你的初衷。如果没有粉丝转发你的微博，那微

博就没有效果了。所以第一条基本原则是微博内容一定要有趣。

②互动原则。传统媒体，比如报纸做营销是无法与用户进行互动的。而通过微博，如果有人对你的产品感兴趣，发布了评论，就可以跟他互动，帮助他解决问题，一般帮助他解决了问题，他就可能把这些转发出去，帮助有相同问题的朋友。这是建立长期粉丝关系的一个重要方面。奥巴马在大选时关注他的粉丝，而希拉里则没有关注她的粉丝。所以，互动是与粉丝建立关系的重要方面。这个方面有很多企业做得不错，比如美国网上卖鞋卖得很好的 B2C 企业 Zappos 等。

③真诚原则。真诚不仅是微博营销的基本原则，其实也是做任何事、做任何互动交流的基本原则。一提到营销，人们往往想到夸张、虚饰、忽悠、不择手段。但是，虚假可能获得一时的小利，却不能获得人们的长期信任，你可以忽悠一个月、两个月，但是你不能忽悠一年、两年、五年。微博营销绝对是一个以年计算的长期行为。微博上的交朋友和现实中的交朋友一样，好的声誉就是财富。而积累良好的声誉需要时间，而没有真诚的互动就不可能有良好的声誉。与电视、门户网站的传统广告相比，受众的负面情绪在微博上更容易得到表达和传播。所以真诚原则在微博营销中比其他传统营销方式中更为重要。微博营销人员首先要消除传统营销中普遍存在的侥幸忽悠的职业习性，以真诚的态度对待你的粉丝——你潜在的朋友。

④乐观开朗原则。在现实中，我们可以发现，人们更愿意和乐观开朗的人交朋友。微博上的互动交往也不例外。除了"嫉妒"你的乐观开朗外，没有人会讨厌你的幽默感，没有人会讨厌你与他分享快乐。乐观开朗原则要求微博营销人员本身的性格是乐观开朗的，他（她）应该有足够的热情与"陌生人"交往，与"陌生人"分享自己的快乐和生活体验，他（她）不会成天抱怨这抱怨那，变成一个诉苦型的话痨。实际上，我们发现，无论是在国外的 twitter 上，还是在国内的新浪微博、腾讯微博上，幽默的段子、有趣的图片、滑稽的视频总是会获得大众的青睐，男女老少皆宜。适度地与你的朋友分享这些好玩的东西有百利而无一害。

⑤宽容原则。宽容意味着大气和绅士风度，而苛刻则意味着小气和"独裁"，没有多少人会喜欢苛刻的人。当然，宽容不意味着没有价值观，不意味着凡是做"和事佬""和稀泥"，相反的，你应该有鲜明的价值观，并且坚持这种价值观，不随波逐流、左右摇摆。一个好的例子：谷歌在"不作恶"价值观上的坚持为其赢得了巨大的声誉。摇摆、随波逐流与真诚原则相抵触，势必对品牌形象带来严重的损害。但是我们要记住微博营销的目的，如果你做的是纯粹商业上的营销，你就要尽量避免涉及与商业无关的价值观争论。当然，微博营销同样可以涉及政治营销，如奥巴马总统选举的微博动员，又如许多媒体的微博价值观营销，另说。宽容原则要求微博营销人员在微博上广交朋友，而无论朋友的政治取向、道德观、性格特征。

⑥个性魅力原则。在微博上做推广的企业和个人很多，因此微博营销也竞争激烈。千篇一律的营销手段将使受众产生审美疲劳，只有那些具有个性魅力的微博账号（其实是账号后面的微博营销者）才能脱颖而出。如同现实生活中一样，个人"品牌"最有价值的核心部分是个性魅力。据美国总统选举研究，总统候选人的个人魅力是美国民众在选举投票决定时的关键因素之一。微博营销者这个角色至关重要，因为他（她）就是企业的网络形象大使，他（她）的个性魅力代表了企业的个性魅力。个性魅力包括许多元素，前文所

说的乐观、幽默、宽容都是个性魅力的维度，除此之外，敢作敢为、坦率、有爱心、执着、好奇心、创造性、智慧、善解人意等都是个性魅力的具体维度。我们不可能要求微博营销人员都具备这些魅力元素，事实上这也是不可能的。一个总的原则是：选择与企业品牌形象相符的微博营销人员。如果企业品牌形象是创造力强，那你的微博营销人员最好就是那些极具创新思维的人；如果企业品牌形象是体贴呵护（如女性用品企业），就选择那些善解人意的人来做微博营销。

微博营销本质上是人际营销，现实中交朋友的原则都可以用在微博营销上，上面所说的只是几个通用原则，不同的企业应该有不同的侧重点，灵活取舍。

 ### 2.2.4　企业微博的运营

企业在运用微博营销的过程中，还有一些技巧可以灵活使用。

（1）微博的发布时间

微博用户碎片化阅读特征非常明显，因此，企业在运用微博进行营销时，要注意微博博文发送的时间段，以获得更多的关注。

一般在上班时间段（8：00—9：00）或者工作日下班后的时间段（18：00—23：00）营销价值比较大，这两个时间段的转载率是最高的。

（2）注意精准客户群

企业在进行微博营销时，要找到需要自己产品或服务的客户及潜在客户群，这样才能体现出微博营销针对性强的特点。企业可以通过话题参与、微群运营、标签定位这三种方法将营销活动精准抵达客户端。

（3）注意培养粉丝群

企业找到目标客户或潜在客户后，就应该想尽一切办法，将他们变成自己的粉丝。企业不能一直等着用户来关注自己，而是要学会主动出击，主动关注目标客户。同时转发和评论一些有价值、有深度或者趣味性强的优质评论，让用户感受到被关注，从而增加对企业的关注。

2.3　企业微博推广

 ### 2.3.1　策划微博营销活动

新浪微博专门推出的营销活动服务——活动中心，提供多种多样的营销活动。其中，企业微博可以发起以下6种方式的活动：

（1）有奖转发

该活动形式以企业官方微博发布的博文为主，通常会设置诱人的奖品刺激和吸引粉丝转发该微博所提示的活动。主要适用于刚开通官方微博的企业，急需告知广大网民和吸引更多用户的关注；还有就是新品发布时期，需要加大宣传力度；最后一种情况是针对已经拥有大量粉丝的企业微博，为了与粉丝互动，定期举办的有奖转发活动，保持粉丝的活跃度。图2-3-1为OPPO企业官方微博为推广新产品发布的有奖转发微博。

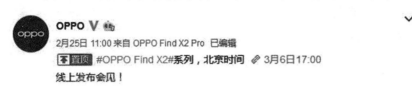

图2-3-1　OPPO企业官方微博发布的有奖转发

（2）有奖征集

有奖征集就是通过微博就某一问题向广大网民征集解决方案或征集创意为主要活动形式吸引用户参与活动，常见的有奖征集活动有征集广告语、段子、祝福语以及创意想法等，调动用户参与活动兴趣，并通过奖品来引导用户，吸引其参与其中。

图2-3-2就是茶饮品牌丸摩堂为征集活动视频发布的博文。

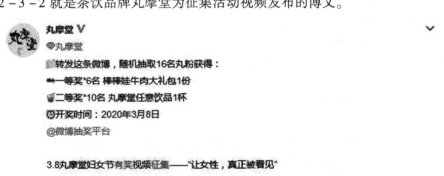

图2-3-2　茶饮品牌丸魔堂发布的有奖征集微博

（3）免费试用

免费试用是指企业通过微博发布的广告促销信息，不过与传统广告的不同之处在于，发布的产品是免费试用的，以免费的形式吸引目标用户积极参与活动。根据用户填写的申请理由，把奖品发给目标用户。

当企业发布新品开拓市场时，或者为了获取市场反馈，进行口碑营销的时候会举办免费试用活动。图2-3-3是亚马逊官方微博为推广产品发布的微博。

图2-3-3　亚马逊官方微博发布的推广产品的微博

（4）预约抢购

从本质上讲，预约抢购活动形式的大行其道得益于小米公司的"饥饿营销"策略，小米在其新品发布时期，通过各大网络平台对新品进行高度的曝光宣传，然后以预约抢购的限量销售模式出售产品，所以该活动形式非常适合企业上新品或者开设新业务时采用，尤其是适用于3C数码产品的预售。图2-3-4就是小米旗下智能生活品牌官方微博米家发布的新品预售微博。

图2-3-4　米家官方微博发布的新品预售微博

（5）限时抢

限时抢是指企业在指定的活动时间内发起的游戏活动，该活动目前支持的活动形式有幸运转盘和一键参与两种方式。活动以随机的方式抽出获奖者，一般来说，奖品设置也比较丰富，会有不同等级的奖励，用户参与即可抽奖，吸引用户参与活动。这种活动形式适用于电商行业以及 O2O 企业的营销活动。图 2-3-5 为华图教育发布的限时抽奖博文。

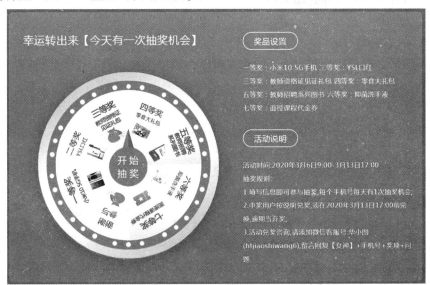

图 2-3-5　华图教育官方微博发布的限时抽奖活动博文

（6）预约报名

预约报名活动与预约抢购的活动模式相似，也是提前邀请粉丝参与企业开设的最新服务或者业务，常见的预约报名活动有试驾、试吃活动等。因而该活动更适合于服务性行业或者开展 O2O 业务的企业。图 2-3-6 为宝马中国官方微博发布的驾驶活动预约报名微博。

 宝马中国 V

2019-3-21 16:05 来自 微博 weibo.com

释放热爱，驾趣再燃！3月23日-3月24日，BMW上海体验中心贰周年庆热血燃擎。Bimmer Day挑战赛尽驭赛道激情，丰富任务关卡解锁Bimmer专属大奖，品尝Joy Café春日新品，更有超多免费福利等你来拿。这是一场属于Bimmer的集体狂欢，最酷最燃的Bimmer都在这里，等你加入！报名电话：021-60567800/7801

☆ 收藏　　　　☑ 7　　　　💬 8　　　　👍 44

图 2-3-6　宝马中国官方微博发布的驾驶活动预约报名微博

2.3.2 甄选微博推广渠道

单一的渠道推广微博，通常很难吸引来更多的粉丝，因而还需借助其他渠道推广，实施多元化策略。目前，以微博平台为主的推广渠道有群发私信、微博粉丝通、微任务、热门话题、广告等形式，具体介绍如下。

（1）群发私信

群发私信是指微博用户（这里主要指认证后的用户）与其订阅用户（粉丝）进行互动沟通，传达信息的一种有效方式，通过它可以直接将要发送的信息快速直接发送给其订阅用户（粉丝），让他们了解微博活动内容，引导订阅用户（粉丝）积极参与活动。

粉丝服务平台是指微博认证用户为主动订阅的粉丝提供精彩内容和互动服务的平台（如图2-3-7所示）。粉丝服务平台下有群发、自动回复、自定义菜单、素材管理、开发者中心等功能。登录微博后，打开"个人主页"→"管理中心"，在左侧导航栏单击进入"粉丝服务"，即可享用该服务，实现与粉丝的互动。

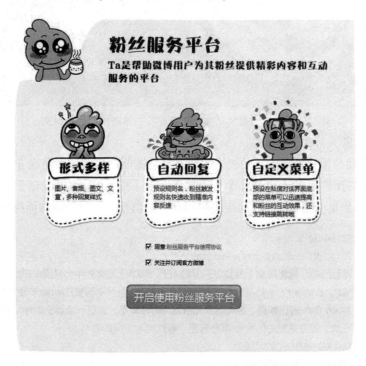

图2-3-7 新浪微博粉丝服务平台

（2）微博粉丝通

微博粉丝通是基于微博平台的海量用户，能将广告信息直接推送给粉丝和潜在用户的一项广告投放服务。广告主可以根据用户属性和社交关系将信息精准地投放给目标人群，使广告营销更加精准。此外，微博粉丝通也具有普通微博的全部功能，如转发、评论、收藏、赞等，可实现广告的二次传播，从而大幅提高广告转化率。

粉丝通推广功能需要用户自助申请开通。用户可以通过微博广告中心完成粉丝通自助申请，申请一般在三个工作日内完成审核，以私信方式发送给用户。不过，新浪微博并不是支持所有行业都可以开通粉丝通服务，目前限制推广的行业有医疗医药行业、金融行业、招商行业以及美容行业等。

（3）微任务

微任务也属于微博推广的重要渠道之一，目前支持个人用户、企业用户、自媒体账号三种类型。活动的形式为用户主体先在微任务上发布推广任务，再由自媒体账号承接用户发布的任务帮其进行推广。自媒体在完成推广任务后，用户需向自媒体支付一定数额的佣金。微任务的活动类型有直通车推广和阅读加推广两种。

微任务对于参与活动的用户要求较低，企业认证用户无须审核，授权后即可进入微任务平台发布推广任务。不过，对于第一次进入微任务进行推广的用户，首次推广需要充值一定数额的推广费。

（4）热门话题

热门话题和热门微博（如图2-3-8所示）是新浪微博对微博平台上特定时段内活跃程度较高的微博和话题的客观反映，也被网民认为是网络热点的风向标，通过榜单可以对粉丝关注的兴趣和话题进行实时聚焦。面对如此"吸睛"的微博热点和热门话题，运营人员又怎能白白浪费这些免费流量开展营销活动呢。

图2-3-8　微博热门话题排行榜

（5）广告

当然，除了上述几种微博营销推广方式外，还有一种推广方式在企业微博营销中也经常见到，即新浪广告。2013 年，新浪推出了"推广信息流"广告系统，在用户信息流中插播推广信息。在信息上方，用灰色字体注名"广告"，并划出一条分割线，如图2 – 3 – 9 所示。

图 2 – 3 – 9　微博广告

以上为常用的几种微博推广渠道，企业微博运营初期可以视自身人力、物力、财力综合考量采用某一种或几种方式，对企业微博展开营销与推广。在对运营结果进行数据分析后，最终确定性价比最高、最适合企业运营的方式，并长期坚持。

 知识小结

　　本任务单元主要介绍了微博和微博营销、企业微博运营及企业微博推广三个方面的知识与操作要点。其中了解微博和微博营销部分属于知识储备内容，重点以企业微博运营和企业微博推广为主，介绍了相关营销知识，并讲述了实操过程中的一些技巧。通过本项目的学习，学生可以对微博营销产生兴趣，从而掌握微博营销的方法和技巧。

 知识测验

一、选择题

1. 2007 年 5 月，国内第一家推出微博服务的社交网站是（　　　）。

A. 滔滔

B. 叽歪

C. 饭否

D. 嘀咕

2. 以下选项中，属于企业开展微博营销带来的优势是（　　　）。

A. 成本低

B. 传播快

C. 群体广

D. 多样化

3. 通常来说，企业微博定位的类型主要包含以下哪几类？（　　　）。

A. 品牌推广型

B. 内容互动型

C. 业务型

D. 官方产品型

4. 下列选项中，哪些账号属于运营企业微博需关注的微博账号？（　　　）。

A. 行业资讯号

B. 网红段子手

C. 目标网友

D. 企业内部账号

5. 下列选项中，属于微博粉丝分析中的是（　　　）。

A. 粉丝趋势

B. 粉丝来源

C. 粉丝类型

D. 粉丝性别和年龄

二、判断题

1. 微博是一种通过关注机制分享简短实时信息的社交平台，用户通过微博以简短文字发布信息，实现实时分享。　　　　　　　　　　　　　　　　　　　　（　　　）

2. 一般来说，企业开展微博营销，开通一个官方微博就足够用了，没有必要再开通其他的账号。　　　　　　　　　　　　　　　　　　　　　　　　　　　　　（　　　）

3. 通过认证的微博账号同没有认证的账号相比，能够为企业微博营销带来更多收益。

（　　　）

4. 在评论微博时，可以根据所评微博的实际内容进行大胆评论，不用顾忌其他。

（　　　）

5. 微博热门话题的推广成本较低，可为企业省去高额的广告费用。　　　（　　　）

💡 技能训练

训练目标

1. 能够用移动电子产品或者电脑注册微博账号。

2. 在微博上熟练发布图片、文字等微博内容。

3. 能够查找到自己想要关注的名人、明星、同学、朋友。

4. 能够对微博进行准确定位。

5. 掌握如何做好微博内容的方法。

6. 了解企业微博矩阵的组成。

训练内容

下载好移动客户端之后，我们需要创建一个属于自己的微博账号。在移动端或者是PC端都可以创建，方法也是大同小异。

新浪微博个人用户注册流程：

1. 填写手机号/邮箱账号、密码进行注册；

2. 验证手机号/邮箱账号，通过验证；

3. 完善基本资料，设置头像、昵称，关注感兴趣的人，关注通讯录好友一系列操作之后，就成功注册了自己的微博账号，同时进入微博主页。

在移动端微博发送内容：

移动端微博界面下方有一个"＋"的按钮，单击这个按钮即可发送微博内容，内容形式多种多样，有文字、图片、音乐、长微博等，还可以显示移动产品型号、地理位置等一系列功能，非常强大。

话题为：《复仇者联盟3》

内容：《复仇者联盟3》最新相关消息

并添加以下图片

行业术语

1. 微博：也就是微型博客，类似于博客，是一种通过关注机制分享简短实时信息的社交网络平台。用户可以通过 App、PC、网页等各种客户端组建个人社区，以文字、图片、视频等多媒体形式公开发布信息，并实现即时分享。因而我们也可以将微博理解为基于用户关系信息分享、传播的社交平台。

2. 微博营销：指通过微博平台为商家、个人等创造价值而执行的一种营销方式。商家或个人通过微博平台发现并满足用户的各类需求的商业行为方式。其以微博作为营销平台，以粉丝为潜在营销对象，通过和粉丝进行互动交流，向网民传播企业产品信息，塑造良好的企业形象，最终为企业带来收益。

岗位衔接

微博运营岗位职责：

1. 负责微博运营，日常内容编辑、发布、维护、管理、互动，提高公司影响力和关注度；参与微博运营策略、活动、话题的制定及执行。

2. 搜集粉丝的问题反馈和批评建议，了解粉丝需求；快速提高微博粉丝量，并与行业媒体、机构、大师及客户形成良好的互动交流。

3. 负责和移动互联网领域各传播媒体有效沟通，调动各种资源，促进公司互联网产品和相关渠道及媒体的联合推广，以提高公司产品的市场知名度。

4. 负责制作内容及话题，能够结合热点事件开展推广活动，及时监控和处理产品运营活动过程中的各类正负面事件。

5. 跟踪运营推广效果，分析数据并反馈，分享推广经验；挖掘和分析目标用户的使用习惯、情感及体验感受，即时掌握新闻热点。

 **知识拓展**

微博引领营销进入"新"时代

自 2009 年 8 月新浪微博问世以来，已经引起了全行业的关注和议论。而微博的快速发展，让其成为当今最具影响力的互联网入口，带来的营销效应日益扩大，对营销方式的改变逐渐深入。近日，在 SES 上海大会上，新浪全国销售总经理李想提出，以微博为代表的社会化媒体会创造新的营销模型，并必然对数字营销产生深远影响。

微博是行业价值整合者而不是破坏者

尽管携带强大气场成为当今最精彩的互联网入口，但微博从来不是行业破坏者，而是行业价值的整合者，自诞生开始就具有强大的整合能力。

相较于其他一些微博产品，新浪微博具备三个特点：非常了解中国用户的沟通习惯和文化差异，有针对性地设置了评论＋转发＋私信的互动形式；运用了包含图片、视频、短链接等多媒体支持功能，方便用户多途径经营自媒体；新浪超级媒体平台的资源倾斜和内容转移服务，让新浪微博享有独特的运营经验和信息资源。

李想认为，微博跟传统入口的价值整合带来四种新现象：跟搜索整合，促成实时搜索或者社会化搜索的兴起；跟门户整合，给门户带来新的流量；跟移动终端整合，是促进移动互联网向 SOLOMO（社交＋本地化＋移动）趋势发展的有力推手；跟电子商务整合，会促进社交商务的成熟和落地。

因为天然的整合能力，微博平台能够顺利地完成一个大营销循环，包含信息的传递、互动、购买实施，然后价值信息再次被传递、分享、互动等。在循环过程中，还可以整合很多传统营销工具，比如传统 TVC 里可以植入该广告的相关微博，引发用户在微博上的分享和互动，更可以从侧面监测传统 TVC 的投放效果。

新营销模型的四个关键因素

因为微博既可以整合包括各类传统媒体、互联网媒体、社会化媒体在内的媒体资源，也可以整合多种营销工具，这为其创造新营销模型奠定了有利基础。

这种新营销模型的核心就在于企业运用 SNS 2.0 平台，吸引粉丝关注，让品牌和消费者之间的沟通成本降到最低，然后通过粉丝沉淀来提升品牌价值。也许，今后品牌之间对决时，优质粉丝数量可能是一项极其重要的指标。

李想认为，新营销模型的关键因素还要有"运营变革、内容为王、资产沉淀、真实行动"四个维度。

"运营变革"是要打破既往桎梏，从传统强化空间、淡漠时间的 360°营销，变成 365 天的实时营销，让营销实时存在，实时持续。

在内容传播上，遵守"内容为王"原则。可口可乐的 CMO Joe Tripodi 曾撰文指出"通过媒介购买覆盖潜在消费者的营销手法将远远不够，能否创造出引发用户表达和自主传播的品牌内容将成为新营销的关键"。使用新浪微博等社会化媒体进行营销，将能大比分地"赚到媒体"，恰好证明了这个趋势。

所谓"资产沉淀"，李想提出，企业"自媒体影响力将成为品牌资产的重要依据和组成部分"。而微博为企业进行资产沉淀提供了一个全新运作平台，因为她能发起讨论、聚合粉丝，最终引发消费的"真实行动"。

微博推动企业制定社交商务策略

新浪微博作为 SNS 2.0 平台，早已引发一些敏感的营销人对新营销的联想和实践。李想讲述了"一场火锅引发的微博故事"：一条海底捞火锅可送外卖的消息，因得到一位知名博主的评论，继而被大量粉丝关注、转发，从而轻易地为海底捞带来了真实的消费群落。"火锅故事"说明，在微博上，一个小小的创意，只要传播得当，极易促成一次消费潮流。只要策略得当，通过社交媒体完全可以带来意外的社交商务"流量"。如何应对社交媒体带来的营销乃至商务运营的社交化趋势，需要企业早早做好应对之策。

一些先知先觉的品牌企业非常看好微博平台造就的社交商务，据了解，目前已经有 30 000 多家企业在新浪微博上开设自己的品牌微博，利用微博的整合能量为自己的品牌传播服务。

备受全球营销精英瞩目的 SES（The Leading Search&Social Marketing Event）上海大会已经圆满闭幕。从此次 SES 大会上还可看出，全球营销专家对新浪微博创造的新营销模型同样充满期待。

（资料来源：《V - MARKETING 成功营销》http：//www. cnki. com. cn/Article/CJFDTO-TAL - XDQJ201111016. htm，2011 - 06 - 13）

任务 3　微信营销

知识目标

了解企业微信营销的作用

掌握微信公众平台的运营推广技巧

掌握微信第三方平台的使用攻略

能力目标

能够对企业微信公众号进行定位与运营

能够对公众号后台数据进行分析

能够编排文章和制作 H5 页面

思政目标

培育并践行社会主义核心价值观

培养新媒体从业人员的法治意识与职业道德

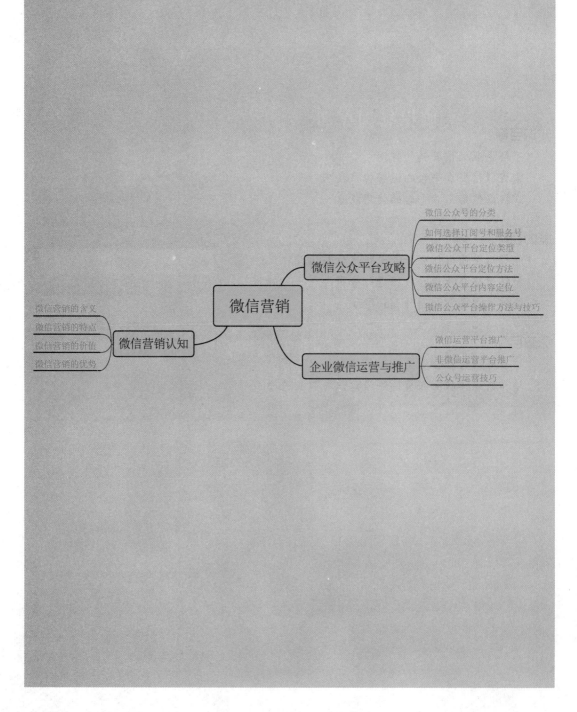

案例导入

微信营销案例之招商银行"爱心漂流瓶"

　　Campaign 期间，微信用户用"漂流瓶"或者"摇一摇"功能找朋友，就会看到"招商银行点亮蓝灯"（如图 3-1 所示）。只要参与或关注，招商银行便会通过"小积分，微慈善"平台为自闭症儿童捐赠积分。和招商银行进行简单的互动就可以贡献自己的一份爱心，这种简单却又可以做善事的活动，颇为吸引人。

　　根据此前行业营销人员的观察，在招行开展活动期间，每捡十次漂流瓶便基本上有一次会捡到招行的爱心漂流瓶。虽然漂流瓶可能存在过于频繁且缺乏一定活性的不足，容易让用户产生参与疲劳。但营销人员也设想到，如果用户每一次捡到爱心漂流瓶都会产生不同的活动或者能有一些小小的语音游戏，或许会提高用户参与互动的积极性。

　　（资料来源：http：//blog. sina. com. cn/s/blog_ 13c6c 461c0102v2sc. html）

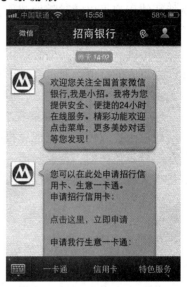

图 3-1-1　招商银行微信公众号客服页面

知识赏析

3.1　微信营销认知

3.1.1　微信营销的含义

　　微信营销是一种基于用户群体和微信平台的全新的网络营销模式，它通过微信软件与微信用户搭建起一个类似"朋友"的关系链，在这种社交关系中借助移动互联网而制造的全新的营销方式，比如公众平台营销等，来达到传播产品信息，从而实现产品销售，强化企业品牌的营销目的。

微信营销认知

3.1.2　微信营销的特点

　　微信营销是基于微信的兴起而出现的一种全新的营销方式，因而微信营销也无可厚非带有微信应用的特色表现形式，主要有以下特点。

　　（1）"一对一"互动营销

　　用户在微信上的互动是"一对一"的，在完成信息的推送之后，商家可以根据客户的反馈进行一对一的对接，根据客户的需求量身定制解决方案，这种营销给客户的感觉往往是"私密的"。

（2）信息到达率高

通过微信，商家可以将企业的活动信息以及产品相关信息完整无误地发送到用户移动终端上。同时，微信收到未读信息时以铃声、角标等方式提醒用户阅读，手机端的移动便携特征使用户可以随时随地读取信息，使微信信息的到达率很高。

（3）强关系营销

微信的一对一产品形态注定了其能够通过互动的形式将普通关系发展成为强关系，从而产生更大的价值。通过互动形式与用户建立联系，用一切形式让企业与消费者形成朋友的关系，你不会相信陌生人，但是会信任你的"朋友"。

（4）初期成本低，维系成本较高

相对于投放传统的电视、报纸、户外广告，微信营销信息成本要低廉得多。目前申请公众账号是免费的，企业只需一点流量就可以向粉丝用户推送广告信息。当公众账号粉丝数量扩大时，企业就需要投入大量的人力物力财力和受众做好互动沟通，成本较高。

 ### 3.1.3　微信营销的价值

1. 个人微信的营销价值

（1）输出个人品牌

美国管理学者汤姆·彼得斯（Tom Peters）提出，21世纪的工作生存法则是建立个人品牌。不只是企业、产品需要建立品牌，个人也需要在职场、生活中建立个人品牌。个人品牌的建立是一个长期的过程，人们希望塑造的个人形象可以被周围大众广泛接受并长期认同，而以微信为代表的社交软件的出现，让个人可以成为自媒体，人们能够在社交软件上展示自己的鲜明个性和情感特征，在符合大众消费心理或审美需求的情况下，成为可转化为商业价值的资源。

（2）刺激产品销售

刺激产品销售是微信营销最基本的价值。不论是基于熟人经济的微商，还是基于个人品牌效应的微店，"人"都成了新的商业人口。通过个人微信的朋友圈发布产品信息，用微信聊天为买家提供咨询沟通服务，用微信支付功能完成付款……"社交电商"就这样实现了。

（3）维护客户关系

微信是人与人之间便捷沟通的一种渠道。如果由于业务关系添加了很多客户的微信好友，通过聊天联系或朋友圈互动，就有了与客户加深情感连接、让客户进一步了解你的机会。

2. 微信公众号的营销价值

企业只有深深理解了微信公众平台背后的每种价值，才能结合消费者的需求来确定怎样通过微信提供服务。

（1）信息入口

首先，作为微信公众号的一大营销价值就在于，它是一个实实在在的高效的信息入口。过去，企业需要通过官方网站提供信息供用户查询；移动互联网时代，基于移动互联网的特点，用户不再需要通过搜索关键词来访问企业官网，只需要在微信搜索企业的公众号名称就可以获得企业的产品、服务、联系方式等信息，也可以点击公众号中的菜单直接跳转到企业官网或者微店。

（2）提供优质的客户服务与客户关系管理（CRM）的核心是通过自动分析来实现市

场营销、销售管理和客户服务，从而吸引新客户、留住老客户以及将已有客户转化为忠实客户，增加市场份额。微信作为天然的沟通工具，极大地方便了用户与企业沟通，通过设定好相关的关键词，就可以实现更具专业性和针对性的自动回复，在提高客户服务满意度的同时，还可以大大节约人工客服的人力成本。

（3）实现电子商务功能

未来的零售是全渠道的，企业需要尽可能地让消费者随时随地都能方便地购买到产品，而微信公众号就可以实现销售引导，及时把产品或服务信息送达用户，促成交易，缩短营销周期。若用户在看微信图文时想购买某件商品，可以不用退出微信，直接在微信上下单购买。这样选择下单和支付交易，甚至物流查询、客户服务都能够通过微信实现，而不需要下载 App 或跳转到淘宝、天猫等渠道购买。

（4）准确方便地展开用户调研

产品调研是每家企业制定经营策略非常重要的环节，在大型公司里是由专门的产品研发部门来负责的，或者通过付费方式委托第三方公司发放问卷或者电话调研。这些方式不仅成本高而且数据不精准，而通过微信就可以直接接触与自己相关的精准用户群体并可以对其进行针对性调研，不但保证了受众群体的精准性，还能省去大笔经费。

（5）品牌宣传

微信公众平台不仅可以承载文字、图片、音频、视频等多元化形式，还能及时有效地把企业最新的促销活动告知粉丝，具有互动性较好、信息传递快捷和信息投放精准的特点。用户不仅可以接收品牌信息，还可以更方便地参与品牌互动活动，从而深化品牌传播，降低企业营销成本。可以看到，微信对于内外宣传营销工作的价值是非常巨大的，但这里还是要对新媒体运营工作者说一句，在没有微信之前，作为运营工作者也是能够通过各种方式达成运营目的的，微信问世之后，只不过是将之前其他的一些信息传播渠道转移到了微信上而已。所以，掌握一些微信运营的手法，可能会提升效率、降低成本，但绝不是说采用了微信做运营和营销就能够一本万利，说到底，微信的本质仅仅只是一个工具而已，要正确看待工具在运营过程中所占的比重与位置，也就是说，不要期待仅仅凭借一个工具可以给你的运营工作带来多么巨大的改变，工具仅仅是工具，工作成败与否的关键还是在于使用者。再有，不要寄希望于只用一种工具就可以做好新媒体运营，每个工具都有自己的特点，应该要把所有的工具整合起来，发挥每个工具的优势，规避其所具有的劣势，只有这样才能真正做好新媒体运营工作，实现最终的运营目的。

 3.1.4 微信营销的优势

微信作为移动互联网世界的重要流量入口，承载着数以亿计的用户，企业开展微信营销有着巨大的优势，具体表现为以下几点。

（1）海量的潜在用户

目前，微信用户达到 8 亿多，公众号 2 000 万余个，在互联网世界，用户导向即市场，有人的地方就有市场，何况是微信拥有数以亿计的海量用户。

（2）营销成本较低

传统的营销推广成本高，而微信软件本身的使用是免费的，使用各种功能都不会收取费用，使用微信时产生的上网流量由网络运营商收取比较低廉的流量费，也就是说，微信从注册、开通、使用几乎是免费的，那么，通过微信开展的微信营销活动的成本自然也是非常低的。

（3）营销定位精准

微信公众号让粉丝的分类更加多样化，可以通过后台的用户分组和地域控制，实现精准的消息推送，同时通过LBS营销可以知道目标客户群体的所在位置，或者说，可以"一对一"更具针对性地向用户推送广告消息和提供服务，也可以针对某一地域或者某一地区进行消息的推送。

（4）营销方式多元化

基于微信开展的微信营销有着丰富多样的营销方式，摇一摇、漂流瓶、附近的人、二维码、朋友圈等多种功能都成为微信营销的方式。不仅使商家拉近与用户的距离，还使营销活动变得更加生动、有趣，从而更加有利于营销活动的开展。

（5）营销方式人性化

微信营销最大的优点是亲民而不扰民，用户可以自由选择是否接受信息，并且微信公众号每天只能群发一次消息，一次最多8条。给用户带来了更大的选择空间。

（6）能够获得更加真实的客户群

微信营销不同于微博营销，这主要表现在微信作为即时通信工具，是一对一进行沟通传播信息的，用户的真实性更高，对于企业开展微信营销来说，通过微信获得粉丝用户营销价值或意义更大，更易于为企业带来效益，实现企业营销目的。

（7）营销信息送达率高，交流互动性突出

在微信上，每一条信息都是以推送通知的形式发送，信息很快就可以送达用户微信移动客户端，送达率100%；微信具有很强的互动即时性，无论在哪里，只要带着手机，就可以方便自如地同潜在用户进行互动沟通。

3.2　微信公众平台攻略

 ### 3.2.1 微信公众号的分类

目前，微信公众平台有服务号、订阅号和企业号三种类型，如图3-2-1所示。

图3-2-1　微信公众号类型

服务号、订阅号和企业号有着不同的功能和特点，区分三者的不同功能是成功开展微信营销的前提。表 3 - 2 - 1 所示为服务号、订阅号和企业号的功能对比。

表 3 - 2 - 1　服务号、订阅号和企业号的功能对比

项目	服务号	订阅号	企业号
面向人群	面向企业、政府或组织，用于对用户进行服务	面向媒体和个人，提供一种信息传播方式	面向企业、政府、事业单位和非政府组织，实现生产管理、协作运营的移动化
信息次数限制	每月主动发送信息不超过 4 条	每天群发一条	每分钟可群发 200 次
信息显示方式	出现在好友会话列表首层	折叠在订阅号目录中	出现在好友会话列表首层
信息保密	消息可转发、分享	消息可转发、分享	消息可转发、分享，支持保密消息，防成员转发
验证关注者身份	任何微信用户扫码即可关注	任何微信用户扫码即可关注	通讯录成员可关注
高级接口权限	支持	不支持	支持
定制应用	不支持，新增服务号需要重新关注	不支持，新增服务号需要重新关注	可根据需要定制应用，多个应用聚合成一个企业号

服务号主要用于做服务，如招商银行服务号，将个人招商银行账号与该服务号绑定后，每次消费时招商银行的服务号都会发来消息，服务效率非常高。客户服务需求高的企业可以考虑在开通订阅号的同时开通服务号。

订阅号主要用于传播，通过展示自己的特色、文化、理念而树立品牌形象。每天一条的发送有很多传播利用空间，所以大部分企业和媒体都选择开通订阅号。

企业号主要用于做管理，类似于企业内部的管理系统，面向的是企业内部的员工或企业运营流程中上下游客户，所以就目前而言，对于管理运营不复杂的中小型企业来说，开通企业号的价值不大。

总之，如果想简单地发送消息，做宣传推广服务，达到宣传效果，就选择订阅号；如果想进行产品销售、客户服务，建议选择服务号；如果想用来管理内部员工、团队，对内使用，可以开通企业微信。

 3.2.2　如何选择订阅号和服务号

企业在开展微信营销的时候，需要根据企业的业务需求灵活选择订阅号和服务号。通常来说，企业在选择微信订阅号和服务号时以微信公众号定位的功能为主，选择时应考虑

以下几个标准。

标准一：做营销还是做服务

如果公众号的使命是以资讯发布和营销活动为主，建议做订阅号，可以不受发布频率的限制；如果定位于为客户、会员提供一对一深度服务，建议做服务号，配合技术手段将微信与 CRM 打通，结合多客服功能，为用户提供良好的服务体验。

标准二：是否需要高级功能

如果需要微信支付、可统计的二维码、分组群发、微信上墙等高级功能，那就只能选择服务号。

标准三：对打开率、阅读数的重视程度

由于订阅号被折叠，用户信息接收无提示音，仅在微信会话列表会有新消息提示（"红点"标志），订阅号普遍的打开率较低，据不完全统计，能达到10%～20%就已经算比较高的了；而服务号信息推送直接显示在微信对话列表中，且会收到提示音，查看更为方便，打开率维持在50%～60%，相对较高。

总结：订阅号的作用是媒体＋社交，多数用于信息传递、分享，主要连接人与人；服务号则更多地用于商业服务，是展示的平台、服务的载体、商业的途径，主要连接服务和商业。

3.2.3 微信公众平台定位类型

企业在开展微信营销活动前的首要工作是对公众号进行定位，即根据自身业务、用户需求以及营销目标来确定公众号的特色和核心功能。不同的定位类型会有不同的营销效果，通常来说，公众号定位类型主要分为以下几类。

（1）客户服务类

客户服务类型的公众号依托目前微信公众平台的各种开放接口，集成企业的 CRM 系统，变成微信端的 CRM 管理客户关系；服务型的公众号适合规模大的企业，它的每一个粉丝都来自消费者或者线下门店，客户服务类的公众号能够为粉丝客户带来持续性的服务。

（2）品牌推广类

品牌推广类账号用于打造公司品牌形象，向粉丝传递公司理念、企业动态等，比如，星巴克音乐推送，通过查找星巴克微信公众号或者扫描二维码，用户可以发送表情图像来表达此刻的心境，星巴克微信公众号则依据不一样的表情图像挑选《天然醒》专辑中的关联音乐给予回答，这种用表情说话正是星巴克的卖点。把微信做得有构思，微信就会有生命力。

（3）销售渠道拓展类

销售型公众号主要是通过微信与微信支付的便捷性，打造成一个纯销售或者促销信息整合的平台，这类型的公众号如现在火热的微商分销。微信公众号属于销售和分销的承载平台，微信公众平台既是销售的管理平台也是作为线上一条重要的渠道。

（4）媒体资讯发布类

"自媒体"公众号大多数属于媒体资讯发布类，比如"李叫兽"，通过公众号发布最新资讯。根据所在行业和领域发布文章，内容相对具备即时性、真实性，适合于打造行业内资讯平台。

（5）个人自媒体类

个人自媒体类的公众号可以用包罗万象来形容，是公众平台最多的类型之一，比如吴晓波频道、罗辑思维、餐饮老板内参等，属于行业内比较出名的个人自媒体，这种大型的个人自媒体也在逐渐向企业运营转变，这部分公众号更多的是依靠个人魅力与优质原创内容吸引粉丝。

 3.2.4 微信公众平台定位方法

通俗来讲，关于定位有两个方面的内容：一是你是做什么的；二是你的目标受众是谁。

关于第一个问题你是做什么的，又有下面四个小问题：

一是你的公众号是干什么的？

二是你的公众号能为用户解决什么问题？

三是和同类公众号相比，你有什么特点或者说优势？

四是你能用一句话描述你的微信公众号定位吗？

现在的公众号运营一般分为以下几种：

一是自媒体：就是写出你的感受，然后发布到各大社交平台上的那一类。对于一个自媒体来讲，建议是做自己有兴趣的；擅长的账号来运营，比如喜欢篮球，喜欢 NBA，就可以去开个公众号聊聊 NBA 的那些事。

二是纯粹卖货类：这个和微店一个性质。

三是品牌类：这是一些大公司用的策略，微信公众号成为其品牌宣传的一个窗口，它不销售，也不做客户维护，就是跟企业挂钩在一起，成为一个宣传窗口，比如可口可乐。

四是新老客户的关系维护类：微信公众号已经成为数据库营销的主战场，全网营销所有品牌触点最终落地于微信公众号，微信承担了 CRM 角色。这种思路应用在一些带有实体性质的企业中尤为突出，如餐馆、酒店、美容场所等，以会员形式结合微信公众号运营来操作，所有广告投放，最终通过二维码或者微信号形式进入公众平台。所以在动手开干之前，先得搞清楚自己到底要干什么。

第二个问题：你的受众是谁？

通俗来讲，就是对你的目标受众进行一个画像，比如他们的性别、年龄、收入、学历、居住城市、喜好、经常出入地点都有哪些。

清晰的用户画像有助于后期推广的展开，也决定了写图文信息的方向，最后还关联到盈利模式，所以这一点相当重要。

 3.2.5 微信公众平台内容定位

准确的定位和持续的内容推送是公众号运营成功的原因，同样，如果公众号的定位不清，内容无法持续更新，便会影响到公众号。下面讲解内容定位的步骤及一些注意事项。

（1）了解目标人群定位，寻找痛点

运营公众号首先要了解目标人群，通过前期的市场调研，或者通过其他资料找到用户的痛点，确定用户群体。

（2）了解账号定位，规划内容类型

账号定位是否清晰，直接关系到后续发布的文章内容，因为公众号发布的内容也是根据账号定位的方向进行规划的。

（3）确定核心关键词，发布内容

通过前面的用户调研分析、公众号的定位及内容规划，可以大致规划出内容方向，圈定相关的核心关键词，然后通过发布相关文章，进行试错，调整公众号的内容。

 3.2.6　微信公众平台操作方法与技巧

注册公众号容易，但运营好公众号却不是一件容易的事情，因为发布一篇好的文章或者策划一个活动，需要完成几十个环节，这里着重对公众号的基本操作方法以及相关技巧进行详细讲解。

（1）公众号设置技巧和注意事项

添加微信公众号信息，申请的账号中文名称是可以重复的，不需担心其他用户抢注了自己的公众号，对于企业而言需要进行官方认证；单击"完成"，完成公众号注册，进入后台单击左侧"公众号设置"，可以对公众号头像、域名、二维码进行设置。

（2）群发消息

群发信息即公众平台向关注该账号的所有用户推送图文消息。登录微信公众平台单击"群发功能"，可以发送文字、图片、语音以及视频等相关内容。群发消息需要新建消息或者直接从素材库中选择已经编辑好的消息直接发送。

（3）自动回复

自动回复功能通过设置"被添加自动回复""消息自动回复""关键词自动回复"等方式，方便用户与微信公众号之间进行互动沟通，对提高用户活跃度和微信公众号的用户黏性具有一定意义。

3.3　企业微信运营与推广

 3.3.1　微信运营平台推广

微信运营平台推广是指在微信平台内推广公众号，作为推广公众号的主渠道，历来受到运营人员的重视，常见的推广方式有微信群推广、公众号互推、线上广告投放、免费分享干货、投票、病毒式 H5 以及推荐给亲朋好友等。

（1）微信群推广

微信营销人员将微信群作为公众号推广重要渠道，通过持续不断地推送优质的内容，吸引潜在读者成为自己的忠实用户。需要注意的是，长久保持群的活跃度以及设定好群规则，加强平时维护，而不是直接把文章或者推广信息直接往群里发送。

（2）公众号互推

找到同自己的公众号用户群体相重合的其他公众号，相互推广，这也是时下较为流行的公众号推广方法。使用该方式推广的优点是简单快捷，效果好；不过前提是要推广公众号本身拥有一定用户量，对小企业推广公众号来说，门槛较高。需要前期先积累一些粉丝，再找人合作。

（3）线上广告投放

"花钱省时间，省钱花时间"，对于广告预算充足的企业而言，投放线上广告是快速吸引粉丝，提高曝光量的有效方式之一。微信的线上广告主要有公众号广告、朋友圈广告以及网赚类转发等几种方式。

（4）免费分享干货

知识经济时代，人们对知识的需求越来越强烈，大量的网民愿意为知识服务付费，因而微信营销人员可以通过免费分享或者免费赠送干货知识给用户的方式吸引用户关注公众号，把行业相关知识制作成精美的电子文档，通过与用户互动，留下用户的邮箱，将干货知识赠送给对方。

（5）投票

通过微信公众号发起各种选萌宝、选最佳员工、选优秀团队的投票活动，可以提升用户的参与感，利用人们普遍存在的趋利避害、希望被认可的心理，活动中的候选人可能会拉票，从而为吸引到更多的人气，积极配合推广活动，使公众号获得更多曝光率。

（6）病毒式 H5

通过 H5 设计一些生动有趣的小游戏或者商业活动吸引大量的用户关注，成为推广微信公众号的高效方式之一。这类活动有很多，朋友互动、趣味游戏、有奖竞猜等。1 号店曾在微信中推出"你猜我画"活动，用户通过关注 1 号店的微信公众号体验游戏活动。

（7）推荐给亲朋好友

对于刚开始运营的时间较短的微信公众号，由于其影响力较小、用户量少，所以在推广前期主要通过亲朋好友的强关系的推荐关注获取一定的粉丝用户，积累微信公众号的用户数量。邀请他们关注，并且发动亲朋好友推荐给更多的用户。

思政园地

网络世界有法律底线！微信转发谣言也违法

案例：2018 年 5 月 10 日，河南省许昌市两名男子擅自在微信上发布一则标题为"北立交发生特大交通事故"的谣言，随着传播面不断扩大，造成了恶劣的社会影响。经许昌市公安局魏都分局缜密侦查，5 月 21 日，将两名涉嫌散布谣言的违法行为人抓捕归案，并依法行政拘留。

启示：2017 年 10 月 8 日起，国家互联网信息办公室印发的《互联网群组信息服务管理规定》和《互联网用户公众账号信息服务管理规定》开始施行。新规明确，规范群组网络行为和信息发布，群组成员在参与群组信息交流时，应当遵守相关法律法规，文明互动、理性表达。

3.3.2 非微信运营平台推广

非微信运营平台推广是相对于微信运营平台推广而言，通过在微信平台以外的其他平台开展公众号推广。以下几种是非微信运营平台推广的方式。

（1）意见领袖。

对于初创的公众号来说，意见领袖主要指公司领导、知名企业家、行业明星、自媒体人等，可以通过业内知名的意见领袖的肯定和支持进行推广，借用他们的影响力可以迅速地吸引人气和人们的关注。

（2）内部资源引流

通过整合企业内部资源，如在公司官网上植入公众号二维码，在举办线下活动的易拉宝中以及在电子邮件中植入公众号二维码等，将用户转化为公众号粉丝，通过内部资源引流吸引的用户群体和微信公众号用户群的匹配度很高，更有利于企业开展微信营销。

（3）内容传播

假设能够保证有稳定的不错的内容，那么就要想办法将内容效益最大化，也就是让更多的人看到自己的文章，通过内容传播的方式吸引用户关注。所以可以将公众号的内容，发送给更多的目标用户。

（4）提交给导航网站收录

在微信端也有自己专属的微信导航网站，不但可以提交微信公众号，而且还可以把公众号的原创文章收录进网站。现在网络中有许多微信导航网站，用户直接用搜索引擎搜索"微信导航"就会出现很多像"微信聚""微信导航大全"等微信导航网站。

（5）视频推广

运营人员可以借助视频推广微信公众号，通过制作有趣、有料、有内涵的视频、动画，并上传至优酷、腾讯、爱奇艺等网络视频平台，将公众号二维码植入视频也是一种不错的推广方式。

（6）利用微信自媒体联盟

可以和其他微信公众号组成联盟进行互推。目前微信联盟有两种：综合性联盟和行业性联盟。综合性联盟涉及的行业领域较多，如 WeMedia、微媒体等；行业性联盟则更加垂直细分，如犀牛财经联盟、亲子生活自媒体联盟等。

（7）地推

找到用户聚集的地方，通过展示服务加奖品赠送的方式去获得精准用户。比如微信公众号的目标用户是大学生，运营人员可以到大学校园做线下地推让用户关注公众号。如果公众号的目标用户是女性，运营人员还可以去商场摆摊，运用关注公众号赠送礼物等形式。

3.3.3 公众号运营技巧

公众号运营技巧

当前的公众号数量已经超过了两千万，信息冗余使用户没有那么多的时间查看每条信息，因此，如何提高公众号用户活跃度，提高运营效果，是每一个运营人员需掌握的技能。要提高微信公众号运营技巧，应从以下几个方面着手。

（1）明确且精准的内容定位

一方面公众号数量越来越多，公众号之间的内容同质化、娱乐化倾向严重；另一方面是专业化的优质原创内容较少，满足不了用户的有效需求。对于公众号内容定位，更应加大所在行业领域的垂直运作，细分用户市场，深度挖掘和高效制作优质的内容。

（2）适当的内容推送频率

推送频次，一周不要超过 3 次，太多了会打扰到用户；推送形式、内容不一定都是图文专题式的，也可以是一些短文本，字数在一两百字，内容最好能引发读者思考，产生思想的火花，形成良好的互动。

现在绝大多数的微信公众号每天都有 1 次群发消息的功能。现在每个用户都会订阅几个账号，推送的信息一多根本看不过来。

（3）充分利用人工互动

微信的本质是沟通平台，沟通需要有来有往。企业微信公众号，要能够做到适时的人工互动，做不到这一点，很难做好微信营销。

（4）建立丰富易查的关键词回复系统

微信运营久了，积累的素材很多，这些内容沉下去很可惜，建立丰富易查的关键词回复系统就非常必要了。目前，微信的每个规则预设 10 个关键字，配备 5 条推送内容，规则能设置 60 个，内容为 300 条，这些利用好了也能产生非常好的效果。

（5）线上与线下结合开展活动

线上线下活动结合的意义在于面对面的交流更容易培养忠实的粉丝，产生更鲜活、更接地气的内容，这样的微信公众号才会显得更真实、更有亲和力。另外，微信光靠自然增长用户会很有限，线下活动也是增加微信用户的重要手段。

（6）尊重并学习竞争对手

做微信营销一定要有开放的心态，竞争对手是最好的老师！要积极关注竞争对手，如果你关注了 100 个竞争对手的微信，就会有 100 个账号在教你怎样做好微信营销，还可以到一些微信群或者论坛中参与互动。

（7）二次开发

将微信公众平台和企业数据库对接，实现强大的客服功能，这也是微信公众平台最富有想象力的地方所在。现在出现了很多提供第三方开发的微信开发平台，提供更为丰富的应用。微信公众平台首页推荐的招商银行信用卡、南方航空等大企业的微信应用案例都经过了二次开发。

 知识小结

本任务由企业微信营销认知、微信公众平台攻略、企业微信运营与推广、微信运营数据分析及第三方平台使用攻略四部分组成，其中，企业微信营销认知部分属于知识储备内容，简要介绍企业微信营销的基础知识，重点以微信公众平台攻略、企业微信运营与推广、微信运营数据分析及第三方平台使用攻略为主，详细讲解在企业微信营销中公众平台的操作、运营、推广及如何借助第三方平台等相关知识，使学生对微信营销产生兴趣，从而掌握微信营销的方法和技巧。

知识测验

一、选择题

1. 下列选项中，属于微信营销特点的是（　　　　）。

A. "一对一"互动营销

B. 信息到达率高

C. 营销方式多样

D. 强关系营销

2. 下列选项中，关于微信营销的说法正确的是（　　　　）。

A. 微信拥有海量的用户

B. 微信营销可以精准定位，而且它的成本较低

C. 微信营销方式多样，更具有人性化

D. 微信营销具有开放性，可以连接一切

3. 下列选项中，属于微信线上广告投放形式的有（　　　　）。

A. 朋友圈广告

B. 公众号广告

C. 广点通广告

D. 网赚类转发

4. 下列选项中，属于微信运营人员主要分析的数据有（　　　　）。

A. 网页分析

B. 图文分析

C. 消息分析

D. 用户分析

5. 下列选项中，属于常见的微信排版助手工具的是（　　　　）。

A. 135 编辑器

B. 企业秀

C. 秀米

D. 创客贴

二、判断题

1. 微信公众号每天可以发送一条群发消息。　　　　　　　　　　　　　　　（　　）

2. 通过公众号发起投票活动也是推广公众号的重要方式，如评选最佳员工等投票活动。　　　　　　　　　　　　　　　　　　　　　　　　　　　　　　　　　　　（　　）

3. 微信公众号名应选择企业或者品牌名，中英文都行，名字长短无所谓，读起来好听就行。　　　　　　　　　　　　　　　　　　　　　　　　　　　　　　　　　　（　　）

4. 通过分析微信单篇图文，可以了解哪些内容受到用户关注，还可以了解用户平时关注的公众号。　　　　　　　　　　　　　　　　　　　　　　　　　　　　　　　（　　）

5. HTML 5 页面的火爆，使许多运营人员热衷于用 HTML 5 页面策划活动，但对实际收益的影响并不大。　　　　　　　　　　　　　　　　　　　　　　　　　　　　　（　　）

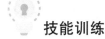

技能训练

微信的营销模式选择

训练目标：掌握微信的营销模式。

训练内容：下面给出了五张案例图片和五种营销模式，请根据自己的理解，将这些微信营销的案例和营销模式进行匹配，将营销模式前对应的字母填入案例图片的括号内。

微信营销五种模式：A. 许可式的互动推送；B. 人力成本投入的陪聊；C. 二维码扫描；D. 开放平台，分享功能；E. LBS——查看附近的人。

案例：K5便利店新店推广、"饿的神"

微信也结合了LBS功能，在微信的"朋友们"选项卡中，有个"查看附近的人"的插件，用户可以查找自己所在地理位置附近的微信用户。系统除了显示附近用户的姓名等基本信息外，还会显示用户签名档的内容。商家也可以利用这个免费的广告位为自己做宣传，甚至打广告。

案例：深圳海岸城"开启微信会员卡"

深圳大型商场海岸城推出"开启微信会员卡"活动，微信用户只要使用微信扫描海岸城专属二维码，即可免费获得海岸城手机会员卡，凭此享受海岸城内多家商户优惠特权。

案例：星巴克《自然醒》

当用户添加"星巴克"为好友后，用微信表情表达心情，星巴克就会根据用户发送的心情，用《自然醒》专辑中的音乐回应用户。

案例：美丽说×微信

用户可以将美丽说中的内容分享到微信中，由于微信用户彼此间具有某种更加亲密的关系，所以当美丽说中的商品被某个用户分享给其他好友后，相当于完成了一个有效到达的口碑营销。

飘柔在微信中以"小飘"自称，关注飘柔后，用户会发现"小飘"不只能陪聊、唱歌（这一点有点像星巴克的自然醒专辑播放服务），星座运程指导等也是样样精通。能有一个人陪你聊天，给你唱歌，跟你分享星座运程，这样人性化的品牌可能没人会不喜欢吧！

行业术语

1. 微信营销：一种基于用户群体和微信平台的全新的网络营销模式，它通过微信软件与微信用户搭建起一个类似"朋友"的关系链，在这种社交关系中借助移动互联网而打造的全新的营销方式，比如公众平台营销等，来达到传播产品信息，从而实现产品销售、强化企业品牌的营销日的。

2. 公众平台服务号：公众平台的一种账号类型，旨在为用户提供服务。其特点是：1个月（自然月）内仅可以发送4条群发消息；发给订阅用户（粉丝）的消息，会显示在对方的聊天列表中；服务号会在订阅用户（粉丝）的通讯录中，通讯录中有一个公众号的文件夹，点开可以查看所有服务号，服务号可以申请自定义菜单。

3. 公众平台订阅号：公众平台的一种账号类型，旨在为用户提供信息。其特点是：每天（24小时内）可以发送1条群发消息；发给订阅用户（粉丝）的消息，会显示在对方的"订阅号"文件夹中，单击两次才可以打开；在订阅用户（粉丝）的通讯录中，订阅号将被放入订阅号文件夹中。

4. 公众平台企业号：能够将企业销售售后和企业内部OA打通的微信企业号，具备微信订阅号和微信服务号无法比拟的强大功能。公众平台企业号，是公众平台的一种账号类型，旨在帮助企业、政府机关、学校、医院等事业单位和非政府组织建立与员工、上下游合作伙伴及内部IT系统间的链接，并能有效地简化管理流程，提高信息的沟通和协同效率，提升一线员工的服务及管理能力。

岗位衔接

微信营销部门岗位职责：

1. 熟悉企业微信的各项功能应用，擅长企业微信的日常操作以及维护。

2. 根据企业的受众群体可以养成数据分析能力，善于通过数据分析掌握时间段与顾客互动。

3. 更新及维护公司企业微信内容，增加粉丝数量，提高各项关注度，为店内引流，提升转化率。

4. 负责企业微信的运营策略，活动、话题的制定及策划方案和活动创意、活动宣传，完成微信营销。

5. 挖掘和分析粉丝使用习惯、情感及体验感受，及时掌握新闻热点，与用户进行互动。

6. 具有一定的市场分析及判断能力，具备良好的客户服务意识，具有亲和力。

7. 对对手进行分析，掌握其他微信产品的变化，进行详细统筹。

8. 跟踪微信推广效果，分析数据并反馈，分享微信推广经验，提高团队的网络推广能力。

知识拓展

微信营销案例之星巴克"自然醒"

互动式营销指的是通过一对一的推送，品牌可以与"粉丝"开展个性化的互动活动，提供更加直接的互动体验。

星巴克打造"自然醒"专辑的微生活。

全球领先的专业咖啡公司星巴克携手腾讯，于2012年8月28日正式推出星巴克官方微信账号，为广大微信用户和星巴克粉丝创建一种全新的人际互动和交往方式。

一直以来，星巴克致力于提供最优质的咖啡和服务，营造独特的星巴克体验，将遍布全球各地的星巴克门店打造成家和办公室之外最为舒适的休闲空间。在星巴克看来，微信代表着一种生活方式，不但为人们提供丰富的聊天模式，更拉近了人和人之间的距离。星巴克企业发展战略向来注重数字媒体与社交媒体，走在科技与时尚的前沿，身体力行，打造新鲜时尚空间。星巴克官方微信平台，就是企业数字化战略中重要及坚实的一步。2012年8月28日至9月30日，用户登录微信，通过扫描二维码，即可将"星巴克中国"加为好友。

用户只需要向"星巴克中国"发送一个表情符号，星巴克将即时回复用户的心情，即刻享有星巴克"自然醒"音乐专辑，获得专为用户心情调配的曲目，感受"自然醒"的超能力，和星巴克一同点燃生活的热情和灵感。

星巴克微信账号，是秉承星巴克"连接彼此"的企业文化内涵，促进人们真诚交流，并随时随地带来美好生活新体验和"星"乐趣的最好方式。同时，依靠腾讯强大的账号体系、PC与手机产品入口，可以使更多线下与线上用户享受移动互联网的便捷，获得实惠和特权。

微信与星巴克合作不仅破除了传统商业经营模式辐射面积小、用户参与度不高、受时间地点等制约的弊端，还具有轻松时尚、趣味性高、商家与用户互动性强等优势，让用户能尽享移动互联带来的轻松、惬意感受。作为最早的微信合作伙伴，星巴克"自然醒"活动被誉为微信第一营销案例。

（资料来源：http：//www.01w.com/win/weixinyingxiao/weixinanli/html/228781.html）

任务4　App 营销

知识目标

了解 App 及 App 营销

掌握 App 营销的主要模式

熟悉 App 运营活动类别

掌握 App 活动策划要点

能力目标

能够运用常见的活动形式，策划 App 营销活动方案

能够掌握 App 常见的推广方式，运用主要推广渠道进行推广

思政目标

培育并践行社会主义核心价值观

培养新媒体从业人员的法治意识与职业道德

新媒体营销

 学习导图

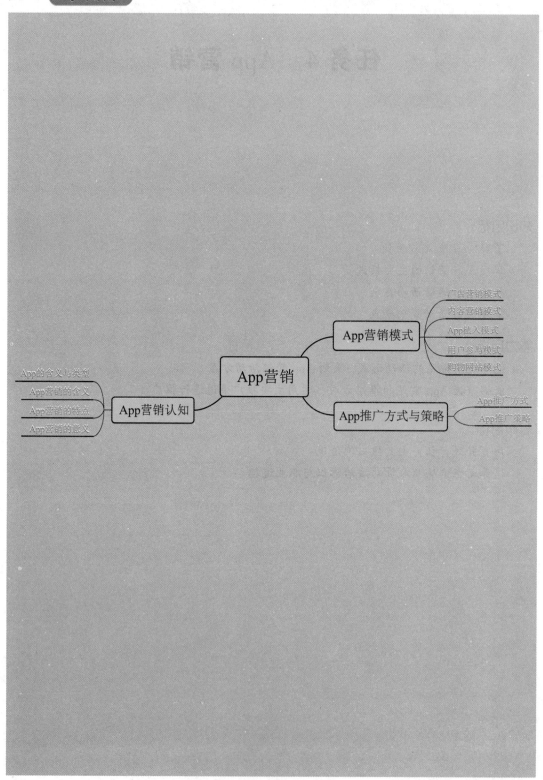

 **案例导入**

喜马拉雅 FM：1.2 亿用户听你说

2015 年年初，国内最大的音频分享平台喜马拉雅 FM（如图 4-1-1 所示）用户突破 1.2 亿，平台上有超过 700 万条声音，4 000 个自媒体，数千品牌入驻。2015 年 1 月 29 日，喜马拉雅 FM 启动主题为对"1.2 亿用户听你说"的线上活动，霸气地说"喜马拉雅 FM1.2 亿用户，今天不听节目，就听你说"。将 App 开屏广告和手机设为奖品，以微博、微信为主阵地，其他社交媒体包括豆瓣、贴吧、空间等为辅助，最终有超过 20 000 名网友参与本次活动，产生了超过 5 000 万的曝光量。

喜马拉雅 FM 的"1.2 亿用户听你说"活动，宣传目标直接，从始至终都以 1.2 亿用户为主题，并融入了武媚娘、朋友圈广告等社会热点，丝毫不掩盖自己"音频老大，率先破亿"的两大亮点，任性！

（资料来源：https：//m.sohu.com/a/343583936_120248748）

图 4-1-1 喜马拉雅 FM
活动广告页面

 **知识赏析**

4.1 App 营销认知

App 已经不仅仅只是移动设备上的一个客户端那么简单，如今，在很多设备上已经可以下载厂商官方的 App 软件对不同的产品进行无线控制。

不仅如此，随着移动互联网的兴起，越来越多的互联网企业、电商平台将 App 作为销售的主战场之一。泽思网络的数据表明，App 给手机电商带来的流量远远超过了传统互联网（PC 端）的流量，通过 App 进行营销也是各大电商平台的发展方向。事实表明，各大电商平台向移动 App 的倾斜也是十分明显的，原因不仅仅是每天增加的流量，更重要的是由于手机移动终端的便捷，为企业积累了更多的用户，更有一些用户体验不错的 App 使用户的忠诚度、活跃度都得到了很大程度的提升，从而为企业的创收和未来的发展起到了关键性的作用。

最为人关注的企业 App 应用同样宣示着中国的移动营销时代已经"燎原"，其中又以移动电商和餐饮业对 App 的高度重视而备受瞩目。前者曾是传统互联网的表率，在线购物也第一次以网络的方式改变了中国人的消费习惯；后者则是传统企业的代表，他们对 App 移动营销如此高的注意力，也启示着"App 移动营销的时代正从世界蔓延到了中国"。

当 App 成为无数企业热议的话题时，企业 App 的应用也蜂拥而上，就像当初互联网时代的电子商务一样，许多企业"为了 App 而 App"，一个投入了数万元甚至近十万元的企业自媒体平台却成了"没有心脏的钢铁侠"，不能发挥实际效用。

4.1.1　App 的含义与类型

（1）App 的含义

App 是单词 Application 的缩写，主要指在网络平台或智能终端上运行的第三方应用程序。换言之，就是安装在智能手机或者平板电脑上的手机软件，用来满足用户的个性化需求。

（2）App 的类型

按照 App 的功能不同，可以划分为社交类、资讯类、游戏类、网购类以及工具类等几种；按照应用载体的不同，还可以将 App 应用程序分为网页 App 和移动 App 两类。常用 App 移动应用分类如表 4 – 1 – 1 所示。

表 4 – 1 – 1　常用 App 移动应用分类

分　类	应　用
社交应用	微信、新浪微博、QQ 空间、腾讯微博、Facebook、朋友网、米聊、在身边、世纪佳缘、Weico、遇见、连我、KK 觅友、飞聊
地图导航	Google 地图、导航犬、凯立德导航、百度地图、悠悠手机导航、SOSO 地图、天翼导航、中国移动手机导航、老虎宝典、图吧导航、高德地图、8684 公交地铁、搜狗地图、谷歌街景、坐车网
网购支付	淘宝、天猫、京东商城、大众点评、淘打折、团购大全、拉手团购、美丽说、豆角优惠、蘑菇街、美团、掌上亚马逊、当当网、苏宁易购、支付宝
通话通信	手机 QQ、Youni 短信、飞信、QQ 通讯录、YY 语音、QQ 同步助手、通通免费电话、来电通、掌上宝、旺信、阿里旺旺、阿里通网络电话、掌上免费电话、云呼免费网络电话、UU 电话、QT 语音
生活消费类	去哪儿旅行、携程旅行、114 商旅、百度旅游、穷游锦囊、大众点评、布丁优惠券（布丁系列）、食神摇摇、58 同城、赶集网、百姓网、号百餐厅
查询工具	墨迹天气、我查查、快拍二维码、盛名列车时刻表、航班管家
拍摄美化	美图秀秀、快图浏览、3D 全景照相机、百度魔图、美人相机、照片大头贴、Photo Warp、GIF 助手、多棱相机
影音播放	酷狗音乐、酷我音乐、奇艺影视、多米音乐、手机电视、PPTV、优酷、QQ 音乐、暴风影音
图书阅读	91 熊猫看书、I Reader、Adobe 阅读器、云中书城、懒人看书、书旗免费小说、QQ 阅读、手机阅读、百阅、开卷有益
浏览器	UC 浏览器、QQ 浏览器、ES 文件浏览器
新闻资讯	搜狐新闻、VIVA 畅读、网易新闻、鲜果联播、掌中新浪、中关村在线

思 政园地

App "梦游" 欺客，法律不能 "休眠"

近来，一些手机 App 频繁强制跳转启动、自启动、关联启动，甚至高频次访问手机照片和文件，读取手机信息，让不少用户不堪其扰。这些 App 中，不乏知名、常用的软件。这些 "任性不服管" 的 App，不仅让用户无束，也损害用户权益，造成安全隐患。

从 PC 端到移动端，很多人都习惯用浏览器阅读信息。但随着移动互联网的迅速发展，部分互联网巨头正试图 "去浏览器化" "去通道化"，筑牢自己的 "数据护城河"。有网友表示，自己只想做个 "安静的美男子"，却被各种强制跳转频频骚扰。"我的地盘" 为何我做不了主？

如果说强制跳转启动只是转换了阅读媒介，无影无踪的自启动、关联启动，则令不少用户后怕。没有主动运行软件的手机，你以为 App 在睡觉，其实它却在 "梦游"，甚至 "搭伙梦游"——有的 App 一天自启动多达数百次，神不知鬼不觉间，个人信息被一览无余。

如此野蛮生长背后，还是商业利益在作祟。一方面，App 频繁启动可以使 App "日活跃用户" 等流量数据变多，获得更高估值融资和广告投放收入。与此同时，App 运营者也可通过获取用户信息，分析个人活动习惯与需求，实现精准营销。

针对 "任性" App，实际上不少法律规章都做了相关规定。如工信部颁布的《移动智能终端应用软件预置和分发管理暂行规定》要求 "未经明示且经用户同意，不得实施收集使用用户个人信息、开启应用软件"；《中华人民共和国网络安全法》规定，网络运营者不得收集与其提供的服务无关的个人信息等。

一些 App 打着 "用户同意" 的旗号，似乎你情我愿，但后台究竟在用户手机里用了什么、怎么用的，用户并不清楚。安装 App 基本都要授权，不同意就装不了，一些运营者利用和用户信息、地位的不对等，实现了 "任性" 闭环。有法律从业者表示，App 用户协议上的格式条款，如果加重对方责任、排除对方主要权利等，该条款无效。

管住 "任性" App，要有更硬核的举措。业内人士建议，整治 App 过度收集信息乱象，应从源头开始，从 App 上架环节着手，应用市场要堵住技术漏洞、加强管理，不满足安全标准者不得进入市场。广大 App 运营者也要知晓，保护用户个人信息，是法律强制性规定，莫让眼前商业利益冲昏头脑，捡了芝麻丢了西瓜。

作为全面依法治国的重要里程碑，民法典的出台让民事权利体系更加完备。手机作为用户的财产，其物权等相关民事权利也将受到更好的保护。移动互联网的硬技术日新月异，软环境也要与时俱进，各类市场主体应协同努力，让 "任性" App 尽职归位，带给用户便利，而非 "安全恐慌"，营造积极、正面、清朗的网络环境，让科技创新真正造福民众。

随着智能手机和 iPad 等移动终端设备的普及，人们逐渐习惯了使用 App 客户端上网的方式，而目前国内各大电商，均拥有了自己的 App 客户端，这标志着，App 客户端的商业使用，已经开始初露锋芒。

（资料来源：新华每日电讯）

4.1.2 App 营销的含义

APP营销认知

App 营销指应用程序营销，通过网页或智能手机、平板电脑等移动终端上的各种应用程序而开展的企业营销活动。在 App 营销中，应用程序 App 是营销的载体和渠道，这点是 App 营销与其他营销活动最根本的区别。

4.1.3 App 营销的特点

App 营销作为一种新兴的营销模式，不同于传统的营销模式，有其独特的营销特点，主要包含精准度高、互动性强、用户黏性、成本低，全面展示信息、提升品牌实力、随时服务、极具个性等 8 个方面。

（1）精准度高

App 通过可量化的精确的市场定位技术突破传统营销定位只能定性的局限，借助先进的数据库技术、网络通信技术及现代高度分散物流等手段保障和顾客的长期个性化沟通，使营销达到可度量、可调控等精准要求。摆脱了传统广告沟通的高成本束缚，使企业低成本快速增长成为可能，保持了企业和客户的密切互动沟通，从而不断满足客户个性需求，建立稳定的企业忠实顾客群，实现客户链式反应增殖，从而达到企业长期稳定高速发展的需求。

用户一般是根据自己的需求下载 App 的，只有当他们准备消费或有所需求时，才会点开相应的 App，比如打车、订餐、网购等。

（2）互动性强

传统大众媒体的传播属于单向性传播，受众作为信息接受者，只能被动地接受传媒信息，受众反馈渠道较弱。而用户通过企业 App 则可以改变这种局面。App 作为连接企业和用户的纽带，能及时将企业和用户之间的信息沟通渠道打通。一方面，用户可以随时随地获取企业信息；另一方面，企业则可以及时获得用户的使用反馈情况，快速调整和优化企业的产品和服务。

例如，将时下最受年轻人欢迎的手机位置化"签到"与 App 互动小游戏相结合，融入营销活动。消费者接受任务后，通过手机在活动现场和户外广告投放地点签到，就可获得相应的勋章并赢得抽奖机会。

（3）用户黏性

App 本身具有很强的实用价值，可以让手机成为一个生活、学习、工作上的好帮手。每一款手机都或多或少的有一些 App。App 营销的黏性在于一旦用户将应用下载到手机，应用中的各类任务和趣味性的活动会吸引用户，形成用户黏性，那么持续性使用成为必然。

（4）成本低

App 营销模式的费用相对于电视、报纸，甚至是网络都要低很多，只要开发一个适合本品牌的应用程序就可以了，可能还会有少许推广费用。

（5）全面展示信息

能够刺激用户的购买欲望，移动应用能够全面地展现产品的信息，让用户在没有购买产品之前就已经感受到了产品的魅力，消除了对产品的抵抗情绪，通过对产品信息的了解，刺激了购买欲望。App 应用中，可以将企业举办的促销活动、新品发布等信息全面、及时地推送给用户。让消费者更加全面地了解企业的产品和服务，提高了企业的服务水平和市场知名度。

（6）提升品牌实力

移动应用可以提高企业的品牌形象，让用户了解品牌，进而提升品牌实力。良好的品牌实力是企业的无形资产，为企业形成竞争优势。

（7）随时服务

通过移动应用了解产品信息，可以及时地在移动应用上下单或者是链接移动网站进行下单。便于顾客交流和反馈，易于开展企业与个别客人之间的交流。客人的喜爱与厌恶的样式、格调和品位，也容易被企业一一掌握。这对产品大小、样式设计、定价、推广方式、服务安排等均有重要意义。企业可以将产品和服务搬到 App 应用中出售，全天 24 小时向顾客提供服务，随时随地地为消费者提供服务，如滴滴打车、美团外卖、手机淘宝等。

（8）极具个性

App 种类繁多，企业可根据用户画像和使用习惯设计专属该群体的 App，向用户提供个性化的服务；App 营销在个性化方面有巨大优势，能够真正做到根据用户需求改变服务方式和内容定制式营销。

 4.1.4　App 营销的意义

（1）配合营销业务

App 能帮助企业筛选目标客户，有针对性地进行推广，实现精准营销。这样一来减少大量不必要的推广成本，也提升了营销的效果。

（2）树立企业形象

App 可以进行企业信息展示、产品展示，让用户了解公司详情等。这有利于企业打造品牌、树立形象。

（3）增强用户黏度

传统企业很难与客户建立密切的联系，而 App 有效地解决了这个问题。通过 App，用户可以随时随地查看公司最新情况以及其他信息。企业也可以通过举办活动或者设计小游戏来刺激用户参与，增强用户的黏性。

（4）利于增加新用户

用户之间的传播效应是非常惊人的，App 的分享功能非常重要。企业通过奖励用户将 App 推荐给亲朋好友的做法，可以使 App 得到快速传播与分享，这样能够以最低的成本收获大量新用户。

（5）降低广告成本

为了发展业务，企业通常会花费巨额的广告费用进行宣传，往往效果还无法保证。而 App 就是一个长期的广告平台，企业可以进行业务宣传或其他广告宣传，从而节约大量广告成本。

4.2 App 营销模式

4.2.1 广告营销模式

在众多的功能性应用和游戏应用中，植入广告是最基本的模式，广告主通过植入动态广告栏链接进行广告植入，当用户点击广告栏的时候就会进入指定的界面或链接，可以了解广告详情或者是参与活动，这种模式操作简单，适用范围广，只要将广告投放到那些热门的、与自己产品受众相关的应用上就能达到良好的传播效果。

广告营销模式，顾名思义，即借助于第三方的 App 平台，将企业 App 的广告以硬性广告的方式直接植入第三方平台上从而开展的营销推广。具体来说，就是将企业的广告在其他第三方应用上曝光，借助于用户规模较大的具有行业相关性的 App 推广企业自己的营销广告。

该营销模式下常见的 App 营销广告形式有开屏广告、页内轮播广告、封底广告、封面广告等，计费方式通常为 CPC 模式，即按照点击次数收费。

使用这种模式的关键在于，它能吸引足够多的用户关注和参与企业营销活动。因此，企业所选择推广的平台非常重要。这种营销模式的受众面广、成本较低、见效较快，对于企业短期内的营销推广活动而言是一个不错的选择。如图 4-2-1、图 4-2-2 所示分别为腾讯新闻客户端的开屏广告、兴业银行 App 中的轮播广告。

图 4-2-1 腾讯新闻客户端的开屏广告　　　　图 4-2-2 兴业银行 App 中的轮播广告

App 广告营销模式的推广目标：提高品牌知名度和吸引更多用户注册。

App 广告营销模式的流程：

①获取受众：采用"铺面"+"打点"的形式，通过内容定向"铺面"和机型定向"打点"来进行受众定位。

②吸引受众：手机上的"震撼"，高冲击动态广告栏，吸引受众眼球，引起受众好奇心理。

③转化受众："即点击，即注册"，用户点击广告栏，进入网站了解详情，注册参与活动，广告主可以实时掌握手机用户数据。

4.2.2 App 植入模式

App 植入模式是指将产品或服务的信息转化为一个应用的情景植入该应用中，当用户下载该应用后可以通过该应用看到产品或服务的信息。App 植入模式主要包括内容植入、道具植入及背景植入三种形式。

（1）内容植入

该模式将产品或服务信息转化为内容展现在应用中，比较典型的例子就是较为流行的游戏类应用"疯狂猜图"，将 Nike 等品牌名称作为游戏题目的关键词，既达到了广告宣传效果，又给用户带来了有趣的体验。

（2）道具植入

该模式一般出现在游戏类应用中，将产品或服务作为游戏的道具植入游戏中。如图 4-2-3 所示，"乐事"利用校内网应用程序（App）与 SNS 传播优势进行乐事薯片的植入式推广。

2009 年，除了继续通过电视广告、店内促销等宣传乐事 100% 天然土豆概念之外，乐事首次采用互联网流行的应用程序进行植入式推广，通过互动的形式与网民进行乐事薯片 100% 天然土豆概念的深度沟通。4 月 8 日起，校内网"开心农场"App 的用户可亲身感受成为乐事农场主的乐趣，种植 100% 天然土豆，生产乐事美味薯片，壮大自己的农场。

SNS 营销，实现了乐事品牌理念与用户行为的完美契合，受到了参与用户、营销界的多方关注。截至活动结束，本次活动种植土豆人数 5 300 759 人，购买工厂人数 3 853 294 人，生产薯片人数 3 681 176 人，拥有 TVC 背景人数 3 312 241 人。

通过此次活动，用户对乐事薯片的核心诉求有了更加清晰的了解，其品牌"知晓度"从活动之前的 90.8% 提升到 95.1%；品牌喜好度提升近 1 倍，从 39% 提升到 72.4%。在两个月的推广中，无论是预购还是首选乐事薯片，"肯定会"的占比均提高了 1 倍。

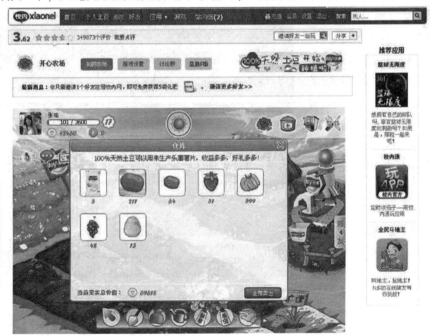

图 4-2-3 道具植入模式——乐事薯片

（3）背景植入

该模式主要用于品牌应用类 App 推广，依托第三方应用中虚拟化的场景，强化用户对企业产品或品牌的认知形象。

如图 4-2-4 所示，"夜亮了"游戏中，在虚拟城市场景中，将麦当劳的广告以路灯的形式植入游戏背景中。

图 4-2-4 背景植入模式——夜亮了游戏

4.2.3 用户参与模式

用户模式的主要应用类型是网站移植类和品牌应用类，企业把符合自身定位的应用发布到应用商店内，供智能手机用户下载，用户利用这种应用可以很直观地了解企业的信息，用户是应用的使用者，手机应用成为用户的一种工具，能够为用户的生活提供便利性。这种营销模式具有很强的实用价值，企业通过有趣味性或使用价值的 App，吸引目标用户参与使用，在使用过程中达到潜移默化地提升品牌知名度、塑造企业良好形象或者提升顾客的满意度等目的。

如图 4-2-5 所示，为星巴克移动手机的 App "alarm clock"，当我们早上醒来并且不想起床时，星巴克制作了一个特殊的 App 闹铃——Early Bird，用户只需在设定时间点击起床按钮并关掉闹钟，就可以获得一颗星，如在一个小时后走进任何一家星巴克，都将获得一杯打折咖啡。这款带有闹钟的 App 设计很普通，但对星巴克来说，却是移动的广告牌，实际上是品牌推广和产品营销。

图 4-2-5 用户参与模式——星巴克移动手机的
App "alarm clock"

清晨的一杯折扣咖啡，反映的正是星巴克多年来积极与用户建立交互关系的缩影，提醒用户从睁开眼睛的那刻起，星巴克就一直陪伴在他们左右。最重要的是，这款实用的 App 不插入任何广告，用户体验极佳。

 4.2.4　购物网站模式

商家开发自己产品的 App，然后将其投放到各大应用商店以及网站上，供用户免费下载使用。该模式是基于互联网上的购物网站，将购物网站移植到手机上去，用户可以随时随地地浏览网站获取所需商品信息、促销信息，进行下单，这种模式相对于手机购物网站的优势是快速便捷、内容丰富，而且这类应用一般具有很多优惠措施。如图 4-2-6 所示为手机拼多多应用的主页面。

图 4-2-6　购物网站模式——手机拼多多应用的主页面

 4.2.5　内容营销模式

内容营销模式以解决用户的实际需求和问题为核心，通过提供优质的内容，吸引到精准的客户和潜在客户，帮助用户解决生活、学习中的实际问题。如图 4-2-7 所示为"腾讯课堂 App 学生版"，打造了移动智能化的学习空间平台，推送了很多知识点，利于每个学生学习与成长，开放共享书籍，学生想看的书都能在平台内免费阅读。

图 4 – 2 – 7　内容营销模式——腾讯课堂 App 学生版

4.3　App 推广方式与策略

4.3.1　App 推广方式

APP推广方式
与策略

App 上线后，运营人员的首要任务就是将其推广出去，吸引目标用户使用。常见的 App 推广方法主要有应用商店推广、应用内推广、社会化媒体推广、网络广告推广以及线下预装等。

（1）应用商店推广

应用商店作为应用的"栖息地"扮演着最基础的角色，同时也是应用推广的第一步，作为应用信息的第一来源，在应用描述方面要保证真实而有创意，能够吸引用户的眼球，另外，把握好应用的更新及分类也是至关重要的。目前国内主流的应用市场有以下几类。

①手机厂商应用市场：企业 App 运营人员可以将想推广的 App 提交到该类应用市场进行推广。使用这种推广方式进行推广时运营人员需要与手机厂商进行洽谈合作。这类应用市场主要有苹果的 App Store、小米应用市场、华为应用市场、vivo 应用商店、OPPO 软件商店、三星应用商店、中兴应用商店、联想乐商店、魅族应用商店等。如图 4 – 2 – 8 所示为主流手机厂商应用商店。

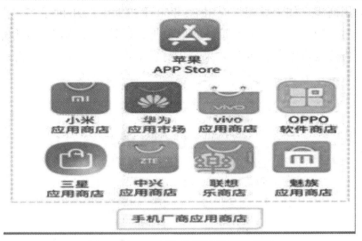

图 4 - 2 - 8 主流手机厂商应用商店

②手机系统商应用商店：如 Google Pay、App Store 等官方应用商店。国内的苹果手机用户大部分都是从 App Store 下载 App 应用，企业在发布针对苹果手机用户的 iOS 版 App 时可以选择用这种方式进行推广，如图 4 - 2 - 9 所示为安卓系统应用商店。

图 4 - 2 - 9 安卓系统应用商店

③手机运营商应用商店：如中国移动、中国联通、中国电信三大运营商的应用商店。作为主要通信运营商，它们拥有海量用户，推广资源较为丰富，但对所推广的 App 产品要求较高，而且收费也较高，所以适用于大公司进行 App 推广，如支付宝、手机京东、百度糯米等，如图 4 - 2 - 10 所示为中国电信官方手机应用商店——天翼空间。

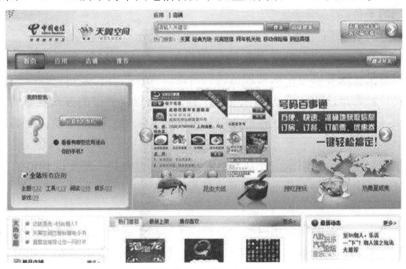

图 4 - 2 - 10 中国电信官方手机应用商店——天翼空间

④第三方应用商店：如豌豆荚、应用宝、360 手机助手、91 助手等，推广人员需要准备大量资料，及时与应用市场沟通对接。如果企业 App 推广预算资金较为充足，可以适当考虑投放一些广告位进行推荐，推广效果会更好，如图 4-2-11 所示为一些主流第三方应用商店。

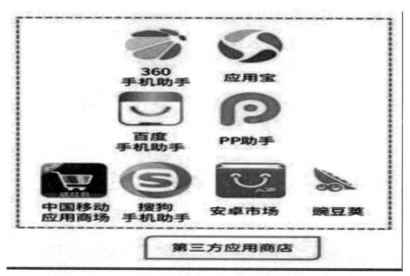

图 4-2-11　主流第三方应用商店

（2）应用内推广

①消息通知推广：通过向用户推送通知来提醒用户进行相关应用的下载，需要用户授权进行相关应用的下载。

②应用内互推：又称换量，合作双方互换流量，分别利用各自的应用帮助对方推广应用。

③广告弹窗推广：即常见的开屏广告或者插屏广告。当用户在打开应用时即会弹出企业 App 广告，这种推广方式效果较好，但是用户体验较差。

④开放平台：将网站的服务封装成一系列计算机易识别的开放的数据接口，可供第三方开发者使用的平台。

（3）社会化媒体推广

①论坛贴吧推广：推广人员以官方帖或用户帖两种方式发帖推广，发布产品相关内容，征求用户意见。还可以与论坛管理员进行洽谈以合作的方式策划一些推广活动。

②微博推广：将推广的 App 拟人化，赋予其情感，以讲故事的方式发布博文，坚持原创内容的产出。同时，注意多关注些行业内知名的微博账号，保持互动，提高自身品牌曝光率。

③微信推广：主要是利用微信公众号进行推广。通过查找一些主题相似的 App 公众号或者与推广 App 业务相关性较高的公众号进行推广。

（4）网络广告推广

①积分墙推广：通常会在应用内展示各种任务，如下载安装推荐的应用、注册、填表等，然后用户在嵌入有积分墙的游戏内完成任务以获得虚拟货币奖励。积分墙广告按照 CPA 模式计费，用户下载量的数据比较真实，企业是最大的受益者。

②移动广告推广：通过与移动广告商直接合作，投放移动广告进行推广，如百度移动推广、Google Adwords 移动版等，通过设置定向投放的条件，向精准的人群展现 App 下载广告。

（5）线下预装

线下预装推广属于传统的 BD 商务拓展合作推广方式，对于线下资源丰富的企业来说，也是一种不错的选择。

线下预装活动方式有两种：一是与手机厂商合作，在其手机上预装企业 App；另一种是与线下售卖手机的实体店铺合作推广企业 App。

4.3.2 App 推广策略

根据企业 App 运营的不同阶段，可以将 App 的推广分为前期、中期、成熟期三个阶段，在这三个阶段，App 推广应该运用不同的推广策略。

（1）App 推广前期策略

推广前期，由于产品刚刚上线，用户数量较少，此时的推广策略是进行全面推广；需要注意的是，在前期推广中，需要对各推广方式及时进行总结和调整，以快速找到推广的有效手段和主要方式，才能取得良好的推广效果。

（2）App 推广中期策略

此时的推广策略是优化和调整主要的推广方式，加大对前期主要推广渠道的推广力度。同时，对于来自市场上的用户提出的问题和产品存在的漏洞，需要及时、有效地反馈并着手抓紧时间对产品的功能和服务进行优化和完善。

（3）App 推广成熟期策略。

此时用户对 App 的需求热度逐渐下降，用户下载量的增长速度由初级阶段的高速增长转变为中高速增长。因而企业的主要任务是维护好现有的用户，通过优化和完善企业 App 的功能和服务质量，满足更多用户的需求，以提高用户口碑为策略。

知识小结

　　本任务由了解 App 及 App 营销、App 营销模式、App 运营活动策划及 App 推广 4 部分组成。其中，了解 App 及 App 营销部分属于知识储备内容，简要讲解 App 营销的基础知识。重点以 App 营销模式、App 运营活动策划及 App 推广为主，详细讲解了 App 的营销推广及活动策划的相关知识。使学生对 App 营销产生兴趣，从而掌握 App 营销的方法和技巧。

知识测验

一、选择题

1. 下列选项中，属于企业开展 App 营销的意义是（　　　）。

A. 有效提升企业形象

B. 与用户零距离接触

C. 能够强化用户黏性

D. 增加企业经济效益

2. 下列选项中，属于 App 植入营销模式的有 （　　　）。

A. 内容植入模式

B. 产品植入模式

C. 道具植入模式

D. 背景植入模式

3. 下列选项中，属于当前 App 推广的主要方式是（　　　）。

A. 应用商店推广

B. 应用内推广

C. 手机厂商推广

D. 网络广告推广

4. 下列选项中，属于应用内 App 推广方式的是 （　　　）。

A. 广告弹窗推广

B. 开放平台

C. 应用内互推

D. 积分墙广告

5. 下列选项中，属于常见的 App 社会化媒体推广方式的是 （　　　）。

A. 论坛贴吧推广

B. 微博推广

C. 公众号推广

D. 知乎推广

二、判断题

1. App 营销指应用程序营销，通过网页或智能手机等移动终端上的应用程序而开展的各种企业营销活动。　　　　　　　　　　　　　　　　　　　　　　　（　　　）

2. 大转盘抽奖是一种常见的 App 营销方式，可在短期内提高下载量，不过活动成本较高。　　　　　　　　　　　　　　　　　　　　　　　　　　　　　　　　（　　　）

3. App 推广进入成熟期后，运营人员的主要任务是维护好现有用户。　（　　　）

4. 当前国内主流的手机应用市场有手机厂商应用市场、手机运营商应用商店及第三方应用商店。　　　　　　　　　　　　　　　　　　　　　　　　　　　　　　（　　　）

5. 通过线下预装方式推广 App，对企业门槛要求较高，所以一些中小企业会选择"地推"的方式推广。　　　　　　　　　　　　　　　　　　　　　　　　　　　（　　　）

技能训练

编写 App 营销策划方案

材料：掌阅——国内广受欢迎的移动阅读 App，与国内外近 600 家优质的版权方合作，引进高质量的图书数字版权 50 余万册，年发行图书 15 亿册，书籍日更新 1 亿字，为全球

150 多个国家和地区的 6 亿多用户提供高品质的图书内容和智能化的用户体验。同时还有在安卓平台体验优秀的硬件设备——iReader 电子书阅读器。

　　要求：方案内容包括市场背景、行业状况、目标人群、产品介绍、效果评估等部分。

 行业术语

　　1. App：Application 单词的缩写，主要指在网络平台或智能终端上运行的第三方应用程序。换言之，就是安装在智能手机或者平板电脑上的手机软件，用来满足用户个性化的需求。

　　2. App 营销：应用程序营销，通过网页或智能手机、平板电脑等移动终端上的各种应用程序而开展的企业营销活动。在 App 营销中，应用程序 App 是营销的载体和渠道，这点是 App 营销与其他营销活动最根本的区别。

岗位衔接

　　App 销售经理的岗位职责：

　　1. 负责贯彻落实公司的营销策略和计划；

　　2. 负责市场调研和需求分析；

　　3. 负责年度销售的预测、目标的制定及分解；

　　4. 确定销售部门目标体系和销售配额；

　　5. 负责对行业市场的目标客户进行公关，并协助经销商进行市场开拓；

　　6. 负责销售计划的分解、落实，并进行跟踪与评估。

　　App 推广运营专员的岗位职责：

　　1. 负责公司各类 App 日常基础运营维护、更新等，实现下载量、安装量、活跃度目标，通过对运营数据、用户行为数据的分析与挖掘，提升运营质量；

　　2. 负责收集用户需求和反馈，持续不断地优化产品功能；

　　3. 负责 App 软件业务运营，完成产品需求文档流程，配合技术部制定产品原型；

　　4. 跟进 App 业务运营，进行统筹 App 业务运营规则和维护工作；

　　5. 定期研究市场上新的活动形式，与产品开发团队进行沟通，推动平台创新发展。

 **知识拓展**

有信免费电话——创新联合营销

　　2015 年 2 月，有信对外宣布用户破亿。有信为打造"亿级 App 俱乐部"概念发起了一场声势浩大的联合营销活动。这个俱乐部首批网罗了携程旅行、快的打车、暴风影音、墨迹天气、喜马拉雅 FM、欧朋浏览器、掌阅 iReader、搜狗手机助手和魔漫相机，十大用户量级过亿的 App 一起联合营销。活动以"10 亿游子给妈妈写的一份家书"为主题，以"亲情""回家""母亲"等情怀要素，推出了 H5 品牌活动，抓住消费者情怀在春节推广以扩大传播效应。

　　2 月 10 日当天，这 10 家企业在各自客户端、微博、微信平台同一时间推出 H5 活动，预计直接覆盖用户量超 10 亿。

　　这是近期市场上最大规模 App 之间的营销合作案例。合作的企业不仅都用户过亿，而且都是各个领域首屈一指的巨量级 App。基于庞大的用户基数、切合春节节点的"亲情"主题、优美的设计风格和最新的 H5 展现形式，以及 10 家 App 在同一时间在各大平台统一推广的资源整合，此次联合营销在小投入的基础上，使各家获得倍增的宣传效益。

　　（资料来源：https：//zhuanlan. zhlhu. com/p/22018203？ utm ＿ source ＝ zhlhu&utm ＿ medlum ＝ social ）

任务5 社群营销

知识目标

正确认识社群及社群的构成

了解社群的生命周期

了解社群运营的注意事项

了解社群营销的兴起、特点和方式

树立社群营销的意识

掌握社群搭建方法

能力目标

能够搭建社群

能够确定社群运营目标

能够进行社群运营

思政目标

培育并践行社会主义核心价值观

培养新媒体从业人员的法治意识与职业道德

学习导图

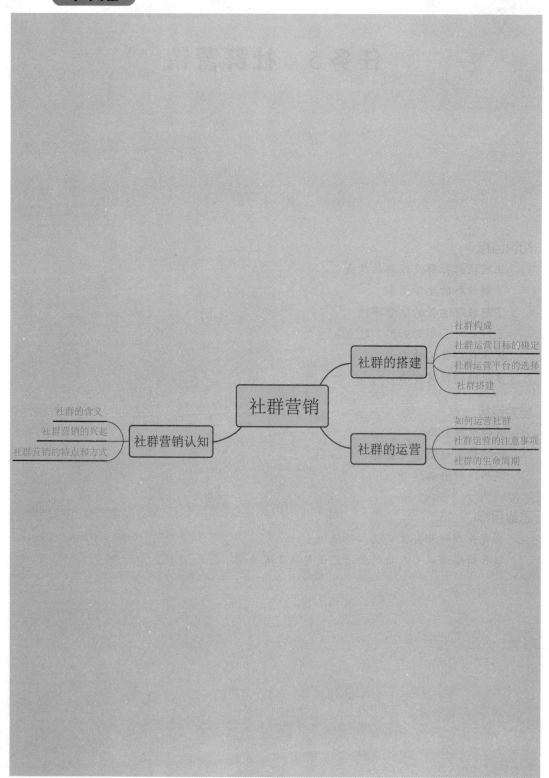

社群营销

社群营销认知
- 社群的含义
- 社群营销的兴起
- 社群营销的特点和方式

社群的搭建
- 社群构成
- 社群运营目标的确定
- 社群运营平台的选择
- 社群搭建

社群的运营
- 如何运营社群
- 社群运营的注意事项
- 社群的生命周期

 **案例导入**

小米社区把用户体验贯穿到产品生产全过程

小米公司用互联网方式做手机，小米团队颠覆了传统研发手机的每个环节，小米团队与米粉一起玩转手机，为用户营造"参与感"和"存在感"，以用户体验为核心理念。小米社区把用户体验概念贯穿到产品生产环节、销售环节和售后环节，竭力实现用户体验一体化。

在产品开发阶段，其他手机品牌会请顶尖技术团队做研发，小米公司则邀请用户到小米论坛中"指手画脚"。通过小米社区论坛版块的交流反馈和数据收集，小米论坛成为小米手机研发的大数据库。小米论坛就是典型的大数据，基于对小米社区信息的分类，小米研发团队可以借助大数据技术整合社区的用户行为数据，计算用户对不同类型业务的访问量数据，从而刻画出用户的需求偏好模型，并基于用户偏好分类，针对不同用户群开展精确营销，保持用户队伍的稳定并进而提升用户价值。

小米在社区营销过程中，改变了传统的传播路径，成功建立了一个以小米社区管理员为意见领袖，以具有共同兴趣的米粉互动交流版块为支撑的品牌社区。在这个社区中，小米社区管理员主要由小米科技公司工作人员组成，他们充当意见领袖引导舆论走向。同时小米社群管理员巧妙利用"意见领袖"这一营销原点展开小米手机推广，实现精准营销。在小米传播模型（见下图）中，小米社区基于米粉的兴趣分为各种同质圈（譬如同质圈1、同质圈2），形成具有共同目标的分众和具有针对性的社区版块，从而吸引具有相同兴趣爱好的米粉。

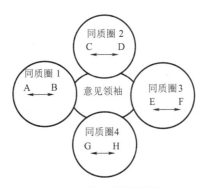

图 小米社区的传播模型

小米社区通过爆米花、同城会以及酷玩帮来开展线上线下活动，米粉活跃范围由虚拟社区扩展到报纸杂志，最终延伸到米粉实际生活中，将米粉紧密联系在一起，极大提高用户的黏性。米粉通过不同方式的交流和碰撞，彼此相互认同和融合，最终沉淀形成独特的"小米文化"。高质量的产品是小米文化传播的发动机，线上线下活动是小米文化的关系链，社区媒介则是小米文化传播的加速器。小米公司致力于把每款产品做到极致，研发拥有极高的性价比、高用户体验度以及让用户"尖叫"的产品。用户喜爱产品就愿意参与到口碑传播中，愿意把好的体验传递给身边的朋友。在用户传递口碑期间，小米公司通过组织线上线下活动把用户的零散意愿转为集中的活动，成功地践行"和用户一起玩"的核心理念。社区媒介成为用户口碑传播的加速器，类似社区媒介的社交媒体传播速度快、覆盖范围广，小米公司通过社区沉淀下数十万核心用户。

在产品售后服务阶段，其他手机品牌设立专门售后服务点解决售后问题，小米则通过虚拟小米学院实现快捷、低成本以及准确的售后指导。在智能手机时代，小米公司以更宽广的视野审视手机售后维修服务领域，跳出传统的手机售后服务思维模式，使售后服务走出后台迈向业务前端界面，向前端创新业务进行转型。

在传统实体渠道的基础上，小米公司通过小米社区构建了另一个辅助的互联网售后服务平台。在小米社区的官方论坛专区，论坛管理员每日更新玩机技巧、系统操作流程；在米粉专区，米粉在论坛中发布玩机求助帖，回帖的米粉会获得论坛奖励，成功实现用户间互动。在酷玩帮版块，小米公司整合了米粉的玩机心得，把资深玩家转化为米粉顾问团队，赋予米粉一种独特的成就感。在小米社区的辅助下，小米公司的售后维修单元逐渐划分为软件和硬件故障业务区，通过 online 社区渠道对手机软件方面故障进行远程诊断和维修，通过 offline 实体渠道对手机硬件故障进行维修和更换。构建虚拟社区的手机售后服务网络有利于降低实体服务点的成本，缓解实体服务点的业务压力，可以给用户提供更优质、更高效的服务体验。

总之，小米社区作为小米产品研发的大数据库，小米研发团队通过使用大数据开展用户体验研究，准确地定位用户需求，实现精准研发。基于高品质的产品，小米社区通过开展线上线下活动，为用户提供一个自我展示平台，极大提升用户的黏性，为新产品销售提供庞大而稳定的客户源。此外，小米公司成功搭建了互联网售后服务平台，实现实体和互联网售后服务并轨，极大提升用户满意度。

（资料来源：http://www.xdsyzzs.com/pinpai/552.html）

5.1　社群营销认知

 ### 5.1.1　社群的含义

社群营销认知

社群是互联网时代前的产物，社会学家瑞格尔德在 1993 年率先提出了"虚拟社群"概念，意指"由一群同计算机网络连接起来的突破地域限制的人们，通过网络彼此交流、沟通、分享信息与知识，形成具有相近爱好的特殊关系网络，最终形成具有社区意识和社群情感的社群圈"。

如今的社群，更多的是指互联网社群，是一群被商业产品满足需求的消费者，以兴趣和相同的价值观集结起来的固定群组。它的特质是去中心化、兴趣化，并且具有中心固定、边缘分散的特性。社群在功能上突出群体交流、分工协作和兴趣相近，强调群体和个体之间的交互关系。社群成员之间有一致的行为目标和规范，并且通过持续的互动，形成较强的社群情感，是一种突破时间、空间，更强调实时性、社交性人际沟通的关系群体。

一般而言，一个社群有五个构成要素：同好、结构、输出、运营和复制。为了让大家更好地理解社群的构成，下面以"十点读书"这个平台进行说明，如图5-1-1所示。

图5-1-1　"十点读书"社群

同好：阅读书籍、美文。

结构：由微博、微信、电台、微社区组成的平台；招募各个城市的会员和班长组成线下读书会；征集助手管理微社区和微信群。

输出：公众号、电台等多个栏目的内容推送；定期邀请嘉宾分享；社群成员的投稿及在微社区里的用户原创内容。

运营：通过招募管理员、群助手、线下读书会的班长，让他们来帮助管理社群；组织线下读书会；这些都增强了成员的参与感与组织感。

复制：以阅读为主，根据读者需求增加了很多栏目，各个城市线下的读书会也相继发起，因为有很多知识类和文化类书籍，后期还可以扩充成各个文化类、学习类的社群。

从上面5个要素来看，十点读书会基于阅读的同好，通过微社区、微信群，建立起了社群成员间的互动机制，所以它是社群。

 5.1.2　社群营销的兴起

网络社群的概念是由于WEB 2.0的发展以及社交网络的应用才逐步流行起来的。从SNS发展的时间上推测，网络社群的概念大约出现在2006年，社群经济、分享经济等概念也是在同样的背景下逐渐被认识的，可见社群是以社交化为基础。社群营销就是基于相同或者相似的需求，通过某种载体聚集群成员，通过产品或者服务满足需求而产生的商业形态。将有共同兴趣爱好的人聚集在一起，将一个兴趣圈子打造成消费家园。

中国网络社群经历了十几年的发展，从最初的网络社区逐步发展成为以移动端为核心的，连接人、连接信息、连接一切的社群生态。

在中国的互联网市场，社群经历了三个阶段，即社群1.0、社群2.0和社群3.0，如图5-1-2所示。

图5-1-2　社群的发展阶段

（1）网络社群1.0时代（2002—2005年）

2002年，QQ推出群聊功能，使社群形态出现在线上。这个时候的网络1.0时代是基于互联网聚集、信息互通、信息传递为核心目的，多为熟人社群。例如：同事群、同乡群、同学群等。

（2）网络社群2.0时代（2006—2014年）

①论坛、BBS等网络社群的兴起。天涯论坛、猫扑、豆瓣小组等网络社区的出现，助力相同兴趣的网民聚集在一起，讨论共同感兴趣的话题。这形成了网络社群的新形式，我们称之为网络社群2.0时代的开始。

②SNS社交网络出现，网络社群初具规模。人人网、开心网等SNS社交网站使网民的个体形象更加突出，基于兴趣、细分需求的个性化标签更加清晰，网络社群内的联系更加紧密，从单一节点向多个节点发展。与网络社群1.0时代不同的是社群内的人员大多是陌生人。

③微博、微信助力多元社群有效运营。博客、微博为网民提供了公共表达空间，为社群内的成员互动提供了更多可能。微信作为即时通信平台，提高了网络社群成员之间的沟通效率。微博、微信共同推动网络2.0时代的不断成长。此时的网络社群开始出现网状结构，社群经济逐步显现。

（3）网络社群3.0时代（2015年至今）

网络社群3.0时代将更多的是基于移动互联网，通过社群间的情感流动连接人与人，并将资源与信息连接起来，形成更多利益共同体，甚至是利用新科技来提升群内外的互动。此时的社群正向生态化发展。

网络社群三个时代的变迁，也是网络社群由中心化向去中心化、品牌化逐步发展的过程，在这一过程中，网络社群也完成了从简单群组到品牌化、专业化的演变。

纵观中国网络社群的发展，基本遵循这样的模式：成员聚集—社群品牌—社群经济。网络社群的发展大致分为以下四个步骤。

（1）聚集

社群成员聚集拉新的方法包括信息知识分享、福利激励、活动推广。不同的社群呈现出不同的发展路径，但总的来说有3种基本聚集模式：第一种是完全免费；第二种是先免费再收费，先把大量用户拉进来，再通过收费进行用户筛选；第三种是开始就收费，先筛选出一部分用户，后续服务免费。

（2）互动

社群成员间的积极互动交流是网络社群持续发展的关键。社群在成立初期，成员的活跃度较高，经过一段时间的发展后，就需要社群的管理者有效维护才能使社群持续发展，并充满生机。社群互动的活跃度决定了该社群的生命力和商业价值。

（3）运营

社群运营管理者需要根据社群成员需求和社群内容，保持社群成员对社群的情感依赖。有效的运营能使成员产生更多的共鸣和更进一步的信任，而共鸣和信任又更容易形成成员间的传播网络，从而形成社群的品牌与文化。社群运营手段主要包括定期线上交流、信息共享、线下活动等。

（4）变现

拥有了社群品牌与文化的网络社群，具备了较为成熟的网络社群管理与维护体系，此时很多社群将自身与商业进行连接，进行变现。最为著名的社群变现案例就是罗辑思维了。目前社群商业化的变现方式主要以广告、电商为主，还有少量的用户付费等。

中国的网络社群在经历了十几年的发展后，在今天的时代大潮中与分享经济开始有效地连接，它将更加专业化、品牌化，并在中国互联网＋的时代担任重要角色。

拉人入群也违法？没错，有人因此被判刑！

日常生活中拉朋友入微信群是司空见惯的举动，殊不知拉人入群，如果主观上明知其行为会导致当事人利益受损依然帮助他人实施诈骗，也是犯罪！

"虽然拉人进群后就退出了，但是好几个人和我说过自己被骗了，我心里也清楚群里在做什么。但是又觉得只是拉个人进群而已，我自己又没有实施诈骗，估计法院不会重判。现在才知道性质这么严重……"心存侥幸的被告人郭某，在被逮捕后追悔莫及。

案情回顾

2020 年 5 月至 9 月，李某光、李某里（另案处理）等人成立武汉美廿网络科技有限公司，主营业务是为他人组建的股票微信群引流，明知他人可能利用这些股票微信群实施诈骗等违法犯罪活动，仍通过电话推广、添加客户微信的方式，将客户拉入股票微信群，并从中获利。公司下设经理、业务员岗位，经理负责管理业务员，业务员负责拨打客户电话，添加客户的微信，将客户拉入股票微信群，之后业务员便退出该股票微信群。该公司以成功拉入股票微信群的客户数累计获利 28 万余元。

其间，被告人郭某于 2020 年 5 月起在公司担任业务员，一个月后提任经理职务，个人累计获利 2.5 万余元。

2020 年 7 月，被告人郭某组内的业务员夏某（另案处理）通过上述方式将被害人姜某拉入"三元九运 209"股票微信群。

"有个叫'老罗'的人在群里授课，自称做了十年的私募基金，现在退休了带我们炒股，让我们下载'天达资产'App，称这个 App 是搭基金的顺风车，下午三点股市闭市之后还可以买入。我一开始也半信半疑，但是这个 App 里的股票数据、走势与正规炒股 App里的完全一样。刚开始我担心被骗，还试探着往里面充了一万元，立马能提现。没想到他们的圈套这么深！"被害人姜某说道。

2020 年 8 月 3 日至 8 月 18 日，姜某在该平台上共充值了人民币 520 万元。2020 年 8月 19 日，姜某发现该平台无法登陆更无法提现，才发现被骗，共计损失 520 万元。

2020 年 9 月 11 日，被告人郭某被公安机关抓获。

2021年2月9日，瑞安法院公开宣判了这起帮助信息网络犯罪活动案件，判处被告人郭某有期徒刑一年四个月，并处罚金25 000元，没收违法所得25 000元。

以案说法

随着社会经济的发展和生活水平的提高，普通老百姓也把越来越多的心思花在了理财上。不少诈骗团伙抓住普通公众投资经验不足、专业知识掌握不够的特点，以提供虚假平台、虚假信息等方式，非法获取他人财产。而本案中的被告人虽未实施诈骗行为，但主观上明知其行为将造成不特定主体的财产损失，客观上仍通过不法手段获取他人信息、为他人实施诈骗提供了帮助，对新型网络犯罪起着推波助澜的作用，应予以坚决打击。

温馨提醒广大市民，"免费股票咨询""入群买牛股"等引流行为可能是诈骗行为，切勿轻信！如有投资意向，请一定前往具有合法资质的金融机构，在详细了解金融产品风险的情况下进行理性购买。若是发现自己被骗，请第一时间保存聊天记录、银行流水等证据，主动寻求司法救济。

（资料来源：乐清普法）

 ### 5.1.3 社群营销的特点和方式

现如今，社群营销已然成为一种极为火爆的营销方法。它的核心就是企业与用户建立起"朋友"之情，不是为了广告而打广告，而是以朋友的方式去建立感情。

概括来说，社群营销就是利用某种载体来聚集人气，通过产品或服务满足具有共同兴趣爱好群体的需求而产生的商业形态。社群营销的载体，就是各种平台，如微信、微博、论坛，甚至是线下的社区，都是社群营销的载体。

1. 社群营销的特点

在互联网时代，不管是PC端，还是移动端，社群营销都占据着主导地位。从一定程度上说，社群是最好的营销对象，因为社群有着巨大的优势。社群营销有着自己的特点，主要表现在以下几个方面。

（1）多向互动性

社群营销通过社群成员之间的互动交流，也包括信息和数据的平等互换，使每一个成员成为信息的发起者，同时又成为信息的传播者和分享者。正是这种多向的互动为企业营销创造了良好的机会。

（2）去中心化

社群营销是一种扁平化网状结构，人们可以一对多、多对多地实现互动，进行传播，并不是只有一个组织人或一个富有话语权的人才能传播，而是每个人都能说，这使传播主体由单一走向多重，由集中走向分散，是一个去中心化的过程。

社群构建的"去中心化"原则，本质上指的是社群内容和信息不再是由专人或者特定人群所规划生产，而是由社群中的全体成员共同参与、共同创造。也就是说，社群的"去中心化"主要表现在内容和信息上，同为了让社群成员更加积极参与、更顺畅沟通的管理和维护是没有冲突的。所以，一个社群在构建过程中，必须建立完善的管理和维护制度。即使定位再准确的社群，假如没有人做管理，没有人维护社群的运转，那么这个社群的构建就不算成功，即使以后运行了，也不会长久，不可持续。所以社群不能是完全的"自组织"，它可以中心碎片化，可以组织网络化，但是不能摒弃管理和规章，而且需要在群主或者群管理上做出最佳选择。

（3）具有情感优势

社群成员都是基于共同的爱好、兴趣而聚集在一起的，因此，彼此间很容易建立起情感关联。社群成员能够产生点对点的交叉情感，并且能协同产生叠加能量，从而合力创造出更大的价值，使企业从中获得利益及有价值的信息。

（4）自行运转

由于社群的特性，社群营销在一定程度上可以自我运作、创造、分享，甚至进行各种产品和价值的生产与再生产。在这个过程中，社群成员的参与和创造能催生出多种有关企业产品的创新理念或针对服务功能的建议，使企业的交易成本大幅下降。

（5）呈现碎片化

社群的资源性和多样性特点，使社群在定位上也呈现出多样化、信息发布方式松散的特点，这就意味着社群在产品设计、内容、服务上呈现碎片化的趋势。虽然碎片化会使社群缺乏统一性，为企业的社群营销带来很多不确定因素，但只要企业善于挖掘、整理就能从中挖掘出社群的价值。

课堂讨论

你身边有哪些行业与产品正在使用社群营销进行传播？它们的具体操作方式是怎样的？社群营销与传统营销方式相比，营销效果有何不同？

2. 社群营销的方式

社群营销的方式多种多样，如图 5 - 1 - 3 所示。

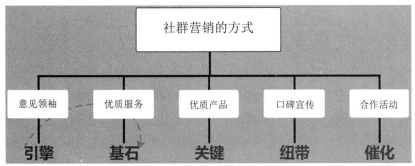

图 5 - 1 - 3　社群营销的方式

（1）以意见领袖为引擎开展营销

拥有一个可靠的意见领袖是企业进行社群营销的关键。能够成为企业意见领袖的人一般是某一领域的专家学者或是相关的权威人士。社群成员在意见领袖的带领下进行互动和交流，不仅可以增加社群成员对企业的信任，也可以方便地传递一些有价值的内容。

一般情况下，各个行业大牛就是意见领袖（KOL），他们可以吸引更多的大牛加入，所以需要想方设法说动这些大牛加入社群。

行业大牛的加入存在诸多困难，但是也可以从社群内部发掘培养。内部发掘的意见领袖（KOL），忠诚度非常高，比外部引进的意见领袖（KOL）有更好的覆盖效果，也能带动其他社群成员积极主动活跃社群，从而催生更多内部意见领袖（KOL）。

挖掘 KOL 的需求点，找到需求点与社群价值的结合点。

与 KOL 建立好友关系，相对于建立朋友关系，如果他们有需要社群协助的事情，一定要在最大限度上给予支持。当然在线下、线上各种活动中，也要有针对性地沟通交流，一方面多了解整个社群成员的意见和动态；另一方面，从与他们的交谈中看看社群是否还有其他的延伸空间。

相对于建立朋友关系，加深与 KOL 关系的下一步是让他们深度参与社群的运营。其实能够成为社群 KOL 的人，都是有一定能力的人，他们也渴望获得利益。

如果是从外部引入的 KOL，就尽量建立深度合作关系，共同打磨产品，捆绑销售，联合吸粉，合办活动，这个时候，你是他的 KOL，他也是你的 KOL，是互利共赢的好事。

如果是内部产生的 KOL，那就可以给予其足够的利益支持，在社群日常运营，或者是社群裂变的过程中，让其深度参与进来，一方面比培养一个新人容易得多；另一方面，这些 KOL 其实能产生更多超出预期的价值。

（2）以优质服务为基石开展营销

为满足社群成员的需求，企业在社群中进行营销的最主要方式是提供服务，具体包括招收会员、感受某种服务、接受专家咨询等。为社群成员提供服务是贯穿社群整个生命周期的主要行为，是搭建社群的基石。

"深圳故事"群创始人岑英在谈论关于服务对于社群的价值时曾发表了这样的观点：关于社群的业务，既简单又丰富，说它简单，因为核心只有一个：聚集对的人群，为他们持续提供优质的服务，从利益共同体发展成为事业共同体，进而达成生命共同体。说它丰富，是因为社群可以包容众多行业，可以进入不同企业，既有共同点也有差异化，需要我们有足够丰富的经验和连接转化能力来为用户提供咨询服务。

（3）以产品为关键开展营销

无论是工业时代，还是当前的互联网时代，产品始终是企业营销的核心，企业做社群营销的关键依然是产品，企业需要一个有创意、有卖点的产品来满足社群成员及群外潜在用户的需求，这里所提到的产品并不单指企业要卖的有形产品，还包括企业为社群成员所提供的无形服务。

"樊登读书"微信公众号（如图 5 - 1 - 4 所示），提供的产品有在线视频、音频、图文消息等，核心产品是形式多样的精华解读书摘，旨在帮助那些没有时间读书或者读书效率低的人每年吸收 50 本书的精华内容。

图 5 - 1 - 4　"樊登读书"微信公众号

（4）以口碑宣传为纽带开展营销

企业有了好的产品，就得通过创造好的内容来进行有效的传播。在这个互联网大爆炸的时代，朋友之间的口碑传播就像一条锁链一样，彼此间信任感较强，也比较容易扩散，且能量巨大。可以为社群拟定"宣传口号"，还可以编写企业品牌或企业创始人的"宣传故事"，以此来传递社群的价值观，引起社群群友及其他读者的情感共鸣。

（5）以多方合作活动为催化开展营销

社群营销的开展方式是多种多样的。就拿小米来说，它选择的方式是将一群"发烧友"聚集起来，共同开发小米系统，并且共同参与研发高性价比的手机。这种方式吸引了一些原本不是"米粉"（小米的粉丝）的消费者来购买小米手机。可见，企业在开展社群营销方面还是要多花点心思，才能达到良好的社群营销效果。常见的社群营销开展方式有以下几种。

①组建相应的社群，做好线上交流与线下的各类活动。

②与目标社群进行合作，支持和赞助社群活动，鼓励社群成员积极参与。

③与社群中的意见领袖用合作的方式来传播企业的品牌价值与文化。

④建立相应的社群数据库，帮助企业实现精准营销。

5.2　社群的搭建

 ### 5.2.1　社群构成

搭建社群之前，首先要了解的是社群的构成。如图 5-2-1 所示，一个社群通常包括同好、结构、输出、运营以及复制 5 个方面，因此我们搭建社群也要基于这 5 个方面。

社群搭建

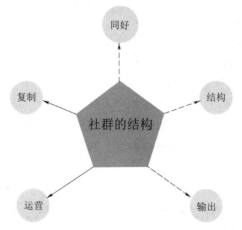

图 5-2-1　社群的构成

（1）同好

社群构成的第一要素就是同好，它是社群成立的前提条件。同好是指对某种事物的共同认可行为。可以是某产品，比如苹果手机；可以是某种行为，比如热爱阅读；可以是某种标签，比如星座、某明星的粉丝；也可以是某一类观点，比如"有种、有料、有趣"的罗辑思维。

（2）结构

社群构成的第二要素是结构，它决定了社群的存活。很多社群为什么会很快走向沉寂，就是因为最初没有对社群的结构进行有效的规划，这个结构包括组成成员、交流平台、加入原则、管理规范。

（3）输出

输出决定了社群的价值。所有的社群在成立之初都有一定的活跃度，但是若不能持续提供价值，社群的活跃度就会慢慢下降，最后沦为广告群。为了防止这种情况出现，好的社群一定要能够给群成员提供稳定的服务输出，这才是群成员加入该群、留在该群的价值。

（4）运营

运营决定了社群的寿命。不经过运营管理的社群很难有比较长的生命周期，一般来说从始至终通过运营要建立"四感"：仪式感、参与感、组织感、归属感。

（5）复制

复制决定了社群的规模。由于社群的核心是情感归宿和价值认同，那么社群越大，情感分裂的可能性就越大。一个社群若想能够复制多个平行社群以形成巨大的规模，在真正做出此举之前，请先思考三个问题：是否已经构建好自组织？是否已经组建了核心群？是否已经形成了亚文化？

 5.2.2　社群运营目标的确定

进行社群搭建之前就要树立社群运营目标：为什么要建立社群？社群的目标用户是哪些人？社群里需要哪些角色？

（1）为什么要建立社群

在创建社群之前，一定要想好：为什么要创建社群？一般来说建群的动机主要有以下几种：卖货、人脉、兴趣、品牌、影响力。

（2）找到社群的目标用户

创建社群就需要寻找目标用户，可以在每个人社交网络关系的"中关系"寻找；强调到中关系中寻找目标用户是因为中关系对强关系来说可开发资源较多，有信任的基础，通过交流可以培养的目标用户。一旦跨过信任壁垒，开始第一笔交易，他们将会成为最稳定长久的客户。

（3）社群里的各种角色

每个人在现实生活中都有自己的角色，在社群中也不例外，社群中也有角色分配。每个不同性质的社群都会有不同的角色分配，但是可以大致分为以下三大类。

组织者：好的社群要有优秀的群主，了解成员需求，拥有资源。通过发布一些主题内容，组织成员讨论，换句话说就是人脉好、会引导。

专家：专家是问题解决者。因为想要做成一件事，必须有高手，社群中的人很多，专家只需要几位或者十几位就可以了。

积极分子：作为气氛活跃者，能够提高社群的人气和用户黏性。

 5.2.3　社群运营平台的选择

选择社群运营平台时，应该根据自己所创建的社群的属性、目标群体、社群类型等选择合适的社群平台进行建设。常见的社群运营平台有微博、微信以及 QQ 等。

（1）微博平台

微博汇集了大量明星、品牌与草根，因此如果社群的活动众多，受众群辐射全国，微博显然是最佳的平台。通过微博引导社群进行进一步的转化，这是微博平台的突出优势；微博主要侧重于粉丝、兴趣爱好，不受地域限制。同时，用户还可不断创造原创内容，有利于社群的内容传播，出现裂变式效应。

（2）微信平台

微信作为个人即时通信工具，与微博相比，其私密性更加突出。例如微信公众平台所发布的内容，只有关注的粉丝才能直接看到。同时，相比微博的字数限制，微信公众平台可以发布较长的深度内容，因此具备与微博不同的传播模式与效率。

（3）QQ 平台

QQ 作为国内即时通信类软件市场规模最大的网络社交平台，月活跃用户超过 8 亿，是运营人员不可忽视的社群运营平台之一。QQ 最大的优势在于既可以点对点聊天，也可以点对多聊天，签到、群论坛、公告、群直播等功能一应俱全，能满足所有场景的建设。

 5.2.4　社群搭建

明确了社群运营目标，选择好社群运营的平台之后，便可以开始着手搭建社群了。搭建社群主要从以下几方面去做。

（1）目标用户精准定位

对企业而言首当其冲的就是重新定义目标用户，根据用户画像以最快的速度推出最小化可行产品，目前来看正在崛起的中产阶级受到各大企业的青睐。另外目标用户定位必须精准，而不能简单地说你的用户是年轻的白领女性。

（2）寻找意见领袖

无论是小米还是其他产品型社群，他们发展的轨迹都是首先从万千潜在用户中筛选100 位意见领袖；第一批进入者必须高度认可社群发起人，高度认可群文化和群目标。

（3）策划群活动，强化身份认同

社群是一群志同道合的人的聚集与连接，线下活动是保持社群生命力和活跃度最为重要的保障；目前很多活动内容聚焦在新产品体验或邀请会员参观工厂、生产流程等。社群需要通过一系列的活动对内聚拢成员，强化成员关系；对外宣扬社群核心价值，吸引新成员加入，同时不断地向外界宣告社群存在。

（4）构建极客文化体系，提升成员认知

文化是社群的灵魂，社群文化体系至少包括社群目标、价值观、社群公约。

共同目标和价值观可以增强成员之间的情感连接，让弱关系升级为强关系，社群目标不仅可以激发人们的潜能，更是吸引新成员加入的关键要素。对于产品型社群而言，最重要的就是打造一套极客文化体系，塑造极客文化氛围，类似小米的"为发烧而生"。

（5）社群裂变，培植自组织

社群的发展壮大离不开裂变，裂变的前提是社群已经形成一套成形的亚文化体系和运营机制。社群裂变并不是由社群领袖主导，而是依靠社群内的核心成员主动发起。

5.3　社群的运营

5.3.1　如何运营社群

社群运营

社群运营是指通过一系列运营手段，聚集一群人并促使他们活跃，使他们与产品、品牌产生更为频繁的交集。想要运营好一个社群，可以从以下几方面着手去做。

（1）健全社群运营机制

社群有自己共同的价值观和责任，构建社群规范，通过制度、层级和角色来区分成员，并通过权益分配、激励和惩罚措施等影响和控制社群的集体行动，提升社群的认同感和执行力；健全社群的运营机制，可以激发和保障群成员的智慧和力量。

（2）保持社群的活跃度

创建之后，接下来就是保持社群活跃度的问题，怎样去保持一个社群的活跃度呢？主要有以下四个方法：

①社群生命周期较短，1年多就需重新细分用户。

②需要以产品为导向，要不断更新产品服务内容以刺激用户需求。

③社群规模一旦扩大，就需要运营人员重点运营核心种子用户。

④培养社群的亚文化和子品牌。

3. 打造高效运营团队

打造高效运营团队主要从以下两个方面着手：

①去中心化管理。运营人员制定正确的运营策略和方向，让社群形成自转；运营团队保持持续更新，通过吸引信任者来保持团队活力和执行力。

②稳定的沟通。通过会议总结和新人培训等活动，加强人员之间的沟通。

5.3.2　社群运营的注意事项

在社群运营过程中，要重点关注以下几项工作。

（1）持续完善社群运营流程

一个社群随着规模的扩大，要将工作逐步标准化，减少核心团队成员在产出比低的琐事上的精力耗费，变成可以标准化操作的流程。

（2）不要追求大而全的运营规模

社群成员并不需要全部聚在一个群或是加入全部的在线聊天群，这样会给核心群成员极大的信息过载负担。可以"核心群＋多讨论组"的模式运营。

（3）建立情感链接

社群核心成员常聚在一起，彼此熟悉后，知道对方的生日，可以通过网络祝福，发个小红包，对特别有贡献的小伙伴进行奖励，这样会逐步建立社群核心成员的情感联系；社区成员遇到困难时，要及时进行沟通，发动社群资源帮助解决。

（4）设置弹性的组织架构

设置弹性的组织架构，忙的时候就到组织架构的休息区，不忙的时候就到组织架构的高速运转区，这样就能让成员有回旋的余地，而不是一忙起来就只能离开。因为一个核心成员离开社群后，回来的概率不是特别大。

（5）建立合理的回报机制

社群首先要能给核心成员一个清晰的发展规划，不断让团队成员去学习、提升自我，让其获得在管理、技能、专业知识等方面的提升；当社群有了盈利能力，更需要一套清晰的奖惩制度和绩效考核，让付出劳动的成员有相应的物质回报，让精神力量有物质基础的支撑。

（6）及时地清理不同频的人

对于核心成员，要秉承"疑人不用用人不疑"的原则。要给予人足够的信任和尊重。真正的信任能调动核心人员发挥自己的主观能动性，增加其在社群的参与感；但是对于加入社群刚开始表现积极但没有真正认同社群核心价值观的人，或者加入社群更多是为了谋取个人名利的人，也要及时清理。

（7）增加社群品牌影响力

社群发展的根本在于平台本身逐步形成品牌影响力，这种影响力即使核心成员跳出去也带不走，反而会让自己离开这个具有非凡价值的平台后失去一些发展和链接的机会。努力运营好社群，不断让社群成员慎重考虑自己的每一次决定，从而保持社群健康发展的节奏。

5.3.3　社群的生命周期

大部分社群都是有生命周期的，一个群通常会经历萌芽期、高速成长期、活跃互动期、衰亡期以及沉寂期，长则6个月，短的甚至不到1周。即便是出于商业目的管理一个群，在运营好的情况下，群也是有生命周期的，这个生命周期大概是两年。

社群是一个两两交织的网状关系，是为了满足用户、服务用户。一般来说，它是有生命周期的，但是怎样延长社群的生命周期呢？具体讲解如下。

（1）被链接

人人渴求"被链接"的心理是适用于社群运营的。现在线上已经出现了无数个自称是"社群"的组织，但谁真正有价值，其最好的衡量标准就是"被链接"的次数与深度；企业运营社群经济，延长其生命周期的第一个要诀就是寻找具有"被链接"价值的社群或社群孵化平台，与之亲密接触。

（2）强参与

同样是参与感，却可以有不一样的玩法。好的社群只能是一个有机整合体，每个成员都要"动"起来，社群的建立初衷、社群的运营都要调动起成员的积极性，最好有一个核心价值一线贯之。

（3）被服务

从增值服务空间角度看，提供一种轻服务，最好能够"隐身"为社群日常活动中最自然、最便捷的一个组件，保持社群的活跃度，继而营造商业盈利的空间，也可以延长其生命周期。

（4）重活动

活动策划对于社群的发展非常重要。运营好社群需要创意、需要给社群定位，我们要了解社群属于哪类人群，哪些人参与了社群活动，通过降低门槛让更多人参与进来，参与活动的人多了，群也就活跃了，生命周期自然可以延长。

任务小结

移动互联网时代打破了时空界限，任何人都可以进行价值和价值观输出，人们寻找志趣相投的伙伴，基于共同价值观建立社群阵地，通过对社群的精心培育，使社群成长为一个有活力的生命体。无论你是否认同、接纳社群经济，它都是现实存在的，并以惊人的速度在互联网上扩张。在未来，经营社群的能力将是任何一个品牌在面对消费者时的必修课。未来的消费者将以社群形态存在，一个品牌要想成功，其关键是要有发现社群、建立社群、经营社群的能力。

知识测验

一、选择题

1. 下列选项中，属于社群中应有的角色的是（　　）。

A. 小白

B. 专家

C. 群主

D. 积极分子

2. 下列选项中，属于常见的社群运营平台的是（　　）。

A. 百度贴吧

B. 钉钉

C. 微信

D. 微博

3. 下列选项中，关于提高社群活跃度的做法中正确的是（　　）。

A. 不断重组用户

B. 不断更新产品刺激用户

C. 大力吸引新用户

D. 培养社群的亚文化和子品牌

4. 下列选项中，属于社群结构部分的是（　　）。

A. 组成成员

B. 交流平台

C. 加入原则

D. 管理规模

5. 下列选项中，属于社群运营中注意事项的是（ ）。

A. 持续完善社群运营流程

B. 尽全力快速扩大规模

C. 建立合理的回报机制

D. 增加社群品牌影响力

二、判断题

1. 社群营销是基于用户需求，利用社交网络将网民聚集起来，提供产品或服务满足群体需求而产生的商业形态。（ ）

2. 创建社群前，一定要想好为什么创建社群，是为了卖货，还是为了兴趣，一定要树立明确的目标。（ ）

3. 培训类、知识类及地域类社群非常适合在微信平台上运营。（ ）

4. 优秀的社群是靠自身的社群文化体系进行运转的，但是脱离了官方管理后用户自己就玩不转了。（ ）

5. 社群发展的根本在于社群所拥有的价值及成员之间的情感联系。（ ）

技能训练

分析社群构成要素

选择一个你喜欢的社群，分析其构成要素，并填写完成表格 5 - 1。

表 5 - 1 社群构成要素表

社群构成要素名称	分析	结果
同好		
结构		
输出		
运营		
复制		

行业术语

1. 社群：如今的社群，更多的是指互联网社群，是一群被商业产品满足需求的消费者，以兴趣和相同的价值观集结起来的固定群组。它的特质是去中心化、兴趣化，并且具有中心固定、边缘分散的特性。社群在功能上突出群体交流、分工协作和兴趣相近，强调群体和个体之间的交互关系。社群成员之间有一致的行为目标和规范，并且通过持续的互动，形成较强的社群情感，是一种突破时间、空间，更强调实时性、社交性人际沟通的关系群体。

2. 社群营销：在网络社区营销和社交媒体营销的基础上发展起来的一种联系更紧密、传播更广泛的网络营销模式。主要通过连接、沟通等方式实现用户价值，营销模式人性化，不仅深受用户欢迎，还可能成为一个持续的传播者。

 **岗位衔接**

社群运营管理岗位职责：

1. 根据产品特点及公司内外部资源，制定整体运营策略；
2. 制定并完善社群运营计划及相关制度，不断优化 SOP 与运营手段；
3. 制定并实施以社群为中心的运营活动方案，对用户增长和转化负责；
4. 有效搭建用户成长体系，制定核心用户挖掘及维系策略；
5. 通过数据跟踪与数据分析，不断优化迭代运营策略。

知识拓展

社群营销案例之知味葡萄酒

知味葡萄酒杂志是一家专注于为葡萄酒爱好者提供轻松的葡萄酒文化、专业的品酒知识、实用的买酒建议和精彩的品鉴体验的创业公司。

自创业以来，知味的推广与内容始终以社群为核心。通过知味专业、垂直的葡萄酒媒体内容和线下的葡萄酒教育体系，知味已然成为国内最火的葡萄酒媒体，超过 50 万规模的葡萄酒爱好者聚集到了知味周围的葡萄酒文化社群里。

社群已经建立，运营应该怎么做？知味并不希望像传统的方式那样，单纯地搜集所有会员的联系方式做成通讯录，或者是在社群内部群发广告。知味认为，社群营销是依赖个人偏好及消费行为特征所构建的社群，在增值服务这方面，应适度规避"商业激励"而采用"情感维系"，来升华客户与厂家和品牌的关系。

知味能够通过用户数据采集功能内容标签的方式搜集所有社群用户与知味的交互行为与内容偏好。

用户不管是看了一篇特定内容的微信图文、参加一场特定主题的品酒活动还是购买了知味所推荐的葡萄酒或周边产品，知味都能记录下来。

通过足够长时间的数据搜集，知味可以通过结构化获取的用户信息对他们进行分类，并通过不同主题的话题社群将用户组织到一起。

比如阅读过较多次数关于意大利葡萄酒文章的用户，或者参加过知味组织的意大利葡萄酒品鉴会的用户，都会被邀请加入"知味意粉"小组。这样的情况下，葡萄酒爱好者用户会陆续被不同主题的社群以网状的形式包括到至少一个社群小组中。

这样一来，精准的分组使社群活跃度非常高，而且还为精准定向地向用户发送他们感兴趣的内容信息和产品营销内容提供了有效通路。

同时，基于对庞大的粉丝数据系统进行挖掘，知味可以据此为其粉丝发送完全个性化的促销信息。

例如：知味可以设定自动流程规则，让系统自动向在过往的一个月内参加过入门级葡萄酒培训课程的客户发送中级葡萄酒培训课程的培训信息。这样个性化、差异化的优惠大大地提高了粉丝购买的可能性，也降低了信息推送的成本。

知味还使用了平台活跃度打分的功能，交互频繁的用户活跃分数会上升。对于不够活跃的用户，定向推送一些"召回"目的的内容以降低用户流失。3个月内，粉丝的活跃度上升了55%。

通过使用多样的营销功能与分析工具，知味做到了全方位精准化的社群营销。客户与知味社群平台的黏性非常高，长期形成的情感维系要远比"满500积分抵5元消费"这样的商业折扣要受用得多。

新时代，社群营销应该怎么做？基于数据挖掘的个性化、精准化营销能让你的社群与众不同，并以最高ROI达到用户与企业的双赢。

（资料来源：https：//www. sohu. com/a/339178561_ 120152218）

任务 6 自媒体营销

知识目标

了解自媒体的概念和特点

了解自媒体的困境与发展趋势

了解自媒体的营销价值

了解资讯媒介营销的渠道和流程

了解资讯媒介营销的兴起

了解资讯媒介营销的注意事项

能力目标

能够掌握自媒体盈利模式的原理

能够对自媒体营销进行准确定位

能够运用自媒体营销技巧进行有效营销

思政目标

培育并践行社会主义核心价值观

培养新媒体从业人员的法治意识与职业道德

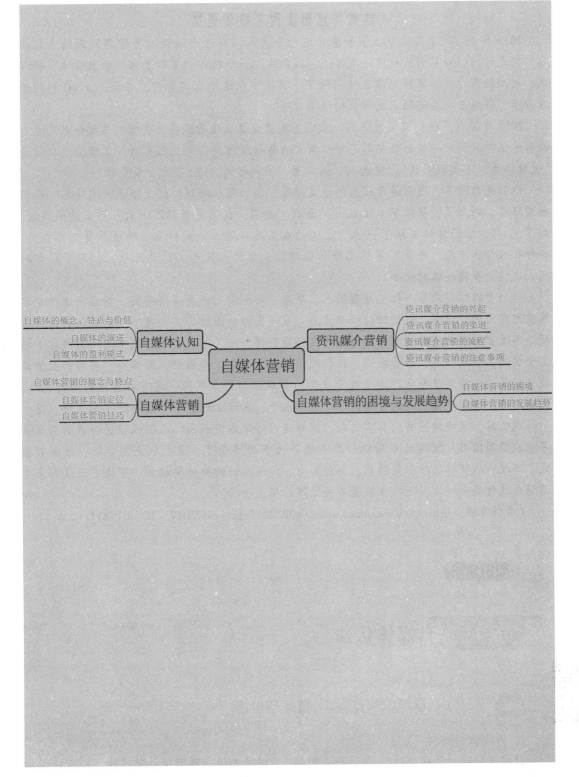

自媒体营销案例之罗辑思维

2012 年 12 月 21 日，罗振宇和申音这两个男人，在这个传说人类即将毁灭的末日之夜，突发奇想。如果明天地球没有毁灭，我们就办一个叫作"罗辑思维"的自媒体。第二天，太阳照常升起，罗辑思维也就问世了。罗振宇在这个自媒体中，每天早上 60 秒的语音分享，每周三次在优酷上发布他的读书心得。

2013 年 8 月，他们又突发奇想，我们不能老是这么免费服务下去吧？这些粉丝究竟有没有价值？我们来一次会员招募怎样？看看这些粉丝对我们究竟认可到什么程度。口号是"爱就供养，不爱就观望"。没想到，第二天，半天时间，120 万元会员费收到了。

他们也都傻了，史上最无厘头的会员招募，真的有人给钱？这是不是一次特例？人们感觉好奇，碰上了？罗振宇心里也一样没底。要不，我们再来招募一次？反正是做实验。到了 12 月，他们真的又搞了一次。这次的成果更辉煌，一天时间，限额会员全部抢光，会费收入 800 万元。年底，罗辑思维估值超过 1 亿元人民币。总共三个人，用了一年时间。这就是罗辑思维的故事。

作为自媒体创业第一批吃螃蟹的人，罗振宇的探索无论是得还是失，对后来者都是具有重大意义的。现在，我们回过头来看看。罗辑思维打造的其实就是一个自媒体的图书市场。不过罗振宇没有像传统出版商或者发行商那样，有了图书再来寻找市场。图书在市场上受欢迎，就成功了，不受欢迎，就失败了。几百年来，先图书，后市场，图书产业都是这么经营的。而到了今天，由于有了成熟的自媒体形式，罗振宇就可以直接利用自媒体，首先打造一个爱好读书的消费者圈子。这个圈子，实际上就是一个图书的终端市场。这个市场成型后，市场对图书的真实需求，能够随时随地体现出来。人们根据这个市场需求去寻求或撰写图书，就再也不用担心图书能否为市场接受了。这也就是先市场、后图书模式。不过，从罗辑思维会员招募、打包卖书、讨送月饼的种种举措看，罗振宇还没有完全看明白这种商业模式，还处在摸着石头过河的探索阶段。

（资料来源：http：//www.bjdcfy.com/qita/2015cgcycgal/2017－10/1019811.html）

6.1　自媒体认知

认知自媒体

 6.1.1　自媒体的概念、特点与价值

1. 自媒体的概念

自媒体又称"公民媒体"或"个人媒体"，指私人化、平民化、普泛化、自主化的传播者，以现代化、电子化的手段，向不特定的大多数或者特定的个人传递规范性及非规范性信息的新媒体的总称。

2. 自媒体的特点

自媒体作为一种新兴的信息传播媒介，不同于传统的大众媒介，有其自身独特的传播特点，主要表现为以下几方面。

（1）传播内容多元化

网民可以借助新兴的社交网络随时随地地分享和发布消息，这极大地拓宽和满足了受众传播信息的需求；传播内容的多元化还表现在内容表现形式更加丰富多样，用户在网络平台不仅可以发布文字和图片，还可以发音视频、开直播等。

（2）交互性强、传播快

一方面，用户通过智能手机或平板电脑等智能终端可以随时随地地将信息快速发布出去，时效性大大增强；另一方面，用户借助社交网络平台，也可以直接与传播者进行互动沟通，信息反馈渠道畅通无阻。

（3）接收方式从固定到移动

移动互联网时代，智能手机、平板电脑的日渐普及，更加方便了人们获取信息，使越来越多的网民通过移动社交应用来及时地了解社会热点及新闻消息。因而受众信息接收方式也从固定发展为移动，用户移动碎片化阅读现象也变得愈加明显。

（4）传播行为更加平民化与个性化

用户可以自主地在自媒体上"想写就写""想说就说"，每个"草根"都可以利用互联网来表达自己想要表达的观点，分享自己生活中的喜怒哀乐，构建自己的社交网络。

（5）信息传播时效性强

网络视频直播、微博、微信等社交平台信息及时分享，大大提高了信息的时效性。自媒体的另一突出特点是能够将正在发生或者刚发生的事件、信息的传播以及受众的接收三者实时联通。

3. 自媒体的营销价值

随着互联网的普及，自媒体作为网络媒体的主力军，不断呈现出自身的营销价值。营销者只有深刻理解自媒体平台的营销价值，才能不断创出价值，提升服务。

（1）利用"网红效益"创办店铺

大多经营时尚、生活类产品的自媒体宣传品牌的目的就是把消费者引入本企业的淘宝店、天猫店等平台，或线下的实体店。一批利用自媒体平台成名的自媒体创办者，最后的归宿都是创建品牌店，而这些网店的经营情况也跟他们名气的大小有着直接的关系。

大规模的粉丝是自媒体商户发展的重要基础。在淘宝网上，自媒体相关商铺数以亿计的销售额依靠的是其自媒体上百万量级的粉丝量。通常，这些自媒体的店主每天都要拿相当多的时间来和其粉丝交流，不断倾听这些粉丝的声音，进而挑选那些粉丝较为喜爱的商品上架。

（2）广告公关费：蚕食传统媒体领地

过去，传统媒体拥有无数的资源，各大企业争相与之合作。然而在自媒体时代，人们对事物的判断不仅来源于传统媒体资讯，自媒体可以使人们凭借自身认知经历对信息进行判断并进行表达和分享。这几年各类财报均显示，各类传统媒体的广告销售收入已经开始大幅下降。

与传统媒体的一片颓势形成鲜明对比的是，自媒体领域却欣欣向荣。很多自媒体营销风生水起，成本低、盈利高。例如，以时尚服务信息为主的"石榴婆报告"微信公众号，从2013年3月开始运营，通过分享有趣的文字和高清图片介绍欧美明星动态、娱乐八卦、街拍搭配、时尚趋势，到2015年年底，就吸引了22万粉丝的关注。"石榴婆报告"微信公众号的运营者程艳表示，目前的广告收入已经较为可观。她的广告客户中不乏时尚杂志的大客户，如浪琴、迪奥、Sisley、娇兰等知名品牌。

哪种传播途径能够提升宣传效果，广告主就会选择哪种传播途径，媒介规模的大小已无足轻重。在传统媒体衰落之际，由于自媒体广告价格相对低廉，因此整个广告市场的价格水平很大程度上被降低，对于刚成立时间不长的小公司来说，这大大降低了广告宣传的进入门槛。

（3）组织对知名品牌商品的团购——短频高效营销

组织对知名品牌商品进行团购，也是自媒体的主要盈利方式之一。团购是随着互联网的发展而产生的一种新的营销方式。通过团购服务，一些具有相同需求的消费者可以聚合起来，形成一个比较大的订单，从而获得商家提供的更加优惠的产品价格。另外，团购也是企业吸引消费者、提高品牌知名度的一种手段。由于自媒体本身已经拥有一部分信任度较高的粉丝，因此在自媒体上发布团购信息也是一种良好的品牌传播行为。

消费者在选择团购组织者的时候，除了考虑价格因素外，还会看其他消费者的评价。评价是影响消费者决定的重要因素。越来越多的消费者意识到，团购网站上的评价大部分来自网站或商家，评价的真实度较低，但自媒体上的评价的真实性较高。此外，消费者的所有疑问大都能在自媒体上得到及时的回答，因此他们会有更强烈的意愿去参与团购。而自媒体人也可以通过为商家推荐团购产品，获得相应的经济回报。

自媒体人的号召力更多的是建立在前期在消费者心中所形成的信誉和影响力。一个深受信任的自媒体，其营销价值、盈利能力都非常高。以知名自媒体人"文怡"通过微博组织的几次团购为例，她曾一分钟内卖出1 000台单价2 280元的某品牌榨汁机；一分钟内卖出1万台单价780元的某品牌自动炒菜锅，厂家紧急追加了8 000台，竟然又被一抢而光。对于实体商场来说，这样的销量是难以企及的。这些企业自家也有网店，但在"文怡"没有与他们合作之前，一个月也就卖几百台。这种惊人的销售量、高现金回收率、低廉的成本对厂商的诱惑简直大于任何一种广告宣传形式。

（4）线上线下活动相结合

随着线上竞争的日益激烈，越来越多的自媒体开始组织一些线下活动，从而进一步与受众进行互动，以提高营销效果。线上线下相结合（O2O模式，Online to Offline，又称离线商务模式，是指线上营销、线上购买或预订带动线下经营和线下消费。）的电子商务模式，正在被自媒体广泛应用。如果自媒体的传播对象遍布全国，那么主要进行的是网络上的信息传播；如果是针对本地传播，则多注重发展线下，开拓客户。

线下主要进行垂直化与本地化的营销拓展，线下活动大多和社交活动结合在一起。当自媒体平台具有一定的粉丝规模后，除了日常打造内容和话题外，成功的自媒体营销还在节假日专门组织沙龙活动，将粉丝聚集在一起活动，活动不拘泥于产品营销，而是建立在联络感情的基础上，如一些时尚自媒体的活动宗旨通常定位在"提升女性自信，打造完美女人"的高度，所以活动形式经常是音乐会、打高尔夫球、茶艺等。这样的线下活动不仅可以增加粉丝之间的感情，巩固自媒体平台与粉丝之间的联系，还可以为站点带来一定的盈利。如果可以联合本地商户共同推出消费打折卡，也可以提升商户的知名度，收取一定的广告费用。

（5）付费阅读的新探索

会员制在自媒体中用得比较少，但也不乏成功的案例。一个拥有百万粉丝的微信公众号，其运营利润甚至超过一般的杂志社。例如，"罗辑思维"微信公众号粉丝数百万，推出会员制后，24小时之内收到800万元的会员费。一些自媒体平台的商业价值更是获得了众多投资者的追捧。此外，"打赏"实质上也是一种付费阅读的模式，很多自媒体通过平台的流量分成和读者的直接现金"打赏"获利。这种方式下，自媒体人不用总想着怎么拉广告、拉赞助，靠"打赏"吃饭从一定程度来说也是自媒体人回归写作本质的一种途径。

（6）天使投资——获得持续发展的新趋势

从严格意义上讲，自媒体获得天使投资并不能算作它们的营销方式，但是通过获得天使投资，其初期的价值便得到了增值，还可为今后的发展注入活力。

一些具有广泛粉丝基础、内容创意独特的自媒体会受到天使投资人的青睐，随着竞争日益激烈，一些自媒体人也希望找到新的资金来源维持运营，天使投资正好是自媒体人进一步发展的新动力。

通过获得天使投资，自媒体人可以进一步提高平台的吸引力，扩大受众覆盖面，提高自媒体人的营销能力及营销效率。天使投资人在进行投资选择时，往往会考虑自媒体的内容创意、粉丝人数及其未来发展前景。

自媒体要盈利，需要创办者兼具内容和商业营销两方面的能力。近期越来越多的自媒体人获得投资人的青睐。2016年投资圈最有话题性的案例莫过于当年第一网红——"Papi酱"进行了A轮融资，真格基金、罗辑思维、光源资本和星图资本投资"Papi酱"团队1 200万元，"Papi酱"目前估值1.2亿元。

自媒体营销本质上仍是一种伴生于"媒体属性"的"微经济"，还是一种"小规模""多频次""分散化""非主流"的方式，自媒体只有在内容产生影响力的基础上，克服其当下传播中存在的"反公共性"等方面的弊端，才能产生持续的附加经济效益。所以，自媒体要想健康地生存、发展，还需要通过内容立足，真正肩负起社会责任，发挥其公共建设方面的特长，产生真正的公信力和社会依赖性，这样才是自媒体实现较高商业价值的长久之计，才能实现自媒体生态的可持续发展。

 ## 6.1.2　自媒体的演进

自媒体从1.0微博时代到5.0直播时代，经历了多重变迁，形式与内容也基于媒介的发展从文字向视频不断转变，力图以最快捷、最迅速、最容易被理解的方式与用户进行互动与交流。从自媒体运营的发展与变迁，可以看出媒介的进步，并预想未来的发展。

1.1.0到2.0：从微博到微信公众号

微博从最开始就继承了新浪的媒体属性，所以微博最初的产品形态就确定了其成为自媒体平台的方向，以至于最后发展成了一个弱社交、多中心、开放型的传播平台，本质上是一个兼具社交属性的媒体工具。而微信一切的传播都是基于某种社交关系的完成，关注门槛更高，因此粉丝黏性更强，逐渐形成了一个以公众号为中心的互动交流社区，甚至建立更高阶的社群。两者比较来看，微博作为一个媒体工具，关系主要建立在兴趣上，关系质量较弱，多为单向传播，注重的是传播速度和内容公开，从运营的角度看，微博适合利用其信息的传播速度和广度，打造热点事件。微信作为一个社交工具，关系主要建立在社交上，关系质量较强，多为双向关系，注重的是私人内容的交流和互动，信息的传播速度不快，但受众信息消化率很高。微信公众号的崛起很大程度上是基于微信的巨大流量与传播属性，可以说，微信公众号运营是自媒体类公众号、网红类公众号及社群类公众号的社交基石。

2. 2.0 到 3.0：从微信公众号到朋友圈

随着微信与微信公众号的大量开通，爆棚的信息流让人们失去了耐心，此时，更多资讯的获取来源转向了朋友圈，也就进入了基于社交关系的人人传播的信任经济。朋友圈运营的爆发力是非常惊人的，而且基于社交关系传播，在产品变现上转化率也明显高于其他渠道。这时，微信公众号的地位逐渐变成了信息出口，而朋友圈则成为一个最好的信息传播渠道。

3. 3.0 到 4.0：从朋友圈到短视频

自媒体传播形态的变革从根本上来讲就是原有的传播形态已经疲乏，再加上技术的发展，人们期待一种更加丰富的传播形态，推动数据流量变得成本更低、速度更快，从朋友圈时代到短视频时代就是一个大的跨越，即从图文时代到视频时代的跨越。1.0 到 3.0 时期，是一个社交基础设施构建的时代，完成了自媒体传播常规路径的建设，到了视频时代，则触发了新的爆发点，因为以往陌生人的社交基于图文，无法完成建立信任并进行丰富互动的过程，通过视频则轻松地做到了。

4. 4.0 到 5.0：从短视频到直播

由于短视频互动的局限性，直播开始兴起，越来越多的人迫不及待地参与到这场现场互动的自媒体传播浪潮中来，但目前，直播仅仅到了 1.0 的阶段，大量的内容还停留在 YY 直播时代最初的状态，以"卖脸"和"卖才艺"为主，而未来直播能够真正成为风口，成为新的流量爆发，不仅会从观众角度去推动，更会从直播的场景及内容去推动。比如，发布会直播、讲座直播、产品体验直播、旅行直播、互动直播、解密直播、场景直播、手游直播、名人访谈直播等。直播将在不久的将来，成为自媒体运营的核心，促使自媒体再度变革。

 ## 6.1.3 自媒体的盈利模式

近年来，许多企业和个人依托自媒体平台开展营销活动，但是各自的盈利模式却各不相同。归纳起来，自媒体盈利模式大致可分为以下几种。

1. 内容输出型模式

自媒体人在自媒体平台上分享创作内容等，借助平台力量传播出去，让更多网民看到，从其创作的内容中获益。

在自媒体内容中，经常会以各种方式穿插"打赏"请求，或者在视频播放过程中会弹出"打赏"界面等，用户可根据对内容的满意程度给视频不限额度地打赏。"打赏"一方面可以鼓励自媒体人创作更多的优质内容；另一方面可以增强平台的活跃度，积攒粉丝群体，用户也得以沉淀。

2. 服务输出型模式

以服务流为导向的商业增值模式，是以提供服务为手段，通过服务产品带来良好用户体验而形成的增值性盈利模式。视频自媒体的商业增值模式，主要表现为延伸内容产品和关系产品的价值，建立服务平台获取利润。自媒体的社群成员对社群具有强烈的归属感，进而对其内容产品具有高度的认同感，据此形成情绪性场景。很多时候，人们喜欢的不是产品本身，而是产品所处的场景以及场景中浸润的情感。产品的必需属性被大大降低，而基于情感连接背后的精神文化需求成为巨大的潜力市场。自媒体围绕用户需求打造集信息服务、电子商城、移动医疗与健康、在线教育等于一体的服务平台，在加强用户黏性的同时，提升了服务平台的"有用性"，延展了媒介产品的产业链。

3. 社区关系型模式

以关系流为核心的社群经济模式，是通过生产关系的创新推动生产力的变革，利用社群关系形成生产力的新型运营模式。自媒体通过运营社群建立起基于信任的社群经济，将粉丝变成重要的生产力，使社群内资源得到高效配置。这种运营模式为自媒体的运作和发展提供了持久的动力，主要体现在以下两个方面。

（1）会员制运营模式

会员制运营模式的实质是关系营销，其核心是强化品牌与会员的信息交流和反馈，维护并提升会员品牌忠诚度，自媒体具有丰富的互动形式，建构了会员信息大数据体系，会员自媒体营销实施体系，会员自媒体平台矩阵体系，会员自媒体营销监测、评价与反馈体系等。

（2）众筹模式

"众筹"是用"团购＋预购"的形式，向网友募集项目资金的模式。自媒体的众筹并不局限于筹集资金，它还可以利用社群带来的忠实用户和品牌效应筹集项目创意、设计师甚至活动场地等各种资源，自媒体通过自身影响力，调动起一切可以调动和影响的资源达成一个目标，既加强了社群成员的凝聚力，又零成本地为自己做了一次营销，同时利用商家赞助反哺了会员。例如，罗振宇将这种自由组合、资源高效配置、共同获利的模式称为"团要"；《吴晓波频道》发起的"咖啡馆改造计划"由粉丝提供创意，社群完善计划开始众筹，咖啡馆报名参与，家具商赞助书架，粉丝提供书籍书单，场地、内容全部准备齐全。

4. 传统广告模式

该盈利模式与传统大众传媒的盈利模式相同，靠收取一定的广告费。但这种模式也因影响用户体验而饱受诟病，因此，自媒体在推广广告时需把握好度。这种是我们现在最常见的盈利模式，像一些小作者，一般都是根据广告分成去获得收益，文章、视频的阅读量、播放量越高，收益相对也就越高。比如百家号，现在是目前收益分成最高的平台，非原创账号一万阅读量在 10～40，原创账号一万阅读量在 20～80，额外还有平台的各种补贴。

6.2　自媒体营销

6.2.1 自媒体营销的概念与特点

1. 自媒体营销的概念

狭义上讲，自媒体营销是指利用互联网技术，以微信、微博、网络电台、网络直播等新兴传播媒介为载体而开展的一系列营销活动，尤其以利用微信公众号、今日头条公众号、一点资讯公众号等资讯类媒介公众号为主进行营销。

广义而言，自媒体营销可泛指一切为个体提供的生产、共享、传播内容兼具私密性和公开性的营销方式，包括企业为推广产品或品牌发布的软文、图片、视频等内容。

2. 自媒体营销的特点

自媒体营销具有门槛低、传播快、可信度低三个主要特点。

①门槛低。企业利用自媒体进行营销的门槛较低。几乎任何人、任何企业都可以利用现有的网络社交平台开展产品推广和销售等营销活动，其平民化程度可见一斑。

②传播快。企业依托新兴的自媒体平台开展营销，可以随时随地进行传播并得到在线反馈，突破了空间和时间的限制。尤其是对于拥有忠实用户的知名企业来说，更是可以通过粉丝效应，实现病毒式传播，快速地将信息传播出去。

③可信度低。自媒体的兴起极大地提高了用户对内容创作的积极性，但同时也削弱了传统媒体的把关作用。用户在自媒体平台上发布的各类信息难辨别真伪，真实性更是饱受质疑，显著表现便是网络谣言的传播。近些年不断报出不法商户利用自媒体进行营销骗局的活动，这也为企业自媒体营销带来了一定的负面影响，使企业在自媒体平台发布的活动信息可信度降低。

思政园地

自媒体虚假营销"套路"多，银保监会给你支4招

2019年1月8日，中国银保监会网站发布风险提示：据反映，近期部分营销人员在微信朋友圈等自媒体平台发布虚假营销信息的情况仍时有发生，中国银保监会消费者权益保护局再次提醒广大消费者增强风险意识，谨防误导宣传。

1. 准确识别惯用误导手法。通过自媒体平台发布的误导信息主要有：饥饿营销类：宣传保险产品即将停售或限时销售，如使用"秒杀""全国疯抢""限时限量"等用语。夸大收益类：混淆保险产品和其他固定收益类理财产品，如发布"保本保息""保本高收益""复利滚存"等。曲解条款类：故意曲解政策或产品条款，如宣称"过往病史不用申报""得了病也能买""什么都能保"等。

2. 充分了解保险产品信息。保险产品主要功能是提供风险保障，消费者应当树立科学的保险消费理念，通过正规渠道充分了解保障责任、保险金额、除外责任等重要产品信息，根据自身实际需求及风险承受能力选择适当的保险产品。

3. 销售人员要增强合规意识。部分保险营销员编造不实信息的行为属于销售误导，严重损害了消费者合法权益。各保险机构应当按照有关要求，加强从业人员合规教育和职业道德培训。

4. 虚假信息请勿轻信及传播，如有疑问可咨询。当前自媒体平台门槛低、发布主体多、缺乏内容审核，消费者在接收此类非官方渠道发布的销售信息时，应提高自我保护意识，避免冲动消费。若遇前文所述的类似情况，请勿轻信，更不要转发；如有疑问，可向相关保险机构咨询或向监管部门反映，以免造成不必要的损失。向银保监会投诉的全国统一电话为 12378。

2018 年暑期，银保监会就曾发布关于防范部分营销人员在微信朋友圈等自媒体平台发布虚假营销信息的风险提示，同时期，银保监会还印发了《关于加强自媒体保险营销宣传行为管理的通知》（简称《通知》），要求监管部门和保险公司、中介机构加强对自媒体保险营销宣传行为管控，治理保险销售误导，切实维护保险消费者合法权益。

 ## 6.2.2　自媒体营销定位

1. 自媒体营销的内容定位

（1）确定自媒体平台

通过大数据分析及自己的基础和爱好，选择最容易成功的细分领域。自媒体平台主要分为以下两种类型。

①个人自媒体平台定位。结合自己的基础和爱好，调研打造个人自媒体品牌的诸多因素，包括姓名、职业、个人简介、所在城市、生活和工作状态、需求、痛点、面临的问题、问题解决的途径。同时调研以下几个问题：想把个人自媒体品牌打造成什么样？现在想解决哪三个问题？解决问题需要多久？投入多少人力和财力？计划产生多少经济效益？计划投入多少？等等。根据这些问题确定自媒体平台定位，并选择合适的自媒体平台。

②企业自媒体平台定位。借助相关大数据分析工具，来获取自己需要的定位结果，分析解读相关产品的关键词，并锁定以下项目定位的基本信息。

- 主推营销产品定位。
- 精准目标客户群体定位。
- 精准垂直营销阵地定位。
- 互联网品牌宣传符号定位。
- 互联网品牌宣传价值观定位。
- 互联网品牌宣传行为范式定位。
- 互联网品牌宣传语言定位。
- 自媒体矩阵主推内容定位。
- 搭建和维护 30 ~ 100 个核心精准目标群体定位。

（2）做好内容规划准备

自媒体平台的内容一般分为两种：一是针对热点话题的借势发挥；二是结合自己的定位做每日更新。

即使是每天发布更新的内容，也要进行内容设计。要做好自媒体平台的内容营销，就要留心观察周围的各种事件、网上的热点事件，阅读各种资料和图片，将它们收集起来，既作为自己的知识储备，也可以在需要的时候随时找到。

2. 自媒体营销的目标人群定位

（1）找准自媒体的目标消费群体

要想让自媒体平台营销成功，首先要了解目标消费群体——自媒体平台读者。评价一个自媒体平台做得好不好，经常关注的是文章的阅读量、自媒体号的粉丝人数，而不关注是否通过阅读量和关注量吸引到了真正想吸引的读者。从定位角度看，我们要对自媒体平台有更高的要求——吸引目标消费群体。

定位的根基在于目标群体，目标群体是谁，策划的定位就得围绕谁。做好定位的思路就是针对你要服务或推送内容的目标群体，根据他们的年龄、职业、社会层次、收入水平、具体需求等一系列因素，确定辐射受众，设计自媒体平台账号的特色、服务模式、推送风格等，进而打造品牌，实现运营目标。要做好定位，首先要熟悉目标消费群体的特征，只有了解目标消费群体的特征，才能知道他们喜欢什么，什么样的内容可以打动他们，什么样的文章受他们欢迎。

自媒体平台的消费者有以下特征。

① 注重自我。自媒体平台的消费者以年轻人为主，他们有自己独到的见解和想法，对自己的判断也比较自信和自负。

② 求知欲强烈。自媒体平台的消费者爱好广泛，无论是对新闻、运动还是娱乐，都具有浓厚的兴趣，对未知领域有强烈的好奇心。

③ 消费过程追求方便。消费者在自媒体平台能够得到许多信息，并能方便地购物。

④ 消费行为日趋理性。自媒体平台巨大的信息处理能力，为消费者提供了商品选择的众多渠道，消费者会根据自己的需要进行对比后理性选择商品。

（2）保持自媒体长久的吸引力

①内容策略。每一类用户都有自己的喜好，同一社群用户的喜好也大致相同。这些用户之间会形成圈子，如果他们喜欢你的内容，就可能会分享传播，从而吸引更多相同属性的用户来关注。很多自媒体平台就是靠内容巩固定位，并且吸引同质、高精准的粉丝。

②找到用户活跃渠道。想做好自媒体营销，要发挥出自媒体的影响力，多渠道覆盖是必经之路。但是，目前新媒体的渠道很多，渠道不同，投入产出比也会不同。通过分析用户的标签，可以找到相应的渠道，通过后期的数据对比、试错，锁定 3~5 个渠道，用心经营好这些渠道，会带来长期效应。

③用社群的方式将目标用户聚集到一起。通过社群的方式将自己的目标用户聚集到一起，他们是高质量的种子用户，不仅可以帮助你更加了解用户的需求，反馈产品和服务，也可以为你提供一些活动或运营创意，甚至帮助你进行传播。

3. 自媒体营销的角色定位

（1）企业领导人的个人自媒体

①企业领导人建立自媒体的意义。

成功的企业会不断成长，从产品驱动、营销驱动的阶段进入品牌驱动阶段。企业在进入品牌驱动阶段后，在市场上流通的各种产品已经无法承载企业的品牌使命，而广告、地面促销等简单的营销行为也难以为企业品牌持续加分。此时，除通过一系列复杂的整合营销手段来展示企业的品牌理念外，企业领导人就成了企业品牌形象传递中最简单、最直接的介质和使者。企业领导人需要经常接受各种媒体的访谈，需要在大型论坛、集会活动上频频露脸，或许，企业的市场营销部门还会推出各种自传、写真来讲述企业领导人的创业故事，分享其成功经验。

从目标受众角度看，截至2018年1月，微信网民月活跃用户数为9.04亿，今日头条月活跃用户超过2.5亿，这些网民既是信息的接收者，又是信息的传递者，他们中既有大量的消费者，又有企业员工、媒体受众、政府受众等群体，有效占据这些受众圈子并获得话语权，这就意味着赢得了新的市场机会。从企业领导人角度来看，自媒体平台的属性在很大程度上满足了企业领导人希望展示个人形象与企业形象、增加与受众的交流机会、传达企业信念、分享个人价值观及成功经验的需求。

②企业领导人自媒体的定位。

社会公众通过认识企业领导人来认识企业品牌，但对企业领导人的声誉管理，却不能仅围绕企业品牌而展开。因为，企业领导人不是单纯意义上的品牌代言人，他（她）首先是一个公众人物，如果单一维度地去依企业品牌设计企业领导人的形象，那么企业领导人只是企业品牌的工具。同样，着力于提升企业品牌形象的企业领导人自媒体，也必须跳出企业品牌代言人的圈子，与企业领导人的个人形象保持高度一致。

其实，企业领导人承担着三种角色：商人、社会人及个人。因此，在运用自媒体平台进行企业领导人形象塑造时，只有在展示企业领导人"商人"本质的同时，突出表现企业领导人作为"社会人"和"个人"的角色，才是真正有效地做到了对企业领导人的声誉管理。

③企业领导人自媒体的内容管理。

自媒体创建和传播内容的好坏是企业领导人最终被目标受众接纳与否的关键，所以在企业领导人自媒体最终建立之后，应该有专门的议题管理团队来对企业领导人自媒体的内容进行规划、撰写和维护。随着社会化媒体技术的发展，自媒体平台有多种呈现手段和方式，如文字、图片、视频，但无论哪种呈现方式，都需要从企业领导人自媒体平台的定位出发，根据企业领导人所承担的企业（行业）、社会、个人三种角色，来设定自媒体的议题内容。

2. 品牌自媒体

①对用户的精准定位。

在自媒体平台的后台，使用者可以看到关注用户的名称、性别和地域等信息，并根据各种条件对这些用户进行分类，还可以向某一分类的用户发送特定的信息。与以往面对无序广撒网的"广播"相比，这种"窄播"的模式更加容易迎合特定受众群体的口味，让他们感到品牌是在针对自己发送信息，进而提升好感度和黏度。除了主动选择精准的用户之外，品牌自媒体号的使用者还可以利用自媒体平台强大的功能，如微信公众平台的自动回复功能，引导用户输入特定的内容来获得相关回复，这样的互动不仅精准，还能充分展示出品牌的人文关怀，富含趣味性和人情味，用户在这种"一对一"专属的氛围之中，对品牌的好感度会得到很大的提升，并可能成为品牌的忠实用户。

②对传送内容进行定位。

在自媒体平台中，每一类用户都有自己的喜好，同一喜好的用户会形成圈子，当品牌自媒体传送的内容受到用户喜欢的时候，用户会主动传播分享，从而吸引更多具有相同喜好的用户来关注。所以品牌在建设内容的时候要有准确的定位，同时根据用户的喜好形成口碑传播的内容。

③根据用户需要确定自媒体平台的功能定位。

以微信公众平台为例，微信以其用户基数大和使用频率高，当之无愧地成为自媒体时代品牌的一个"超级入口"，它涵盖了各个领域各大行业的人群。品牌若能在微信公众平台上开通自己的公众号，对用户进行直接服务，其效果甚至比传统的硬广告更佳。但品牌主也必须看到，微信用户中那些学历高、阅历丰富、有思想的年轻人，他们在与企业的互动中非常主动，对企业能提供的信息和服务质量也要求颇高，因此对于企业来说，通过服务来提升用户体验十分重要。不同的企业品牌根据自身的特色制定不同的微信服务策略，以消费者的利益为核心，开创各种新的方式，全心全意地为消费者服务，树立"客户第一"的理念，将能得到很好的品牌传播效果。

 ## 6.2.3 自媒体营销技巧

1. 如何引流

（1）今日头条的引流技巧

对自媒体平台的新手而言，"转正"后最重要的就是粉丝的增长量及文章的推荐量了。

①提高粉丝量的小技巧。

粉丝量的增加主要看是否有优质的作品。今日头条有一套自己的智能推荐算法，只要文章优质、话题易爆，即使不依靠粉丝，也能有不错的阅读量。但是，粉丝在日后的竞争中还是能起很大作用的，毕竟粉丝多，文章转发、点赞、评论的频次也会相对增多，这有利于提高账号活跃度，从而提高账号指数，而且日后开通原创与商品功能都对粉丝数量有一定的要求，追求粉丝数量，但不能违规操作，不可为了开通一些后续功能而违规购买粉丝，今日头条对粉丝数量的增长都是有监控的，一旦发现粉丝数增长不正常，就会清空账号的粉丝，并降低账号权重，所以不要有侥幸的心理。

每次文章更新，粉丝们都会第一时间收到推送，而且粉丝阅读收益是普通阅读的三倍。那么怎么提高粉丝数量呢？下面介绍几种具体的操作技巧。

●文章要不断更新，而且要原创。

每天都要保证有新文章发布，不间断的创作不仅可以提高粉丝黏度，头条号也喜欢活跃度高的作者。

●多回答今日头条的悟空问答。

在问答里经常回答自己擅长的问题，分享自己的知识与见解，以吸引粉丝，优秀的回答者还能获得头条的奖金。

●多发布微头条和爆料。

很多人都知道利用闲暇时间发布微头条，但是忽略了原来的爆料功能，在这里可以第一时间发布你的见闻，类似新浪微博。

●注重头条号指数。

头条号指数也是很多人忽略的地方，但是这一部分对于创作者来说很重要，它的高低体现了最近创作的文章的质量和受欢迎程度。一定要注意自己的原创度和垂直度，尽量发布一个领域的文章，尽管最近头条号取消了分类。

●取个好标题。

好标题是成功的一半，它能吸引人阅读，作用重大。

●内容要有深度。

有了好的标题后，内容也要符合题意。阅读并不是打开就算阅读量，而是要看读完率，也就是读者能读完义章，那才算成功。头条拒绝标题党，所以文章内容和标题都要仔细推敲。

②提高推荐量的小技巧。

平台有自己的机制，会根据这个机制来进行一定的判断。今日头条这款产品最大的特点就是针对内容的智能算法推荐，所谓智能算法推荐，就是把合适的内容推送给合适的人，平台相当于精准流量分发机器。

智能推荐算法原理的本质：先给内容打标签、受众打标签，接着进行内容投递冷启动，通过算法将内容标签与读者标签相匹配，同时由读者互动量级决定下一步向多少人分发。

文章要想获得大量的推荐，就一定要踩大类标签。机器读不懂文章，它能识别的只是关键词对应的标签，而关键词标签背后封装的则是相应的读者群。有些标签背后对应的可能是1亿人，而有些标签可能只有区区数千人。超级爆文必定来自超级标签，踩对标签就赢在了起跑线上。

如果你写了一个非常生僻的门类，那么还没出发就已经"死了"。要知道第一就是选门类，这就是为什么娱乐类、社会类的新闻会非常受欢迎。

怎样确保踩中标签？

提炼自身账号所属行业由小及大的关键词矩阵，有现成的最好，没现成的靠经验积累。

当智能推荐算法将内容投递读者进行冷启动之后，文章最终能斩获多大流量则完全取决于内容能在读者池中激起多大波澜。换句话说，读者有多少人给你"投票"，这个投票主要包括点击、读完率、收藏、点赞、赞赏、评论、转化、订阅等一系列的互动行为。

第一，增加账号垂直度，提升账号权重。

如果你的账号是持续地发布某一个领域的内容，那么平台就会认为你是这个领域的优质作者，是一个专家。在当你发布新内容的时候，平台就会优先将你的内容匹配给有这类需求的人群。

这里需要注意，一个账号需要持续发布原创、垂直的内容，才会得到头条号平台一个比较好的权重。如果内容发得杂乱无章、东拼西凑，什么内容都有，是很难提升账号权重的，平台就会认为你这是一个垃圾账号，得不到好的推荐量。如果你的账号运营不到一个月的话，就不需要抱怨推荐量少，因为你是一个新账号，推荐少也是正常的。

这就好比你新入职一家公司，处于试用期，得不到领导的重视，也拿不到比较重要的差事，更没有老员工的工资高，只有你展现自身的优势，给公司贡献了价值，就会随着转正到升职，一步步提高工资。一个新账号抱怨推荐少，就等于刚进公司就抱怨工资低，要么提升自己的能力，让公司认可你；要么离开。

第二，标题和内容中增加领域关键词，这也就是人们常说的踩标签。

关键词的作用是让机器准确地识文章，从而将文章精准地推送到相关的用户群体面前。如果关键词是热门关键词，则更有利于借助热词的流量提升文章的流量，因而文章与标题应尽量用准确化的语言表达，少用网络用语，因为有些网络用语无法被后台识别，一旦后台无法识别文章，不知道推送给哪部分受众群体，就会致使文章的推荐量降低。例如，《妈妈们肯定要留意，爸爸的这个举动会对孩子造成严重伤害!》标题中含有妈妈、爸爸、孩子这些关键词，后台就会认定这是母婴育儿方面的文章，从而推送给关注这方面信息的受众。

再比如在育儿领域，标题和内容中就经常提到宝妈、宝宝、婴儿、怀孕、分娩这些育儿领域的关键词，有了这些关键词，今日头条平台就会把你的文章和内容推荐给这些宝妈群体了。假设你的一篇文章是写育儿的，那你的标题和内容中完全没有提到育儿领域有关的词语，那平台自然就没办法识别出来你这篇文章到底是写给谁看的，也就没办法给你增加推荐量了。

第三，恰当地蹭热点，也可以增加推荐量。

热点事件、热门话题，都是会得到系统的加推的。如果你的内容可以恰当地蹭到当前存在的热点，那就可以获得比较不错的系统推荐，当然这也并非绝对的，如果在同一时间蹭热点的人太多，也可能会导致推荐量降低。要注意，如果领域和当前的热点八竿子都打不着，那就不要去蹭，有可能会出现内容夸张或者是题文不符。

第四，优质的内容能增加推荐量。

内容有看点，能引起读者产生共鸣、争议，或者让读者收获很大。阅读了这样的内容，读者会与你产生互动，比如评论、转发、收藏等，这些行为会让系统认为这篇文章的内容非常好，会促进头条平台对你的内容进行再次推荐。

另外，最重要的一点，想要得到一个比较大的推荐，必须写一个比较大众的领域，适合大众阅读的内容才有可能获得比较大的推荐量。

第五，利用好已有的交际平台将文章分享出去。

今日头条的文章除了站内阅读数据外，站外阅读数据也占了一部分。在文章发布后，要利用好现有的社交平台，将文章分享到朋友圈、微博、QQ、博客或其他平台。今日头条对文章的推荐是有周期性的，离发文时间越近，推荐量就越高，因而文章一旦发布，就要及时转发到社交账号上，以增加阅读量。

（2）百家号的引流技巧

因为百家号是百度旗下的产品，百度会重点推广旗下的产品，所以一般情况下，百家号的文章在百度搜索上的排名都是很靠前的，百家号成了众多自媒体人引流的好去处。那么，如何在权重如此高的百家号上做引流呢？

①熟悉发文规范。

百家号的发文规范是：标题字数为 25～30 字，不得出现负面信息；文章字数建议控制在 1 500 字以内，语句通顺、逻辑清晰，不得有错别字等低级错误；内容真实，不弄虚作假，不带过多主观色彩和评论。为保证读者的用户体验，百家号平台不允许平台作者发布其他平台的推广信息。

②合理推广软文。

结合自身产品或品牌的特点和优势，平台作者创作文章时要紧紧围绕产品进行编辑或包装，可以结合自身经历或者采用故事新编的方式，抑或是以第三者的身份叙述，最大化地突出自身特点，激发用户的好奇心，引导用户主动关注。不过需要注意的是，不能夸大或提供虚假的信息，否则适得其反。

③创作对读者有价值的内容。

每位读者的价值观不同，关注的东西自然也不同。平台作者永远无法得到所有人的关注，最好定位在某一个领域。例如，卖护肤品的作者只需一心一意为时尚用户输出有价值的内容，在自己的经营范围内尽力做好服务，满足爱美者的需求即可，想要讨好所有人，反而会失去原有的关注。站在用户的立场上，用心创作对他们有价值的内容，得到粉丝的支持只是时间的问题了。

④对所有读者都要以礼相待。

一般情况下，经常在评论区互动的读者都是对你的内容比较感兴趣的人，因此，不论是对赞同你观点的人，还是对否定你观点的人，都要重视。

（3）如何增加阅读量

在自媒体平台，要想让文章取得较高的阅读量，了解平台规则是首要因素。

一般的文章推送流程是：提取关键词→标签引荐→初次推送用户→用户点击反馈→再次推送。例如，用户在今日头条上看信息，如果经常看有关体育、汽车方面的文章，平台就会为用户打上标签，认为他是体育、汽车爱好者，当运营者发布文章以后，机器通过文章关键词的识别划分文章领域，如果提取的文章关键词也是体育、汽车，就会自动把文章推送给该用户。其他领域也是同样的道理，平台还会对文章的重复率及安全性进行检测，这些都会影响文章的推荐量。因此，要想提高文章的阅读量，就得了解平台的推荐原理与消重算法，也要重视文章的安全性。

①推荐量。

在文章发布后，平台会进行初次推荐，然后根据用户反馈决定是否进行二次推荐。一般来说，转化率高于10%的文章，平台就会大力推荐，这是一个实时的过程；文章有推荐周期，离发文时间越近的文章越容易被推荐；好的标题能增加点击量，从而提高推荐量，这也是大家一直强调标题重要性的原因。在文章被初次推荐阅读时，读者关注、收藏、转发、点赞、评论，推荐量也会提高，所以作者要注重文章信息，及时回复评论，增加与用户的互动，从而提高文章的推荐量。

②消重算法。

平台严厉打击复制和搬运文章，如果自媒体人所发文章与平台已有文章的内容重复率较高，平台将会不予推荐，因此作者要注意消重。

③文章安全性。

文章安全性指文章内有不良广告信息、敏感词、违禁词等违规现象，此类文章会被平台扣分，严重者还会被封号，因此作者在写文章时一定不要写一些敏感性题材，也要注意言语分寸，不要图一时的关注度而哗众取宠，否则将得不偿失。

2. 自媒体营销推广策略

（1）突出个性，差异化运营

①找准定位。

自媒体文章的价值在于其独特性，表达观点明确，内容要集中，领域要垂直，专注写

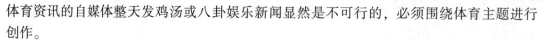

体育资讯的自媒体整天发鸡汤或八卦娱乐新闻显然是不可行的，必须围绕体育主题进行创作。

②持续输出。

自媒体粉丝来得快去得也快，自媒体人最重要的特质是执行力，唯有持续输出有价值的信息才能留住粉丝。

（2）提高级别，重点突破

自媒体内容的输出是为了获得更大的阅读量，以取得更大的收益，有时候有争议性的话题更能引起人们的关注，作者在写作时可以有技巧地制造一些话题，但要注意分寸，否则会带来麻烦，如遭举报或投诉，最后致使文章下线，影响账号权重。

（3）掌握技巧，选择合适内容

自媒体运营中，原创是第一要义，如果你有资源，能第一时间掌握独家信息，当然是最好的，因为"快"就是王牌，但如果做不到"快"，就要"独"与"深"，选择不一样的角度去分析。

（4）学会模仿，巧立标题

自媒体运营初期，有很多人都不了解其中的规则，有时候花费大量的时间和精力，写出的文章阅读量却十分低，这时候可以先去研究同行，模仿他们的写文规则，借鉴他们优秀的文章选题，自己再用素材填充，用自己的逻辑去表达和编排文章。

（5）及时调整，化朽为奇

许多自媒体人在发布文章后就撒手不管了，马上去准备下一篇文章，对后续的数据毫不关心，这是不可取的。正确的做法是要学会分析文章数据，了解某一篇文章为什么数据高，某一篇文章为什么数据低，是标题原因、配图原因、排版问题，还是选题问题，这都是需要研究的。自媒体是一个不断试错的过程，只要知道错在哪，慢慢改进就会有所提升；反之，放任不管，无视数据反馈，那可能永远都在原地踏步。

（6）把握规律，提高推荐

把握自媒体平台的推送规律十分重要。例如，今日头条采用的是智能化推荐机制，文章阅读量与平台推荐量息息相关，而推荐量与文章信息是否准确，以及自媒体账号指数密切相关，所以，无论是文章、标题还是关键词，表达都要准确，能够让自媒体平台主动识别文章，精准推送，另外还要从健康度、垂直度、原创度、传播度、关注度这五个维度着手，切实提高自媒体账号指数。

6.3　资讯媒介营销

6.3.1　资讯媒介营销的兴起

近年来，内容创作开始火爆，并以惊人的速度点燃了中国创作者的热情。今日头条、一点资讯、搜狐自媒体、UC 订阅号等新兴资讯媒介迅速席卷了移动互联网市场，自媒体营销开始大行其道。

资讯类媒介的兴起与移动互联网的发展密不可分，智能手机和平板电脑等移动终端的普及极大地方便了用户上网，网民向移动端转移的趋势进一步强化。

社交网络和社交产品开始衍生出媒体属性，以微博、微信为代表的社交平台，成为各大媒体内容传播的热土。

 ### 6.3.2　资讯媒介营销的渠道

目前，新兴的资讯媒介主要营销渠道有今日头条、一点资讯、搜狐自媒体、UC 订阅号以及百度百家公众号等。

1. 今日头条

今日头条是一个提供新闻资讯的新兴媒介平台。当用户使用微博、QQ 等社交账号登录时，能够快速地通过算法分析用户的兴趣爱好，向用户推荐个性化内容。今日头条自媒体平台，也叫头条号。企业需申请入驻，发布原创内容，基于其海量用户，通过智能算法，内容将获得更多曝光。

2. 一点资讯

一点资讯是一款高度智能的新闻资讯应用，用户通过它可以搜索并订阅任意关键词，系统会根据用户的搜索浏览习惯对用户兴趣进行分析，自动推送相关信息。

3. 搜狐自媒体

搜狐自媒体平台是搜狐推出的一款为用户量身打造的"订阅平台 + 实时新闻"阅读应用，是集中了搜狐网、手机搜狐网和搜狐新闻客户端三端资源的自媒体平台。

搜狐自媒体可以为用户提供展示广告、互动营销和原生广告三种营销形式，其中，展示广告由新闻客户端提供广告位和广告主。

4. UC 订阅号

UC 订阅号，是 UC 推出的自媒体服务平台。用户通过 UC 订阅号可以发布文章、上传视频、进行网络直播等，这些内容会在 UC 浏览器上传播；UC 通过整合阿里大数据资源，形成真实用户画像，进行精准信息推荐，实现信息到人、人找信息的两重飞跃，将自媒体创作者接入全球最大的零售商业平台。

5. 百度百家

百度百家是百度旗下的自媒体平台。借助百度大数据和自然语音理解技术等为用户提供个性化新闻推荐，在内容和广告的良性交互转换下，实现作者、读者、传播者之间的无缝对接。百度百家引入百度联盟的广告模式，根据流量多少给予入驻作者相应的广告收益。

 ### 6.3.3　资讯媒介营销的流程

在资讯媒介平台开展企业营销活动的过程较为漫长，需要长期的原创优质内容才能吸引受众关注，进而培养其用户对自媒体品牌的忠诚度，实现企业营销目的。通常来说，资讯媒介营销流程分以下几步。

1. 自媒体账号定位，确立品牌形象

自媒体营销的首要工作是进行账号定位，通过对受众市场进行垂直细分或者跨领域分割，找到自媒体的目标市场。一般来说，自媒体的定位可以从账号价值、功能及内容三方面考虑。

2. 自媒体内容制作，发起热门活动

内容的制作是自媒体营销的重中之重，自媒体发布的内容质量直接影响着营销效果。在创作内容时，首先要对定位的人群画像进行分析，根据用户的需求制作内容。可以针对当下的社会热点，策划一些热门活动，快速吸引用户，形成粉丝效应，进而实现媒体品牌传播。

3. 积累粉丝，实现自媒体价值

做资讯类自媒体营销是一项长期的工作，对运营人员的执行力是一种考验。自媒体长期坚持原创优质内容，订阅用户数量会逐渐增多，积累的粉丝数量就会不断增多。

 ### 6.3.4 资讯媒介营销的注意事项

通过咨询媒介营销实现企业的营销价值，这是每一个运营人员都梦寐以求的事情，但要做好却并不容易。整体来说，运营资讯类媒介进行营销需要注意以下几点。

（1）推广平台应坚持"一主多辅"的策略。

（2）根据企业广告预算量力而行。

（3）加强粉丝互动。

（4）根据自身定位，多渠道高效引流。

6.4 自媒体营销的困境与发展趋势

 ### 6.4.1 自媒体营销的困境

1. 竞争混乱无序

由于市场承受能力有限，自媒体营销竞争已经到了白热化阶段。自媒体营销自身所具备的低门槛、多元化、平民化和普遍化等特点，不仅仅让自媒体营销成为当下火热的营销方式，给自媒体营销者带来了巨大的收益，同时也直接导致其成为一个"烫手山芋"。在这个网络媒体高速发展的年代，一哄而上的社会心理引发市场竞争极度混乱，为了从众多自媒体营销者之中脱颖而出，难免会有部分自媒体营销者"剑走偏锋"，再加上市场经济管理又远远落后于自媒体营销的发展，市场监管技术落后和监管能力受限，无法进行及时有效的监管，因此大多数传播平台往往无法在第一时间对这类违规内容进行处理整顿，甚至在某种程度上只能进行迫不得已的纵容。自媒体营销已经进入深水区，这不仅让传统营销模式面临了前所未有的巨大挑战，也造成市场竞争秩序混乱。

2. 经营缺乏诚信

自媒体营销在经营活动中缺乏诚信，呈现病态发展状态。并非所有自媒体营销者都如同其表面般光鲜亮丽，自媒体营销出现以来，其零门槛、低要求的特性吸引了很多人选择投身其中，但由于自媒体营销的传播主体本身良莠不齐，其群体涉及的范围极广，人员类别五花八门，那些少数成功的案例背后，是更多三四线网红为了名利而挣扎甚至堕落的残酷生存现状。根据调查研究，其实在很多情况下，自媒体的产生并非自发，而是在网络媒介这个大环境下，由网络红人、网络推手、传统媒体以及受众心理需求等利益共同体综合作用下产生结果，在广大网民的审美、娱乐、刺激、臆想等看客心理的共同发酵下，自媒体营销者为了迎合群众的口味而无下限宣传、低俗博出位、散播淫秽色情信息等，一次次突破道德底线，与社会主流价值观相悖，现在只要　打开微信、微博、空间、网易新闻等社交平台，关于自媒体传播低俗色情、坑蒙拐骗、虚假宣传等负面新闻比比皆是。更有一些自媒体营销者本身炫富、拜金等不正确的价值观助长奢靡之风，加上消费者盲目从众、跟风、攀比这一系列不正确的消费心理逐渐形成一种错误的消费观念，自媒体营销呈现病态发展。

3. 法律规范不完善

自媒体营销者最初基本都靠博取粉丝眼球，使自己"名声大噪"而迅速走红，紧接着利用自己的人气接一些广告，开淘宝店、美妆店等，世人又称"自媒体"为"网红"。近年来，我国政府一直重视互联网的建设和管理，并且提出了"积极利用、科学发展、依法管理、确保安全"的方针，虽然出台了《中华人民共和国互联网管理条例》《互联网新闻信息服务管理规定》等法律法规，但是这些法律法规中依然存在着不够完善的方面，因此，自媒体营销中的不良现象依然得不到有效管控。甚至存在个别自媒体营销者为了利益肆意挑衅法律底线，千方百计地钻法律以及各种监管部门的空子，捆绑炒作哄抬物价，打着原创的旗号抄袭，用低俗的方式博出位蹭热度，兜售三无产品、假货、质量低下却卖出高价的商品，还有大放厥词、大张旗鼓地推销假货等种种恶劣现象的存在。同时，网民们运用法律武器维护自身合法权益的意识相对薄弱，也使自媒体营销者制假贩假行为越发明目张胆。

4. 宣传浮夸失真

自媒体营销在宣传过程中频频出现信息虚假失真的现象。公众对于新鲜的事物都会持一种猎奇心理，某些自媒体营销者也正是利用了粉丝的这一心理，擅长通过制造轰动，在自己的社交平台上策划作秀，用浮夸的辞藻进行大肆宣传哗众取宠，然而传播的非但不是优质的内容，甚至还有一些虚假夸张、不真实的信息，在互联网的匿名环境之中海量帖文的气氛渲染下，不断影响诱惑着消费者，误导消费者，助长奢靡之风，让消费者们迷失了自己，没有及时树立正确的消费观，蜂拥而上。纵观如今的自媒体市场，一旦自媒体营销者宣传了某商品，就会出现大批消费者一哄而上疯抢该物，使物价疯涨导致市场经济混乱，甚至可能发展成为人身攻击，威胁到社会的正常秩序。这样的炒作就像杀鸡取卵、临泽而渔，是一种极不负责任的行为，当消费者所购买的物品与宣传的物品大相径庭，便会失去对自媒体营销的信任与支持，最终否定整个自媒体营销行业，使那些规范经营、诚信宣传的自媒体营销者面临巨大的挑战，也令自媒体营销发展停滞不前。

6.4.2　自媒体营销的发展趋势

1. 针对特定用户特定推送，满足不同用户需求

自媒体营销是"你若芬芳，蝴蝶自来"的新型营销方式。对自媒体营销者自身素质要求高，自媒体营销的侧重点在于能否分享具有精神内涵的新鲜事物。新鲜、真实、有内涵

的事物会吸引用户的注意力。

近年来随着用户对生活品质的要求越来越高,他们更加热衷于关注与自己生活息息相关的事物,所以了解用户、贴近用户、内容为王才是自媒体营销不败的真理。比如:健康、旅游、美食等,这些与大众用户生活密切相关的内容,不但适合于自媒体营销平台发布、用户转发,而且很多人还乐于收藏,这样一来,就在不自觉中对信息进行了二次传播,将自媒体营销的品牌信息以图文形式适当植入,起到"润物细无声"的效果,就可以增强自媒体营销的影响力,加快其传播速度。

2. 增强自媒体营销的真实性和时效性

在移动互联网时代,信息日传千里,无疑是获得用户的一种有效手段。提升自媒体营销信息发布的速度与用户获取信息的速度,让用户能够获取真实的、有时效性的自媒体营销信息。增强自媒体营销的真实性和时效性,一方面有利于增加受众;另一方面能使自媒体营销平台赢得用户的信赖,从而进一步实现用户的有效转化,为自媒体营销打开新思路,开发新渠道,使自媒体营销的生命力增强。

3. 增加自媒体营销平台受众,加大转化比率

一个相对出色的自媒体营销平台一定会拥有广大的用户群体,但是其数量永远达不到瓶颈,自媒体营销平台的经营者永远都在期待其用户粉丝的增长。因为,多一位用户就会多一个转化为利益渠道的机会,然而单纯依靠用户数量的增加永远达不到自媒体营销平台经营者的期待值,所以开辟新的盈利模式、增加转化率成为自媒体营销的当务之急。

目前自媒体营销平台转化率低,缺少具体的盈利模式,是大多数自媒体营销平台共同的问题,它们局限于固有思维,很难有大胆创新和进步。

需要自媒体营销平台的经营者大胆创新,不拘泥于信息丰富这一条道路。当下这一问题还没有极其有效的方式加以解决,仍然需要自媒体营销平台的经营者通过实践不断摸索、不断创新实践。打破为了吸引用户而捏造虚假信息,最终造成客户信任度下降、用户流失的僵局。

知识小结

本任务单元,由认知自媒体、自媒体营销、资讯自媒体营销和自媒体营销的困境与发展趋势4部分组成。其中认知自媒体是后面学习自媒体营销与资讯自媒体营销的知识储备,这一部分向学生简单讲述了自媒体的概念、特点、价值、演进和盈利模式。其中自媒体营销和资讯自媒体营销是重点,"自媒体营销"这一部分,详细地讲解了自媒体营销的概念、特点、定位及营销技巧;"资讯自媒体营销"这一部分,主要讲述了资讯自媒体营销的渠道和流程;而"自媒体营销的困境与发展趋势",主要讲解了自媒体营销的现状和趋势。使学生了解和熟悉新兴的自媒体营销渠道,掌握新兴自媒体营销的方法和技巧。

知识测验

一、选择题

1. 下列属于自媒体的特点的是（　　　　）。

A. 传播内容多元化

B. 交互性强、传播快

C. 接收方式从固定到移动

D. 传播行为更加平民个性化

E. 传播速度实时化

2. 下列属于自媒体的盈利模式的是（　　　　）。

A. 内容输出型模式

B. 服务输出型模式

C. 社区关系型模式

D. 传统广告模式

3. 下列属于自媒体的营销价值的是（　　　　）。

A. 蚕食传统媒体领地

B. 线上线下活动相结合

C. 付费阅读的新探索

D. 获得持续发展的新趋势

4. 下列属于自媒体营销的特点的是（　　　　）。

A. 低门槛

B. 传播快

C. 可信度低

D. 具有权威性

5. 自媒体平台的消费者具有的特征是（　　　　）。

A. 注重受众

B. 求知欲强烈

C. 消费过程方便和享受

D. 消费行为日趋理性

二、判断题

1. 自媒体又称"公民媒体"或"个人媒体"，指私人化、平民化、普泛化、自主化的传播者，以现代化、电子化的手段，只向特定的单个人传递规范性及非规范性信息的新媒体的总称。（　　　　）

2. 自媒体营销是指利用互联网技术，以微信、微博、网络电台、网络直播等新兴传播媒介为载体而开展的一系列营销活动，尤其以利用微信公众号、今日头条公众号、一点资讯公众号等资讯类媒介公众号为主进行营销。（　　　　）

3. 微信 2.0 到 3.0：从微信公众号到朋友圈。（　　　　）

4. 自媒体营销的首要工作是进行内容的制作，然后，通过对受众市场进行垂直细分

或者跨领域分割，找到自媒体的目标市场。 （　　）

5. 文章要想获得大的推荐，就一定要踩中大类标签。机器读不懂你的文章，但能识别关键词对应的标签，而关键词标签背后封装的则是相应的观众群。 （　　）

技能训练

头条号图文写作模板

头条号图文写作模板：标题要"勾引"，开头要吸引，内容要简洁，图片要清晰，结尾要"套路"。

请同学们根据以上模板，为学校的招生宣传写一篇头条号图文。

岗位衔接

1. 自媒体：又称"公民媒体"或"个人媒体"，指私人化、平民化、普泛化、自主化的传播者，以现代化、电子化的手段，向不特定的大多数或者特定的单个人传递规范性及非规范性信息的新媒体的总称。

2. 自媒体营销：狭义上讲，自媒体营销是指利用互联网技术，以微信、微博、网络电台、网络直播等新兴传播媒介为载体而开展的一系列营销活动，尤其以利用微信公众号、今日头条公众号、一点资讯公众号等资讯类媒介公众号为主进行营销；广义而言，自媒体营销可泛指一切为个体提供的生产、共享、传播内容兼具私密性和公开性的营销方式，包括企业为推广产品或品牌发布的软文、图片、视频等内容。

自媒体运营岗位职责

1. 制订自媒体传播策略及年度规划，了解互联网行业及市场动态，传播企业文化、品牌及产品信息，提升品牌美誉度。

2. 对热点新闻、网络流行语有敏锐的嗅觉，挖掘热点事件并运用事件进行营销，扩大宣传力度，公关事件及热点话题传播策划。

3. 撰写线上新闻稿件，以及各类创意文案、广告语、新媒体段子等内容。

4. 熟悉微信、社交网站的宣传和推广，善于策划互联网营销活动，结合热点话题，快速搭车，策划公司传播内容，创新线上营销活动。

5. 网络信息监测，收集自媒体推广效果，挖掘和分析网友使用习惯、情感及体验感受，分析数据，总结经验，优化传播环境，撰写运营报告，进行粉丝调研及总结。

6. 有效收集行业及竞争对手的动态，对市场变化做出敏锐的反应。通过各种有效手段提高营销影响力、传播度、粉丝活跃度和忠诚度。

7. 深入了解微信等自媒体特点及资源，建立渠道关系、拓展新媒体资源，积极探索和创新营销新手段、新模式，进行新媒体渠道运营及管理。

知识拓展

携程网在百家号玩转营销

"携程有一程"自2016年11月入驻百家号以来，累计阅读量达122.3万人次。作为国内最早做在线旅游的企业，携程是一个一站式服务旅行预订平台，此次入驻百家号是把百家号作为一次拉近用户距离、增强品牌黏性的尝试，百家号是携程入驻较晚的自媒体平台，但是阅读总量在携程自媒体矩阵中已经取得非常亮眼的成绩，这样的成绩是怎么做出来的呢？

①摸清不同平台的"脾气"。内容上要做"顺毛驴"，不同的平台，粉丝的喜好有差别，企业或品牌在各个平台上都开设账号，但如果文章都一样，那就是单纯地把自媒体平台当成了发声渠道，失去了意义，要根据平台的属性和平台的粉丝喜好去做对应的内容，如官方微博主要发布消息类内容，如品牌新闻、打折信息等；而百家号用户对内容的实用性和新奇性有较大的兴趣，如一些生活小技巧类的和奇闻逸事类的内容。前期调查了用户喜好后，"携程有一程"在百家号上的推送会偏向让用户了解这个世界，对旅游产生向往。

②做内容营销不要做成广告。洞察用户心理，给予用户优质内容而不是产品信息。旅游是低频销售的产品，但是内容的消费却是时时存在的，用户感兴趣的是关于旅游和一些可以开阔视野的信息和内容。因此，企业要通过分发优质内容来拉近与用户之间的距离，维系用户的品牌情感。

③学会钻平台"空子"。这其实是讲要学会巧用百家号的技术优势，利用百家号提供的用户画像、标签等功能调整自己的内容，以实现更好的分发，根据用户的兴趣爱好标签，不断拓展与旅游相关的、猎奇的世界旅行地带，给用户带去一种新的内容体验，以满足用户猎奇和尝新的需求心理。"携程有一程"依靠百度的数据研究和测算，将内容精确分发给目标群体，一方面能够给内容打上精准的标签；另一方面能够对受众做精准的画像，对兴趣点人群做精准定位。百家号的流量和分发发挥着独特优势，如果内容受到用户的期待，流量将会持续增长，收入也会自然而然地增加。携程入驻百家号，百家号不仅给携程带来内容的分发和流量的提升，更为携程品牌带来了收益。

（资料来源：http：//travel. sina. com. cn/china/2017 – 03 – 08/1739348879. shtml）

任务 7 直播营销

知识目标

　了解直播营销的概念及优势

　掌握直播营销的常见类型

能力目标

　掌握直播营销的活动策划方法

　掌握直播营销的效果提升策略

思政目标

　培养并践行社会主义核心价值观

　培养新媒体营销人员的法治意识与职业道德

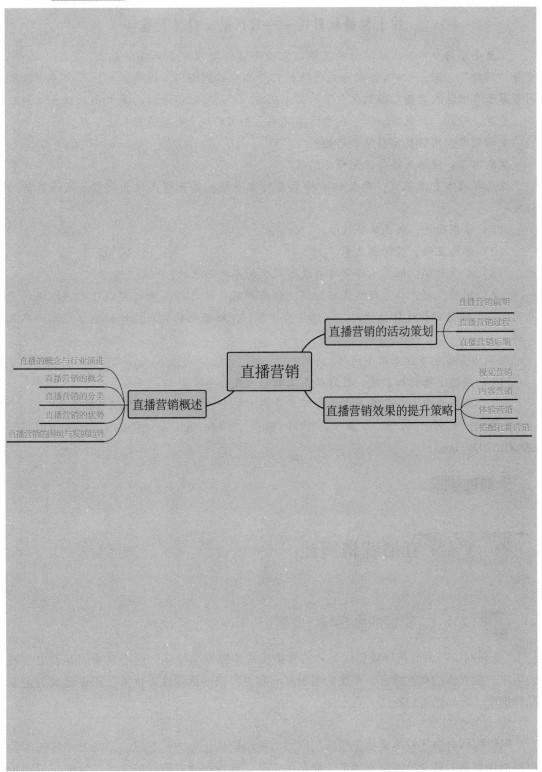

线上营销新时代——农产品+网络直播

在海南省海口市石山镇举行的互联网农业小镇创客沙龙专场推介会上，4名"创客"变身"网红"，通过网络直播的方式将特色农产品推销到全国。海南爱尚玫瑰实业有限公司董事长乔顺法在直播中推销起自家的火山玫瑰："大家眼前看到的是火山玫瑰加工的成品：香皂、精油、鲜花饼。除了在实体店购买，全国的观众也可在微信上下单。"

案例思考：网络直播有什么好处？

案例启示：网络直播要注意哪些问题？

这几年网络直播很火，明星们纷纷参与网络直播，并获得高额的打赏。网络直播的好处：

(1) 亲眼所见，提高购买信心。

(2) 参与互动，获得满足感。

(3) 新奇时髦，很多人都是冲着没有玩过的东西而来的。

(4) 同时，农产品+网络直播能解决信任问题。通过网络直播可以让用户增强对产品的信心，还可以快速传播推广。网络没有边际，网络直播的方式能很好地推广农产品及品牌。

但网络直播也要注意两个问题：

(1) 网络主播的知名度，最好是企业创始人或者名人。

(2) 服务要跟上，尤其是在用户下单后要有安全、快速的物流与配送服务。

（资料来源：北京农业信息网 http：//www. agri. ac. cn/news/yxzd/20191212/n8800152979. html）

7.1 直播营销概述

7.1.1 直播的概念与行业演进

"互联网+"的时代环境促使企业的营销模式不断发生变化，网络直播因有着更年轻的用户、更立体的视觉感官、更快的实时互动和更鲜明的话题性等优势，正逐渐成为企业品牌推广、带动销售的新切入点。

1. 直播的概念

网络媒体自身还没准确抽象概括出网络直播的定义，为方便起见，不妨参照传播学及电视现场直播的概念给网络直播下个简单的定义：在现场随着事件的发生、发展进程同步制作和发布信息，具有双向流通过程的信息网络发布方式。其形式可分为现场直播、演播室访谈式直播、文字图片直播、视音频直播或由电视（第三方）提供信源的直播。而且直播具备海量存储、查询便捷的优势。

与电影单一的过去时空相比，电视直播可显现的时空既有现在时又有过去时，而网络直播除具备电视直播的两大优势之外还具有压缩时空的功能。如同步的文字、图片直播、赛事直播。

随着互联网络技术的进步，直播的概念有了新的拓展和发展，现在更多的人关注网络直播，特别是网络视频直播更受关注。通过网络信号，在线收看体育赛事、重大活动和新闻等，这样，让大众有了广阔且自由的选择空间。当然，直播技术随着移动互联技术的发展，还会有新的进步。到那时，我们能够真正随时随地地体验直播的快乐和便捷。

2. 行业演进

（1）直播 1.0 时代：主要通过电脑上网，9158、YY 语音、六间房等推出的秀场直播开始兴起。

（2）直播 2.0 时代：网络游戏的流行催生出游戏直播，网络直播市场进一步垂直细分。

（3）直播 3.0 时代：随着网络技术和智能终端设备的普及，移动直播开始兴起。各类网络红人、综艺节目、电商导购等直播活动层出不穷。

 7.1.2　直播营销的概念

一方面，直播平台的多彩内容，吸引着海量用户的注意力，对企业营销引导流量有着巨大的优势；另一方面，在线直播的门槛非常低，一台电脑、一个账号即可进行直播。移动直播的火热更是让企业主们兴奋不已，迫不及待尝试直播营销。那么直播营销的定义是什么？

从广义上讲，直播营销不仅局限于直播过程中的商业宣传，还包括直播前策划、造势、直播发布、二次传播全流程商业化运作的相关方以及技术支持方等。

从狭义上讲，直播营销仅指直播营销业务链条的一个环节，即通过直播平台或工具实现的商业推广形式的统称。企业以视领、音频直播为手段，以广播、电视、互联网为媒介，在现场随着事件的发生与发展进程同时制作和播出节日，最终达到品牌提升或是产品销售的目的。直播营销的核心价值在于其聚集注意力的能力，未来直播营销也会成为企业品牌提升或某种产品营销推广的标配。

 7.1.3　直播营销的分类

直播营销活动采取的形式不同，所得到的营销效果也不同。根据直播活动的内容不同，直播营销的模式可以分为"直播＋电商""直播＋发布会""直播＋互动营销""直播＋内容营销""直播＋广告植入""直播＋个人 IP""直播＋品牌＋明星"七种类型。

1. "直播＋电商"

"直播＋电商"是直播营销中最常见的一种营销模式，通过"网络红人"与电商平台上的用户群体直播互动，吸引潜在消费者接触广告，并最终购买产品。阿里巴巴在开通淘宝平台与新浪微博的数据接口后，微博成为直播的重要流量入口，借助微博平台上的人气开展营销，已成为时下主流的电商营销模式。直播的立体展示，不仅增加了观众的消费冲动，更能通过立体的展示，最大化地促进下单转化。同时店主和品牌通过直播展现的风格与态度，也容易"吸粉"，增加好感度。

"直播＋电商"本质上就是线下导购的线上化，只是面对的用户群体和形式不太一样，直播面向的是全国各地的消费者，而线下导购则是面对来店的顾客。"直播＋"电商是通过视频网络向粉丝、消费者介绍推广产品，线下导购则是面对面进行导购，在移动互联网时代，年轻人更加青睐于网络导购，反而抗拒线下的导购，甚至在购物的时候有人来导购还不适应。随着5G时代的到来，网络提速降费，将会有越来越多的电商从业者、线下导购人员等各类人员加入"直播＋电商"的浪潮中，成为直播电商成员。

过去人们购物是通过搜索栏搜索目标商品，再查看目标商品的图片和短视频介绍，从而下单购买。这样的电商展现形式只适合做标品，并且价格也不适合太高了，适合中低价位的商品。而直播电商的出现，改变了这样的现象，在直播过程中通过网红，或者消费者长期关注、信任的人，对商品进行介绍，使其愿意购买价格更高的产品，比如品牌包、品牌口红、珠宝玉石等非标商品，甚至家用电器、汽车、无人机等。

直播带货重构了电商、产品、消费者的关系，对于商家来说，直播通过对商品和服务直观地呈现更能打动顾客，通过直播与消费者沟通。直播能够建立起主播与用户之间的信任，并且通过与观众的互动以及多少人观看、多少人购买产品也会刺激消费者的购买欲望。总而言之。"直播＋电商"模式在5G时代具有广阔的发展空间。

案例：**淘宝女装神店"小虫"**

小虫是一家月销售额达千万元的淘宝店铺，却选择关店内修，并宣布进行直播，并将直播划分为两部分：以新品介绍为主的直播形式；偏向于电视栏目的定位，侧重于包装策划、情怀性的话题互动等，引起粉丝互动讨论。通过不断地调整直播方案，小虫找到了适合自己的直播模式。利用淘宝直播的天然优势，小虫一边结合红包雨和礼物，一边提供部分912新品进行边看边买。最终，这次直播共吸引了10.3万人次观看，点赞数为280多万。而在微博上，直播主题#重新爱自己#排行情感类话题榜首，阅读量达2 300多万。直播结束两小时后，文怡线产品WENYI CHONG系列23款服饰正式上线。据小虫方面透露，5分钟销售破100万元，半天破500万元。而得益于搭配大件销售的方式，客单价由此前的1 000元提升至1 500元。

2. "直播＋发布会"

新产品的发布会携手直播平台成为品牌推广新品进入市场的另一个重要渠道。在直播发布会的同时，结合电商平台，将直播引来的流量转化为现实的客户。

案例：2016年5月25日，雷军在自己的小米APP上直播发布新产品无人机，流量最高时观看人数超过100万。这是一场普通的新品发布会无法超越的人数。这种方法多用于品牌产品的新品发布会，通过直播吸引注意力，再经电商平台转化为购买力。

案例：**美宝莲纽约"Makeappen"的秀场发布会**

在纽约举办的现场发布会上，美宝莲官方邀请来50位包括像dodolook、honeyCC这样的美拍美妆网红及其代言人Angelababy，联合多家直播平台进行现场同步直播，在直播的两小时中卖出了1万只新品口红"唇霸"，超500万人在线观看，转化实际销售额约142

万元人民币。

3. "直播+互动营销"

将"直播"与社交平台结合，吸引社交平台的流量参与线上直播活动。同时，通过直播反哺流量，引起社交平台上粉丝的热议。线上线下相配合，招募粉丝亲身参与直播节目，满足大众猎奇心理。

通过直播平台招募感兴趣的用户参与进来进行互动，不仅可以满足用户的好奇心，也极大地推广了产品，让用户更加了解产品。

案例：从2016年3月21日开始连续五天宜家英国和Skype合作进行现场直播。在Skype上会弹出活动广告，邀请用户参加宜家的"护照挑战"。倒计时开始后，参与者有30秒的时间迅速找到护照，并回到摄像头前拿着护照合影，在30秒内找到护照的人将获得一次价值450英镑的旅行。没有在规定时间内找到护照的人也不用沮丧——宜家会送你一个Lekman收纳盒。这次直播是宜家与Skype的强强联合，取得了成功。

4. "直播+内容营销"

新颖、新奇的内容是在众多直播营销中脱颖而出的关键。选择合适的目标人群，针对目标人群的基本属性与特征偏好，策划直播内容。

内容是直播吸引关注度的重要因素，"内容为王"，好的内容是关键。

案例：王健林宣传旅游城

王健林携手《鲁豫有约》、熊猫TV直播，宣传万达南昌旅游城，直播过程中，信号频繁中断，观看体验不是特别好，但在高峰时段也有30万人观看。在这次直播中，直播内容具有很强的吸引力，王健林首次尝试在正式场合直播，吸引了很多"吃瓜"群众的注意力。

5. "直播+广告植入"

该模式颠覆了传统广告有意而为之的做法，在有趣的直播场景下，配合观看者的直观感受，自然而然地进行产品和品牌的推广，悄然触动消费者的购买心理，促成购买。

案例：屈臣氏在全国各大店铺进行联动直播

屈臣氏邀请武汉地区的三位人气主播进行其门店产品的网络直播，介绍屈臣氏的活动和推出的新品，观看人数超过1.6万人次。

6. "直播+个人IP"

直播平台成为"网红经济"的一个重要渠道，为以"个人"为单位的"网络主播"提供了更为广阔的粉丝平台，并降低进入的"门槛"。粉丝基础和粉丝互动是成就个人网红的核心元素，也是个人网红平台化的出发点。

直播平台成为网红经济的有力出口，以个人为单位的网红利用自身积累的粉丝在直播平台吸引更多的粉丝。

案例：Papi酱八大直播平台首秀

Papi酱首次广告通过淘宝直播拍出天价，签约八大直播平台直播首秀，并与美即面膜合作发布第一支硬广。八大平台同时在线观看人数达到2 000万人次，累计观看人数超过5 600万，互动消费超过23万条，美拍涨粉约40万，美即面膜秒拍平台超2 600万点击量，腾讯视频100万点击量。

7. "直播 + 品牌 + 明星"

品牌产品联合其代言人在特定时刻进行直播，吸引粉丝观看，联合电商平台进行销售。

案例：欧莱雅"零时差追戛纳"。

戛纳电影节上，欧莱雅全程直播了巩俐、李宇春、井柏然等几位代言人在戛纳现场的台前幕后。尤其是走红毯前的化妆阶段，自然介绍他们使用的各种欧莱雅产品，如李宇春的水光气垫 CC，井柏然说水凝保湿是他的孩子，巩俐分享了化妆包。这次直播带来的直接市场效应是，直播四小时之后，欧莱雅天猫旗舰店李宇春同款唇膏售罄。

7.1.4 直播营销的优势

直播营销是一种营销形式的重要创新，它能体现出互联网的特色。相对于传统的营销模式，直播营销有着极大的优势。

（1）互动实时性

直播作为一个可以和用户面对面交流的平台，开播前通过多种造势手段，将网络上分散于各个角落的目光集中吸引到某个时段中的某个平台。在直播过程中，主播不会只顾自己，而是让用户获得参与感。例如，发弹幕、喜欢主播就直接献花或打赏，主播也会对用户的提问给予及时的回复，对用户的打赏表示感谢，这满足了用户更为多元化的需求。与传统的营销方式相比，直播营销的社交性强，实时互动的形式更能抓住当下的用户，用户对企业品牌的黏性也在无形中增强了。

（2）场景真实性

直播活动将单一的产品通过人为关联，能够实现真正意义上的场景营销。现场互动反馈更易表达真实感受，以便于产品优化和调整。

（3）受众精准性

在观看直播时，用户需要在一个特定的时间进入播放页面，这种播出时间的限制，也能够让主播识别并抓住对企业及产品具有忠诚度的精准目标人群。

（4）营销高效性

相对于其他的营销方式，直播营销让用户和主播直接接触，企业可以在短时间内完成产品或品牌特性的宣传、产品使用效果的传递，并能及时解答用户的疑问，用户能够在直播过程中直接下单购买，营销的效果自然成倍增长。

（5）情感共鸣性

移动互联网的发展，使我们处于一个去中心化、碎片化的时代，这让人们在日常生活中的交集越来越少，情感交流越来越浅。直播能让一批志趣相投的人聚集在一起，聚焦在相同的爱好、兴趣上，情绪相互感染，形成情感共鸣。

7.1.5 直播营销的困境与发展趋势

1. 直播营销的困境

直播营销是伴随着移动直播兴起而出现的一种新的网络营销方式，仍处于早期发展阶段，行业的激烈竞争以及瞬息万变的移动互联网市场让直播营销在未来发展道路上依然充满了风险和挑战，当前直播营销发展面临的困境有以下几个方面。

（1）市场规模难以预估。

（2）行业认知度低，大众认知尚在狭义阶段。

（3）广告主对营销抵达目标客户信心不足。

（4）广告投放的营销效果无法进行量化评估。

（5）直播营销过程复杂，隐性成本高。

2. 直播营销的发展趋势

直播营销有着海量的用户，其高效及时的互动以及丰富逼真的现场直播的特点，更是对用户有着极大的吸引力。群雄纷争的移动直播平台开展的广告和内容变现模式，更是让企业主们看到了移动互联网时代下的一个流量入口。长期来看，未来直播营销将朝着以下几个方面发展。

（1）企业商务直播营销的潜力大。

（2）个人直播营销模式趋向标准化。

（3）直播电商服务深化拓展。

（4）大型中间服务商覆盖全部中间环节。

思 政园地

网络直播不容扭曲价值观

2021 年 3 月 31 日，小红书公布平台打击炫富专项治理结果，对一批涉嫌刻意炫富、恶意炒作的账号和笔记进行禁言、封禁等处理，共封禁账号 2 371 个。

曾几何时，花样百出的"炫富"内容，充斥在互联网各大平台上。随便打开一个平台，俯拾皆是单手开豪车的后浪、家住千平独栋豪宅或坐拥广阔庄园的富二代……这类哗众取宠的网络炫富，有违社会公序良俗，异化了人们的价值观，助长了拜金主义，败坏了社会风气，也波及下一代的心理健康。

令人欣慰的是，现在整治和打击"炫富"，已经成为社会的共识，成为很多互联网平台的自觉，越来越多的互联网巨头加入这一阵营，践行企业伦理道德规范，积极承担起平台的社会责任。

首先，监管部门从制度和管理措施两方面双管齐下，先后发布《网络信息内容生态治理规定》，发出清理宣扬攀比炫富、奢靡享乐等不良价值观信息的通知。与此同时，小红书、抖音、快手等一大批网络内容平台，均开展了包括严打炫富等不良信息在内的一系列内容治理工作。

我们还要看到的是，无论是炫富内容之前的全网扩散的现象，还是现在监管部门出击，以及各大互联网平台都在打击炫富内容的努力，其都指明了一点，那就是炫富是一个行业共性问题，而不是某一个平台所独有的。面对这种行业普遍现象，苛责某个平台的监管乏力是无解的，只有形成多平台的整治合力，才能最终杜绝此类不良现象，也是我们的追求所在。

那么，为什么这些炫富内容，已成平台家家喊打的对象呢？

直接来看，对平台自身而言，炫富内容蔓延滋生，会直接刺痛相关平台的社区氛围。就以小红书为例，作为一个倡导真诚分享的社区，炫富是违背社区价值观的，对社区氛围和文化，也带来严重破坏。

往深处说，炫富内容的背后，渲染的是一种扭曲的价值观，比如强调"金钱至上"，推崇"奢靡浪费"等。如果任由其渲染下去，会腐蚀我们社会的肌理，毒害人们的心灵，进而给社会带来无法挽回的损失。再者，内容平台的价值和利益，本质上和社会共同利益是一致的，社会风气持续恶化，那平台也不可能独善其身。

现在，出于最基本的社会责任，捍卫社会价值底线，小红书、抖音等内容平台主动出击，打击炫富内容，就不难理解了。可以预见的是，平台和社区对于炫富内容的积极打击，有助于平台逐渐形成良好的平台和社区氛围。与此同时，相关行为也显示出，平台主动担当起社会责任，营造清朗的网络环境，对于这样的打击，社会层面当积极点赞支持。

基于炫富内容的恶劣社会影响，更应该明确的是，对于互联网社区平台而言，打击炫富内容，没有完成时，只有进行时。当然，也不能仅仅停留在封禁账号的层面，在价值引导和内容治理层面，还需要持续探索和提升，真正捍卫内容平台的正向价值观，以及我们社会的公共价值。

7.2　直播营销的活动策划

7.2.1　直播营销前期

1. 直播营销方案的准备

完整的思路设计是直播营销的灵魂，但是仅依靠思路无法有效地实现营销目的，企业必须将抽象的思路具象化，以方案的形式进行呈现。

直播方案的作用是传达，作为传达的过渡桥梁，直播方案需要将抽象概述的思路转换为方法及步骤。明确传达的文字，使所有参与人员尤其是直播相关项目的负责人都了解整体思路和具体步骤。完整的直播方案需要包括直播目的、直播简述、人员分工、时间节点、预算控制五大要素。

2. 直播方案的执行规划

直播方案需要让所有参与直播的人员知晓，而直播方案的执行规划具有更强的针对性，需要参与者烂熟于心。直播方案的执行规划一般由项目操盘规划、项目跟进规划、直播宣传规划组成。

项目操盘规划主要用来保障项目推进的完整性，主要以项目操盘规划表的形式出现，项目操盘规划在方案的整体推进上进行了大致安排。而项目跟进规划则在方案执行的细节上进行细化，明确在每个阶段的具体工作是什么、完成时间是多久、负责人是谁等。项目跟进表的制定并非完全不能改变，在不改变项目跟进表目的的基础上，可根据具体需求进行调整，以满足项目跟进的需要。企业直播营销不能简单地追求在线人数，而是要重点关注在线的目标用户群的质量与活跃度，直播前需要设计有效的直播宣传，以达到企业营销的目的。

3. 宣传与引流的方法

设计直播宣传，企业要将研究用户经常活动的平台作为第一步。常见的引流渠道或方法包括硬广、软广、视频、直播、问答、线下等。

硬广即硬广告。与硬广相比，软广则突出一个"软"字，营销于无形。企业可以在传统的问答网站，包括百度知道、搜狗问问等平台回答网友的问题，同时为自身做宣传。如果企业有线下的渠道，可以借助线下渠道，以海报、宣传单等形式宣传直播内容，引导线下消费者关注直播。

 融通证书

工作领域	工作任务	职业技能要求
流量运营	直播预热	能结合直播主题搜集图片、视频、音频等宣传素材，在互联网平台进行预热引流。 能选择合适时机发布预热海报、短视频、带货清单等。 能根据预热表现，进行直播活动主题与内容的流量爆点挖掘。 能及时处理网络拥堵、限流、活动链接异常等常见问题，对意外状况及时处理，避免产生不良影响。 具备对网络直播信息的敏感度与洞察力。

4. 硬件筹备的三大模块

为了确保直播的顺利进行，企业首先需要对硬件部分进行筹备。直播前期的硬件筹备主要由场地、道具、设备三大模块组成。

直播活动的场地分为户外场地和室内场地。

直播道具由展示产品、周边产品及宣传物料三部分组成。

直播设备是确保直播清晰、稳定进行的前提。在直播筹备阶段，相关人员需要对手机、电源、摄像头等设备进行反复调试，以达到最优状态。

目前直播的主流设备是手机，直播方在手机内安装直播软件，通过手机摄像头即可进行直播，当使用手机进行直播时，需至少准备两部手机，并且在两部手机上同时登录直播账号，以备不时之需，同时需要对直播辅助设备进行优化。

 ### 7.2.2　直播营销过程

1. 直播活动的开场技巧

（1）直播开场设计的五大要素

直播开场给观众留下的第一印象，其重要性不言而喻。观众进入直播间后，会在短时间内决定是否要离开。因此，一个好的开场会让你的工作事半功倍。

直播活动的开场设计需要从以下五个层面考虑：第一，引发观众兴趣；第二，促进观众推荐；第三，代入直播场景；第四，渗透营销目的；第五，平台资源支持。各大直播平台通常会配备运营人员，对资源位置进行监控与设置。资源位置包括首页轮转图、看点推荐、新人主播等。

直播营销

直播流程

（2）直播活动的开场形式

①直白介绍。可以在直播开场时直接告诉观众直播的相关信息，如公司介绍、直播话题、直播大约时长、本次直播流程等。一些吸引人的环节，如抽奖、彩蛋、发红包等，也可以在开场时提前介绍，使观众留在直播间。

②提出问题。开场提问是在一开始就制造参与感的好方法，一方面，开场提问可以引导观众思考与直播相关的问题；另一方面，开场提问也可以让主播更快地了解本次观众的基本情况，如观众所在地区、爱好、对于本次直播的期待等，便于在后续直播中随机应变。

③抛出数据。数据是具有说服力的，直播主持人可以将本次直播要素中的关键数据提前提炼出来，在开场时直接展示给观众，用数据说话。在专业性较强的直播活动中，主持人更是可以充分利用数据开场，第一时间令观众信服。

④故事开场。人们从小就爱听故事，直播间的观众也不例外。相对于比较枯燥的介绍、分析，故事更容易让不同年龄段、不同受教育层次的观众产生浓厚的兴趣。通过一个开场故事，带着听众进入直播所需的场景，能更好地开展接下来的环节。

⑤道具开场。直播主持人可以根据直播的主题和内容，借助道具来辅助开场。开场道具包括企业产品、团队吉祥物、热门卡通人物、旗帜与标语、场景工具等。

⑥借助热点。参与直播的观众普遍对互联网上的热门事件和热门词汇有所了解，因此在直播开场时，直播主持人可以借助热点拉近与观众之间的心理距离。

协作创新

学生会计划在网上进行一场图书义卖直播活动，所有义卖收入都将捐献给希望小学。作为直播主持人，你认为采用什么样的开场形式比较适合本次直播？分组讨论，每组选出一名学生代表进行发言。

2. 直播互动的常见玩法

直播活动中的互动由发起方和奖励两个要素组成。其中，发起方决定了互动的参与形式与玩法，奖励则直接影响互动的效果。直播互动的常见玩法有弹幕互动/剧情参与、直播红包、发起任务、礼物打赏等。

（1）弹幕互动/剧情参与

弹幕即大量以字幕弹出形式显示的评论，这种评论在屏幕上飘过，所有参与直播的观众都可以看到。传统的弹幕主要出现在游戏直播、户外直播等纯互联网直播中，现在电视节目、体育比赛、文艺演出等进行互联网直播时均可进行弹幕互动。

剧情参与互动多见于户外直播，主播可以邀请观众一起参与策划直播下一步的进展方式，增强观众的参与感。邀请观众参与剧情发展，一方面可以使观众充分发挥创意，令直播更有趣；另一方面可以让被采纳建议者获得足够的满足感。

（2）直播红包

为了聚集人气，主播可以利用第三方平台发放红包或等价礼品，与更多的观众参与互动。

（3）发起任务

直播中可以发起的任务包括建群快闪、占领留言区、晒出同步动作等。

（4）礼物打赏

在直播中，观众出于对主播的喜爱，会赠送礼物或打赏。为维护企业或个人形象，主播应在第一时间读出对方的昵称并致感谢。

3. 直播收尾的核心思路

（1）销售转化

将流量引至销售平台，从收尾表现上看即引导进入官方网址或网店，促进购买与转化，通常留在直播间直到结束的观众，对直播内容都比较感兴趣，对于这部分观众，主播可以充当售前顾问的角色，在结尾时引导观众购买商品。不过需要注意的是，销售转化要有利他性，能够帮观众省钱或帮观众抢到供不应求的商品，否则，在直播结尾时植入太过生硬的广告，只会引来观众的反感。

（2）引导关注

将流量引至自媒体平台，从收尾表现上看即引导观众关注自媒体账号，在直播结束时，主播可将企业的自媒体账号及关注方式告诉观众，以便直播结束后继续向观众传递企业信息。

（3）邀请报名

将流量引至粉丝平台，从收尾表现上看即告知粉丝平台加入方式，请报名。在同一场直播中积极互动的观众，通常比其他观众更同频，更容易与主播或主办单位"玩"起来，也更容易参与后续的直播。主播可以在直播收尾时将这类观众邀请入群，结束后通过运营建群，逐渐将直播观众转化为忠实粉丝。

4. 直播重点与注意事项

（1）反复强调营销重点

因为网络直播随时会有新人进入，主播需要在直播中反复强调营销重点。这些营销重点，如主播、嘉宾、产品、品牌、公众号、促销政策等。

（2）减少自娱自乐，增加互动

直播不是单向沟通，观众会通过弹幕把自己的感受发出来，且希望主播予以回应。一个只顾自己侃侃而谈而不与观众进行即时互动的主播，通常不会太受观众欢迎。刚接触直播的新人往往会过于关注计划好的直播安排，担心直播没有按照既定流程推进，从而生硬地结束一个话题而进入新话题。实际上，几乎没有百分之百按照规定完成的直播活动，任何直播都需要在既定计划的基础上随机应变。

（3）注意节奏，防止被打扰

直播进行中，观众的弹幕是不可控的，部分观众对主播的指责和批评也无法避免。如果主播过于关注负面评价，就会影响整体的直播状态。因此在直播进行中，主播需要有选择地与网友互动。对于表扬或点赞，主播可以积极回应；对于善意的建议，主播可以酌情采纳；对于正面的批评，主播可以幽默化解或坦荡认错；对于恶意谩骂，主播可以不予理睬。在直播活动中，全场的掌控者是主播，因此主播必须注意直播节奏，避免被弹幕影响，特别需要避免与部分观众发生争执而拖延直播进度。

7.2.3 直播营销后期

1. 做好直播活动总结

直播结束后要及时跟进活动的订单处理、奖品发放等，确保用户的消费体验。特别是在发货环节，一定要及时跟进，及时公布中奖名单，并与中奖用户取得联系。

2. 做好粉丝维护

在直播过程中，会添加到各类粉丝，直播结束后做好粉丝的维护是很关键的，可以跟粉丝沟通交流，调研粉丝对此次活动的评价，便于后期的优化和提升。同时对直播观看人数、销量、活动效果、中奖名单等进行宣传，并对直播视频进行剪辑，包装到推文中。

网络直播运营职业技能等级标准（2021 年 1.0 版）

7.3 直播营销效果的提升策略

7.3.1 视觉营销

直播30秒技巧

直播中画面的流动性一般不强，人物形象也相对固定。而过于单调的画面容易让观众产生厌倦感从而离开直播间。我们要让直播的画面充满生机，对观众的视觉造成强劲冲击，实现与观众的沟通，以此向观众传达商品信息、服务理念和品牌文化，实现良好的直播营销效果。通常，视觉效果可以从光线、角度、镜头的稳定性和主播这几个方面入手。

1. 光线

光线的变化会引起人们不同的视觉感受，带给人们不同的心理感受。要在直播中打造出画面的视觉效果，就应该重视光线的运用，好的光线布局对视频呈现的效果起着至关重要的作用。一般来讲，在光线好的时候，利用自然光直接进行拍摄就可以，这样拍出来的视频更接近实物本身，也更加自然。如果在光线不好的室内或较暗的环境中拍摄，可以手动打光或用反光板来对光线进行调节。当然，在这种环境下也可以利用灯光营造氛围来激发人们相应的心理状态。一般直播中，无论色温还是色冷，通常都采用较为明亮的光线。

2. 角度

画面的展示角度是一个不得不关注的因素，它既能在直播中带给观众新奇而使大家印象深刻，也能毁掉一个画面。因此，我们应找好角度，把好的一面展示在观众面前。角度的运用常有拍摄高度、拍摄方向、拍摄距离三个方面，拍摄高度和方向不同，能产生不同的画面效果，拍摄距离的远近决定了画面的主次。直播中不能一直让观众看着主播的脸，镜头转换才能有效减少观众的视觉疲劳，最简单的做法就是通过调整拍摄距离的远近来放大和缩小画面，以引起观众的兴趣。全景、近景及特写等不同的镜头可以让整个画面活泼生动，从而让画面牢牢吸引观众。

3. 镜头的稳定性

镜头的移动变换是直播中不可避免的，但移动变换过程中要保持画面的稳定性。除了在直播中握稳直播设备外，主播还需注意始终保持画面的基本线条"横平竖直"，当镜头移动变换时，也要尽量缓慢移动且保持水平移动。如果是户外直播，未知因素会更多，不知道会发生什么事，会带来怎样的影响，因为户外直播难免要四处走动，一般要用拍摄稳定器来保证画面的稳定和美感。

4. 主播

策划、编辑、录制、制作、与观众互动等一系列工作大多由主播负责完成，并由主播本人担当主持工作，这就需要主播具备很强的综合能力。一个优秀的主播要面对线上几万、几十万甚至上百万的观众，并且在与观众的实时交流互动中传递企业文化、宣传企业品牌、推广产品。主播作为一次直播活动的核心，其给观众的第一印象会决定观众的去留。第一印象不单指人的外表，而是在最初交往过程中融合了表情、姿态、仪表或服装等方面而产生的综合印象。一个合格的主播不仅需要穿着得体、行为得当，还应有较强的综合素质和临场应变能力，为主办方打造一个良好的形象。此外，视觉效果的提升自然也离不开听觉，语言作为人们思想交流的媒介，把握分寸、恰到好处的语言更能为企业的宣传推广打下良好的基础。当然，一个有营销效果的直播还离不开优质的内容。

7.3.2　内容营销

今天的直播早已不是靠单纯的娱乐就能取胜的，我们真正要做的是用优质的内容打动观众，为企业扩大品牌曝光度，实现产品销量的增长。企业利用直播进行内容营销，有以下三个重点方向需要引起足够关注。

1. 专业生产内容（Professionally Generated Content，PGC）

PGC 指的是专业生产内容，具有内容个性化、视角多元化、传播民主化、社会关系虚拟化等特点。目前，大多数企业的直播营销的销售转化都依赖于 PGC。在直播营销领域，PGC 的重点在于"P"，即专业，用"P"去聚集话题性人物，包括明星、名人、"网红"。

例如在 2016 年夏纳电影节的主赞助商巴黎欧莱雅"零时差追戛纳"的系列直播中，既没有话术策划，仅是主持人和明星的日常轻松对话；也没有专业的灯光布景、摄影师跟拍，仅是通过手机完成拍摄。只因为明星重复提及欧莱雅的系列产品，主持人也顺势呼吁粉丝在线搜索"我爱欧莱雅"即可购买明星同款产品，与官网互动配合进行促销。各明星凭借其强大的影响力和现场推荐，在直播中成功植入品牌和产品。从中可以看出直播营销中 PGC 的重要作用，只有将人物和内容完美结合，才能获得品牌预期的曝光量和销售转化量。

2. 品牌生产内容（Brand Generated Content，BGC）

直播营销和视频营销、微信营销没有什么本质区别，它也不过是企业营销中的一种新型工具，对工具的运用其实没有多大难处，真正能拉开差距的依然是创意。如果企业在直播中关注外在表现形式而忽略直播内容的打造，那就绝不可能实现预期的营销效果。直播营销的 BGC 重点在于传播企业的品牌文化。单纯的产品营销已不能满足消费者的需求，BGC 正好展现了企业品牌的价值观、文化、内涵等。

3. 用户生产内容（User Generated Content，UGC）

用户参与度是直播最核心的因素。如果直播中忽视了 UGC，那么它仅仅是主持人的自娱自乐。智能手机的普及、移动互联网的盛行，使直播成本降低，让"直播"风靡一时。在"移动＋互动"模式的完美结合下，我们看到直播的内容边界被无限延伸和拓展。那么，如何让这种"无边界内容"成为一场网友可参与的内容就成了企业直播营销中的关键。很多人对直播营销里的 UGC 认识并不全面，认为 UGC 仅指直播营销里观众的弹幕评论，这种理解未免有失偏颇。举个例子，我们知道一部成功的小品离不开好的导演、演员和剧本，那么 UGC 就类似于小品的导演，而 PGC 和 BGC 则是演员和剧本，导演所起的作用是引导演员将好的剧本呈现出来，排练过程中，导演必须时刻和演员互动，甚至还需根据现场情况改编制本，但最终目的是让这部小品得到观众的喜爱。

直播营销的 UGC 除了要和 PGC/BGC 互动外，还要改变 PGC/BGC，这种改变的最终目的是让 PGC/BGC 更有趣、更丰富，具有猎奇性（不知下一秒会发生什么）、可参与性（情绪感染：吸引更多网友参与）、社交性（志同道合的网友形成社群）。只有这样，观众才会心甘情愿地守在直播间，并全程参与。

总之，企业在进行一场直播营销时要考虑的内容如下。

BGC：企业想直播什么内容，即直播营销的内容主题、调性、诉说的品牌价值等。

PGC：怎么让企业直播的内容更有脉冲式的吸引眼球效应，获得更多的流量，并实现流量变现。

UGC：怎样打造直播营销的终极内容形态——参与式内容，怎么让网友沉浸在直播内容中并自发进行互动。

这三者是融会贯通、互相影响的。

 7.3.3　体验营销

随着生活水平的提高，人们的消费需求也从实用层次转向体验层次。体验营销能带给用户充分的想象空间，最大限度地提升用户参与和分享的兴趣，提高用户对企业品牌的认同，增强用户购买产品的欲望。然而，如果直播内容千篇一律，差异化、价值输出存在不足，则会使用户体验效果大打折扣。利用直播进行体验营销，我们应从观众的感官、交互、信任等方向入手提升体验感。

1. 感官体验

感官体验是让用户通过视觉、听觉、触觉、味觉与嗅觉等知觉器官来实现对品牌的感性认知。利用互联网传递信息，我们先后经历了文字、图片、视频，再到今天的直播，这为用户带来了感官升级，使用户对品牌产生感性认知，达到激发用户兴趣的目的。直播中可以从区分公司和产品的识别、引发消费者购买动机和增加产品的附加值等方面入手，提升用户在直播中对企业的认知。

例如，吉利博瑞拆车 24 小时直播，完成实车拆解、同级合资车型同步拆解对比、现场评论等线下活动，并通过多平台进行 24 小时无保留实时直播，受到众多用户的好评，效果远超预期。直播带来的感官升级能让用户更真实地感受产品，更立体地感受品牌，使企业能更直接地与用户互动，产生全新的营销效果，扩大企业品牌认知度，实现产品销量增长。

2. 交互体验

交互体验就是网上互动。交互是网络的重要特点，它能够促进用户与企业之间的双向传播，和前面提到的 UGC 有异曲同工之意，因此，交互式体验应作为直播体验营销的核心。直播营销中，企业应尽可能使用户最大限度地参与到直播过程中，在互动中为用户制造快乐，提升用户的体验，以达到企业的营销目标。

3. 信任体验

信任体验即借助直播形成用户对企业及品牌的信任程度。我们经常通过明星、意见领袖来激发用户，使其生活形态得以改变，从而实现产品的销售。激烈的市场竞争使行业内提供的产品和服务越来越趋同，这种趋同抹杀了产品和服务给人们带来的个性，因此，独特的感受和对品牌及产品的信任才显得格外珍贵。品牌不是企业生产制造出来的，也不是传播推广出来的，而是由用户体验出来、感受出来的。为此，企业一定要以用户为中心，精心设计、策划、执行每一个直播环节，为用户创造难以忘怀的记忆和感受，提升用户体验效果，进一步推广企业品牌，提高产品销售量。

7.3.4　搭配社群营销

如果仅在网站或海报上提前预告直播时间及直播间号，转化率太低。为了实现传播量的最大化，我们可以建立一个社群，把所有感兴趣的用户拉到这个群，前期进行情绪铺垫、气氛渲染，加上社群成员的配合，直播开始时的关注度就会很高。

社群为直播提高转化率，直播为社群提升活跃度。一个高人气的社群绝对离不开精彩的内容，而直播就是非常好的内容资源，相对于普通的图片和文字输出，直播传递的信息量更大，形式更新颖，并且直播更具即时性，能使社群更活跃。社群营销已经成为企业重要的直播营销手段。

知识小结

本任务单元由直播营销概述、直播营销的活动策划和直播营销效果的提升策略 3 部分组成。其中，"直播营销概述"部分属于知识储备内容，向学生简要讲解直播与直播营销的概念、直播营销的类型、优势与发展趋势。"直播营销的活动策划"和"直播营销效果的提升策略"是本任务的重点，详细讲解了直播营销的过程及提升直播营销效果的策略，使学生了解直播营销活动策划的过程，掌握提升直播营销效果的策略。

知识测验

一、选择题

1. 下列选项中，关于当前直播营销面临的困境的说法正确的是（　　　）。

A. 行业混乱，市场秩序不稳定

B. 广告主对营销目标客户没有信心

C. 直播过程太复杂，成本偏高

D. 直播广告效果难以有效测评

2. 下列选项中，属于直播营销的优势的是（　　　）。

A. 互动实时性

B. 场景真实性

C. 受众精准性

D. 营销低效性

E. 情感共鸣性

3. 完整的直播方案需要包括（　　　）。

A. 直播目的

B. 直播简述

C. 人员分工

D. 时间节点

E. 预算控制

4. 下列选项中，属于直播营销的发展趋势的是（　　　）。

A. 企业商务直播营销的潜力大

B. 个人直播营销模式趋向标准化

C. 直播电商服务深化拓展

D. 大型中间服务商覆盖全部中间环节

二、判断题

1. 一次完整的直播营销活动主要包括内容策划、直播活动及二次传播等。　　（　　）

2. 直播营销的发展成为引领电商未来发展的重要方向。　　（　　）

3. 直播 2.0 时代：随着网络技术和智能终端设备的普及，移动直播开始兴起。各类网络红人、综艺节目、电商导购等直播活动层出不穷。　　（　　）

4. 直播营销的优势，主要表现为直播营销过程简单、隐性成本低。　　（　　）

5. 社群为直播提高转化率，直播为社群提升活跃度。　　（　　）

 技能训练

快速撰写脚本

任务流程：

第一步明确任务目标；第二步明确任务内容；第三步根据辅导资料完成相应学习；第四步完成任务；第五步复习（任务/课程）。

任务目标：

学会快速撰写脚本。

任务内容：

请从茶叶、芒果、家乡特产、生活日用品（收纳）这四类物品中任选其一，创作直播脚本。

可在抖音搜索茶叶、芒果、家乡特产、生活日用品（收纳）这四类物品中任选其一的关键词，浏览相关直播，选择适合且可实施的直播方式（室内、室外），整理思路，设计一个快速单品脚本（5分钟）。

操作步骤：

（1）在抖音搜索茶叶、芒果、家乡特产、生活日用品（收纳）四类商品（任选其一）的关键词，浏览相关直播。

（2）观看各个直播的场景、风格、话术，整理思路。

（3）根据茶叶、芒果、家乡特产、生活日用品（收纳）四类物品（任选其一）的介绍及亮点描述、视频展示等信息，构思你的直播场景、直播活动、直播话术，撰写直播脚本。

 行业术语

1. 网络直播：在现场随着事件的发生、发展进程同步制作和发布信息，具有双向流通过程的信息网络发布方式。

2. 直播营销：广义上讲的直播营销不仅局限于直播过程中的商业宣传，还包括直播前策划、造势、直播发布、二次传播全流程商业化运作的相关方，以及技术支持方等。狭义的"直播营销"仅指直播营销业务链条的一个环节，即通过直播平台或工具实现的商业推广形式的统称。企业以视频、音频直播为手段，以广播、电视、互联网为媒介，在现场随着事件的发生与发展进程同时制作和播出节日，最终达到品牌提升和产品销售的目的。

岗位衔接

直播电商职业技能等级分为三个等级：初级、中级、高级，三个级别依次递进，高级别涵盖低级别职业技能要求。

直播电商（初级）：主要面向互联网企业、电子商务企业、转型互联网＋的传统企业等的电商部门，从事直播间搭建与运维、直播执行、直播后运维与数据整理等工作，具备直播平台操作、直播执行和初步的数据分析能力。

直播电商（中级）：主要面向互联网企业、电子商务企业、转型互联网＋的传统企业等的电商部门，从事直播策划、直播带货和推广等工作，具备直播创意策划、商品讲解与控场、引流推广和数据分析的能力。

直播电商（高级）：主要面向互联网企业、电子商务企业、转型互联网＋的传统企业等的电商部门，从事直播商品供应链管理、方案策划与推进、效果评估优化等工作，具备直播电商统筹规划、风险评估与应对及复盘优化能力。

知识拓展

规范直播带货

所谓直播带货，是指通过一些互联网平台，使用直播技术进行近距离商品展示、咨询答复、导购的新型服务方式。主要包括两种类型：一种是创业者、商家、品牌方自己开设直播间推广自家产品，这是店铺销售服务的一种延伸；另一种是职业主播在互联网平台开设直播间，通过专业知识或影响力积累粉丝，给粉丝推荐某种商品，并帮助解决售后问题。

"直播带货"作为一种线上新型消费模式，在新冠肺炎疫情防控大背景下正受到越来越多的青睐。4月15日，湖北省30个县的县长在直播间"为湖北拼个单"；山东烟台海阳市副市长发起"博士市长助力农产品"，视频播放量突破200万；同时，一些公众人物"直播带货"的交易额不断刷新纪录：5小时吸引近3 200万用户进直播间观看、5分钟超万支口红售罄……类似场景不断出现。但快速发展之下，"直播带货"中的产品质量、售后问题、主播虚假宣传问题、平台数据造假问题等，不仅影响了公众的消费体验，也损害了商户的利益，一些"直播带货"造成的"两头坑"事件频频引发舆论关注。

[提出观点]

线上新型消费方式不断涌现，在一定程度上弥补了线下消费的不足，起到了扩内需、促消费的作用。但网络直播并非法律盲区，市场监管者需尽早完善制度，畅通维权渠道，呵护直播经济的良好生态。

[原因分析]

"直播带货"是借助互联网平台特别是社交平台发展起来的一种新型商业模式。但也应看到，目前有的主播在推荐某产品或服务时夸大其词，消费者入手后发现产品宣传与实际不符；有的所谓网红爆款单品，其质量与安全并没有保障，有些甚至是"三无产品"；还有的平台直播搞数据造假，明明没有那么多人在线观看、评论、开展交易，却通过技术手段编造漂亮的后台数据，营造虚假的繁荣与人气，这不仅侵害了消费者的利益，更给欣欣向荣的电商经济生态带来负面影响。这启示直播电商，不讲诚信可能一时走得快，但绝对走不远。解决诚信问题、涵养行业生态才是制胜之道。

"直播带货"的流行有着深层次原因。一方面，直播经济蓄力已久，已有成熟的商业模式；另一方面，受疫情影响，消费者足不出户推动"宅经济"发展，线下客源稀少促进企业商家转向电子商务谋生存。从直播助农到直播售楼，从直播卖车到直播卖飞机，直播销售的边界不断扩大。直播经济的火热，可谓顺势而成。

放在疫情防控大背景下来看，推动线上新型消费发展，实现线上线下相融合，对提振经济动能具有非常重要的意义。随着国外疫情持续扩散蔓延，世界经济贸易增长受到严重冲击，我们必须立足于扩大内需、促进消费来应对外部环境变化、稳定经济增长。这就要求把复工复产与扩大内需结合起来，把被抑制、被冻结的消费释放出来，把在疫情防控中催生的新型消费、升级消费培育壮大起来，使实物消费和服务消费得到回补。在这方面，培育以"直播带货"为代表的线上新型消费发挥着重要作用，需要政府部门与电商平台共同为直播经济涵养良好生态，以"直播带货"为突破口带动更多消费。

[参考对策]

规范直播带货发展，平台责无旁贷。直播带货是平台经济的组成部分，具体而言，平台既要做好自律，也要做好对平台内商家与主播们的他律。一方面，完善网红带货的诚信评价机制，将粉丝评价、举报、监管部门的调查处罚信息等记入评价系统，把违法情节严重、污点信息较多的"网红"拉入黑名单，取消其直播带货资格，利用失信惩戒手段规范直播带货行为；另一方面，敦促一些主播在相关领域形成更强的知识储备和专业度，引导他们在直播之外花更多的时间用于挑选商品、试用商品等，从而让粉丝们在直播时有更好的购物体验。

监管部门应加快"直播带货"法治化监管建设力度，提高"直播带货"违法成本，增强监管震慑力。相关部门应加快直播带货法治化监管建设，建立健全直播带货诚信评价机制，提高违法直播带货成本，增强监管震慑力。对于出现假冒伪劣、侵犯知识产权、侵害消费者权益的"带货"行为，应依法从严查处。还应建立和完善社会监督体系，维护消费者的知情权、选择权与监督权，保护好消费者合法权益。通过多方协同共治，引导"直播经济"持续健康发展。

为农产品直播带货，可持续的消费扶贫最终取决于产品和服务质量。因此，要善于运用互联网思维深化农业供给侧结构性改革，推进农产品标准化生产、品牌化营销，增强供给体系对需求变化的适应性，确保特色产品的安全和品质。此外，领导干部担任网络主播具有较强的公信力和权威性，要严格遵守相关法律法规，实事求是推荐产品，切实保障消费者合法权益。

（资料来源：https：//www. 360kuai. com/pc/9018ab516d50079cf？cota＝4&kuai_ so＝1&tj_ url＝so_ rec&sign＝360_ 57c3bbd1&refer_ scene＝so_ 1）

任务8　短视频营销

知识目标

了解短视频的定义和特点

了解短视频营销的内涵

了解短视频营销的优势

了解短视频营销的发展趋势

知识目标

掌握短视频营销的策略

思政目标

培育并践行社会主义核心价值观

培养新媒体从业人员的法治意识与职业道德

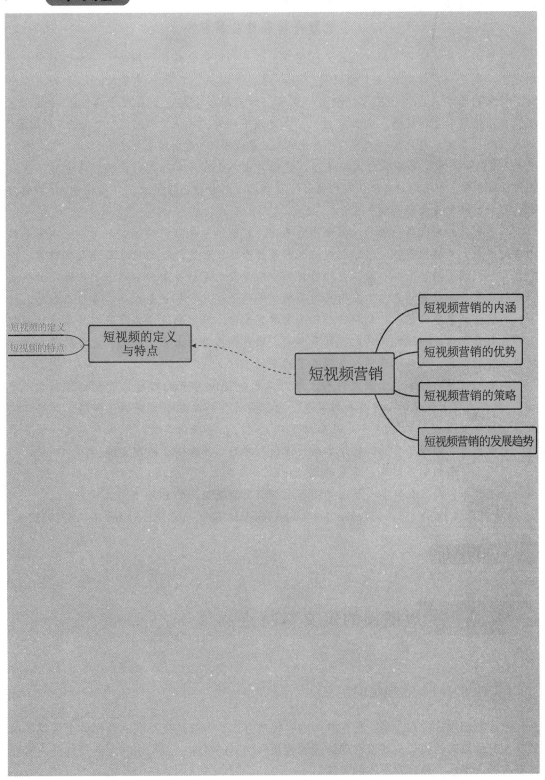

案例导入

二更短视频靠什么取胜？

在短视频行业竞争日趋激烈的大环境下，二更为何能频频获得融资？一个很简单的原因是，二更是一家以内容为上的公司。自公司成立以来，二更一直坚持正能量的内容创作。视频内容涉及人文、艺术、潮流、生活、时尚等各个层面，表现出各行业的生活方式、生活情趣和生活理念。到目前为止，二更旗下拥有"文化""娱乐""生活""财经"四大版块，已建立起包括"二更""更食堂""更城市""更财经""娱乐Fun""mol摩尔时尚""Fun音馆"等多个内容品牌。二更每月出品250多部原创短视频，原创作品总数超过2 800部，拥有超过4 000万的粉丝，视频播放总量超200亿次，日播放量达6 000万次，影视作品更是频频获奖。

二更创作的内容与一般的短视频平台不同，它既不包含热门的搞笑元素，也不费尽脑力去蹭热点。虽然短视频的内容也是以人和事件为主，但是选取的对象都是人们日常生活中容易忽视的事物。例如，在二更的短视频中经常会看见一些看似不起眼的人物，如街边小店的店主、烤红薯的老人、在街头对局的棋手等。这其中每一个人都有着自己独特的故事，而这些故事串联起来就是我们平凡而简单的生活。二更的做法其实是在为其他短视频创作者打开思路，即短视频的内容创意不一定要在拍摄手法上多么创新，更多的是要学会发现独特的视角，从而记录别人发现不了的事物。

二更的优质内容来源于强大的人才库，二更自2016年开始搭建"影视创作人生态平台"，便形成了大体量的人才库和作品库，为二更优质作品的创作提供了保障。其中二更教育作为重要模块，于2017年4月启动了二更学院，不仅为二更培养优质人才，还在就业、商业项目、影视项目的孵化等方面为优质人才的培养提供了长期支持。

不同于一般的创作团队，二更的创作团队不仅在北京、上海、广州、深圳等30多个国内城市扎根，而且在日本、美国等国家也拥有上百支优秀的PGC合作团队。

（资料来源 http：//www. bokee. net/bloggermodule/blog_ printEntry. do？id =4279832）

知识赏析

8.1 短视频的定义与特点

8.1.1 短视频的定义

短视频即短片视频，是一种互联网内容传播方式，一般是在互联网新媒体上传播的时长在5分钟以内的视频；随着移动终端的普及和网络的提速，短平快的大流量传播内容逐渐获得各大平台、粉丝和资本的青睐。

SocialBeta 将其定义为"短视频是一种视频长度以秒计数，主要依托于移动智能终端实现快速拍摄与美化编辑，可在社交媒体平台上实时分享和无缝对接的一种新型视频形式"。

国外比较有代表性的短视频发布平台有 Instagram、Vine、Snapchat 等。国内此类平台的起步稍晚于国外，但已有微视、秒拍、啪啪奇、美拍、微信短视频等先行者做出了探索。

8.1.2　短视频的特点

短视频不同于微电影和直播，短视频制作并没有像微电影一样具有特定的表达形式和团队配置要求，具有生产流程简单、制作门槛低、参与性强等特点，又比直播更具有传播价值，超短的制作周期和趣味化的内容对短视频制作团队的文案以及策划功底有一定的要求，优秀的短视频制作团队通常依托于成熟运营的自媒体或 IP，除了高频稳定的内容输出外，也有强大的粉丝渠道；短视频的出现丰富了新媒体原生广告的形式。短视频具有以下特点。

1. 短小精悍，内容有趣

短视频指常在各种新媒体平台上播放、适合在移动状态和休闲状态下观看的视频内容，视频时长一般在 15 秒到 5 分钟之间。相对于文字图片来说，视频能够带给用户更好的视觉体验，在表达时也更加生动形象，能够将创作者希望传达的信息更真实、更生动地传达给受众。因为时间有限，短视频展示出来的内容往往都是精华，符合用户碎片化的阅读习惯，降低人们参与的时间成本。短视频有个核心理念——时间短，视频时长能控制在 15 秒，千万不要超过 17 秒，如果内容不精湛，不能在视频的前 3 秒抓住用户，后面就抓不住了。长视频不是抖音提倡的，靠长视频爆粉的可能性非常小，所以要做短视频来吸粉。

2. 互动性强，社交黏度高

各大短视频应用中，用户可以对视频进行点赞、评论，还可以私信视频发布者，视频发布者也可以对评论进行回复。这加强了上传者和用户之间的互动，增加了社交黏性。

3. 创作者的草根性

短视频的兴起，让大部分草根短视频创作者火了起来。和传统媒介相比，短视频的门槛稍微低了一些，短视频的创作者可根据市场的走向和最近火爆的元素来创作内容，这类作品受到众多网友的喜爱，如在抖音上热度不减的杜子建、忠哥、李子柒、Papi 酱等草根明星。

4. 搞笑娱乐性强

《陈翔六点半》《万万没想到》等节目团队的制作内容大多偏向创意类轻喜剧，该类视频短剧以搞笑创意为主，迅速在网上斩获了大批粉丝。这些带有娱乐性、轻松幽默的短视频在很大程度上缓解了人们来自现实中的压力，在业余休息时间打开一看，能给枯燥的生活带来一丝丝乐趣，甚至能让观看者有"上瘾"的感觉，不看就会感觉缺少些什么。

5. 剪辑手法很有创意

短视频常常运用充满个性和创意的剪辑手法，或制作精美震撼，或运用比较动感的转场和节奏，或搞笑鬼畜，或加入解说、评论等，让人看完一遍还觉得不过瘾，想再看一遍，如最近比较火的 Vlog（视频博客），在抖音上引起众多人跟风拍摄。

短视频营销和直播带货合规分析

2019 年堪称短视频营销和直播带货的爆发之年，头部网红的营销能力让其他渠道望尘莫及，亦让许多公司看到商机。大厂动作频出，比如拼多多刚刚推出了多多直播。然而，短视频营销和直播带货存在着诸多合规和监管隐患。艾瑞咨询发布的《中国短视频企业营销策略白皮书》指出当前政策监管趋严，市场监管部门在 2019 年开展了"网剑行动"和互联网广告治理行动，对多家短视频平台进行过约谈。

短视频和直播是营销带货的形式载体，与常规营销手段既有相同点又有不同点。相同之处在于广告责任和产品质量责任，不同之处在于著作权归属、敏感信息审查和未成年人保护。

一、著作权保护与合规

据统计，在内容时长上，用户更喜欢观看 1~3 分钟的短视频，相比 30 秒到 1 分钟的短视频更具有内容浓度，同时也在用户注意力时限的合理范围内；而 3~5 分钟内容过长，对剧情节奏等要求较高，用户接受程度一般。

如何利用好 3 分钟以内的时间产出有价值的内容？这对短视频编剧、导演甚至演员都提出了很高的要求。我们可以发现，比较火爆的短视频都经过了专业团队的悉心打磨。而这种短视频就具备了《著作权法》意义上的独创性（表达的独创性），应当受到《著作权法》的保护。无奈的是，短视频的短小精悍亦成为其维权的痛点：一是内容时长太短，信息密度高，很难通过雷同内容占比来判定侵权；二是同一种拍摄手段和拍摄模式是否构成表达的雷同亦存在争议。所以，短视频的著作权保护任重道远。

而短视频著作权合规主要集中在短视频对既有内容的使用和借鉴上。比如将经典电影剪辑压缩成 3 分钟集锦，又比如使用家喻户晓的电影电视剧桥段和角色名称来拍摄短视频。这都需要既有内容的著作权人之许可授权。但是，部分短视频创作者的权利意识淡漠，对无明确著作权标识的内容直接使用，造成了习惯性侵权。

对于短视频著作权合规，不能仅靠权利人维权，还需要短视频平台建立相应的知识产权维权体系。比如阿里、知乎有自建的知识产权保护平台接受举报投诉。版权骑士则是文字内容侵权的证据固定平台。短视频平台亟须完善自己的知识产权侵权投诉流程，保证合法权利人的利益。

二、广告合规

短视频和直播一旦以经营性宣传为目的就变成了一种广告媒介。短视频和直播的投放者即为广告主，参与短视频和直播的网红与投放者之间属于劳务关系，而短视频平台属于广告发布者。一旦确定了三者的性质，可以类推互联网广告监督管理办法，由广告主承担广告责任，由广告发布者承担审核责任。

三、敏感信息审查和未成年人保护

短视频和直播在 Z 世代眼中是社交和自我表达的工具以及休闲娱乐的主要方式，其传播力和影响力惊人。同样，为敏感信息审查和未成年人保护提出了难题。敏感信息比如暴力、色情、涉毒、涉赌、侮辱英烈等，都有可能以擦边球的形式光速传播。短视频平台既需要人工审核岗又需要 AI 辅助，24 小时进行内容监督。防止合法平台被非法信息侵染，因审核不严而遭到市场监管部门的处罚。未成年人保护亦是同样道理，因为现在短视频平台越来越趋向于内容变现，是否可以类比《广告法》对于不满 10 周岁儿童禁止担任代言人的规定，增加 10 周岁以下未成年人为经营性宣传出镜，必须有监护人签署知情同意书，不得展示非儿童用品的要求？一刀切地禁止未成年人开通短视频平台账户显然不现实，短视频成瘾亦被某些人认为是伪命题，故未成年人保护宜疏不宜堵。

综上，短视频营销和直播带货在今后亦是兵家必争之地，合规先行，防微杜渐，完善相关法律法规，相信在为企业增效益的同时，也能为社会带去更高质量的内容。

8.2　短视频营销的内涵

艾媒咨询数据显示，中国短视频用户规模 2019 年达 6.27 亿人，短视频市场规模突破 200 亿元。艾媒咨询分析师认为，短视频内容的丰富性和形式的多变性可以为品牌提供更碎片化、更沉浸、更立体的营销内容，短视频广告市场规模将保持上涨态势。

短视频营销的含义：企业利用短视频所进行的旨在提高产品销量、提高品牌知名度等的一切营销活动。短视频营销是内容营销的一种，短视频营销主要借助短视频，通过选择目标受众人群，并向他们传播有价值的内容，这样吸引用户了解企业品牌产品和服务，最终形成交易。做短视频营销，最重要的就是找到目标受众人群和创造有价值的内容。

8.3　短视频营销的优势

如今，自媒体的发展很迅猛，原创优质文章像病毒一样疯狂传播，俗称"爆文"。也有一部分人选择了短视频，视频营销相比较软文营销更加直观、形象，尤其是短视频很风靡。

随着智能硬件及网络的快速发展与普及，当流量、带宽、资费、终端等都不再成为问题，尤其是在视频移动化、资讯视频化和视频社交化的趋势带动下，短视频营销正在成为新的品牌营销风口。资本不断涌入，今日头条、网易云音乐等巨头纷纷抢滩试水，不论短视频是否真的是下一个内容创业的大趋势，当下风口期的短视频确实越来越热。流量大势所趋，各大品牌主也接连布局短视频营销战线，主要是因为短视频具有以下几大优势。

（1）内容策划更为专业化立体化

短视频的内容制作不同于传统的广告片制作，传统广告片属于单向传播，重点在于传达，传达品牌信息、产品信息、服务信息以及广告诉求。而短视频的内容通常作为原生广告在全网分发，包括短视频平台、社交媒体等，属于互动传播，重点在于视频内容的完整性和品牌信息的原生性。

因此，在制作短视频时是需要很高的专业性的，就如同做电影一样，需要好的编导、策划、脚本等，同时还需要摄像师、音响师、灯光师等，创作出的视频只有满足内容情节完整、话题热度高、渠道兼容性强才能保证营销效果。

（2）短视频是更具表达力的内容业态

内容营销时代已然来临，品牌营销和以往形式不同，相比于单一讲述品牌故事，更致力于用情感和角色来打动用户，从而让他们与品牌的产品或服务建立情感纽带。当讲述情怀、引发共鸣的营销成为趋势，相较于传统手段，短视频优势就凸显了出来。比起图文，视频内容更立体，结合声音、动作、表情等于一体，可以让用户更真切地感受到品牌传递的情绪共鸣，是更具备表达力的内容业态。

（3）短视频拥有强大的用户互动和分享基因，是新人类的社交名片

根于移动端的内容带有天然的社交属性。人们看到一个有趣的短视频大多会有评论、分享的欲望，甚至根据视频广告去模仿。不同于传统广告的单向输出，短视频推广不仅能让企业主表达自己，还能收集用户想表达的信息。

良性的互动与分享吸引更多的精准用户聚集到一起，形成肥尾效应，带来更广泛的扩散。而企业主根据评论数据与分享数据的分析既能直观地了解营销效果又能根据分析结果调整策略。

年轻化已成为品牌绕不开的一门必修课，"90后""95后"是年轻化用户的分水岭，这一代人生长在互联网时代，依靠纸媒、电梯楼宇广告等传统媒介渠道已不足以引起他们的关注。相反，快速兴起的社交网络是吸引年轻受众的最有效途径。有数据显示，短视频是当下年轻化受众最潮流的社交方式。"你玩短视频吗？""玩呀！你关注我，最近我拍了个短视频，需要点赞分享。"像这样的对话，在当今的年轻人交流中广泛存在。短视频已成为新人类的社交名片。如此便进一步促进了短视频营销的迅猛发展。

（4）短视频是大脑更喜欢的语言

研究数据表明，大脑处理可视化内容的速度要比纯文字快60 000多倍。这是从生理角度来分析，人们更乐于接受短视频。当下"年轻人很忙"的生活节奏催生了在地铁上看、上厕所看、等车也要看的现状，短小精悍的短视频也更符合当下忙时代的时间碎片化场景需求。这就意味着品牌使用短视频作为与用户交流的语言将更容易被受众接受，更容易实现品效合一的传播效果。

（5）传播渠道的多样性

传统广告通常作为硬广投放于各类视频媒体，包括电视、电影贴片、视频网站贴片等，而短视频则不同，短视频面对的是个体，兼容性极强，通常在全网分发后用户会自行扩散到自己的社交媒体中，比如朋友圈、社交软件等。无论借助哪个平台、通过什么渠道都能提高视频的播放量和浏览量，从而达到更好的宣传效果。

8.4　短视频营销的策略

短视频的营销策略

1. 挖掘自身特点，丰富营销内容体验

对内容形式而言，根据调研数据显示，大部分用户在看过广告后仍然通过自主查阅信息的方式来获取关于短视频产品的更多信息。其广告内容页面应更加突出其产品特点，使营销内容中符合短视频产品的娱乐产品调性，以幽默、炫酷、青春时尚等为主题特色，传

递短视频企业及其产品价值、生活方式，在内容调性与情感层面打动消费者。对于广告形式而言，消费者在互联网环境中所接受的营销信息种类繁多，质量也参差不齐。短视频广告、信息流广告、激励广告，较为符合短视频产品本身的特质。但对于同种主题的营销内容而言，互动性强、创意新颖的内容形式将更能深入用户思绪，如激励广告、信息流广告，在感知创意、参与互动的同时加深对营销内容的印象，提高用户对品牌的感知强度。

2. 从渠道相适程度与下载需求满足入手

在投放渠道的选择上，短视频产品应该从产品特性出发，选择更有利于增加营销效果与接受度的营销渠道。一方面，从调研数据来看，社交媒体称为仅次于短视频产品官方网站的第二大用户接受度较高的营销渠道。短视频产品具有很强的社交属性，容易介入熟人关系链。而社交媒体则具有相互传播的特性，增加其在社交媒体的宣传力度，易取得较为有效的营销效果，满足用户接受度方面的偏好需求。另一方面，当下移动端应用商店发展逐渐成熟，应用上架审核严格，用户信任度升高。AppStore与各大手机厂商内部应用商店成为用户满足其短视频需求的首要下载渠道。准确地在用户信任度较高的渠道投放，增加在应用商店渠道的营销投入，在用户产品需求获取渠道实现营销供给。

3. 注重触达后行为，优化引导下载

在广告投放时，识别已经对产品感兴趣、已经对品牌有感知的用户对精准营销来说显得尤为重要。此类用户已经对产品有所感知、有一定了解，精准投放至用户眼前将有效建立用户与品牌的"快速通道"，使用户更直观、更快捷地增进对产品的使用意愿，进而实现转化下载，提升此类用户的点击转化效果。

引导下载环节应兼顾用户体验与下载路径。在广告出现时不应打扰用户正常使用，并赋予用户是否观看的选择权。如增加便捷的广告关闭按钮、广告图片居于底侧、减少遮盖正常内容等。在下载路径上，使用例如二维码下载、应用商店跳转等一键下载方式，缩短用户获取产品的消费路径。

4. 注重用户信心与消费习惯培养

当前短视频正大力发展内容电商，向消费转化阶段发展。但根据调研数据来看，用户消费习惯与平台信任度仍需培养。一方面，对在短视频平台进行过电商购物的用户来说，51.6%的用户会点击短视频内容的商品及店铺链接，跳转到外部电商平台购买；而仅有48%的用户会通过抖音商品橱窗、快手小店等短视频产品内置电商进行购买。这反映了当前短视频产品用户对内置电商信心不足，无法通过商品、产品体验等将用户留在产品内置电商，进而使平台无法获取相应的商品利润抽成。

5. 捕捉用户产品使用需求高峰，实现定向补给

对于用户而言，在其使用需求强烈、广告推送偏好的时间段实施营销策略将更有效触达用户，加深企业宣传效果，最终实现用户转化。调研数据显示，短视频用户在睡前、通勤、间歇时间段使用频率较高，与用户广告投放偏好时段基本重合。在睡前与间歇时段，用户对短视频产品的碎片化娱乐功能需求强烈，此时投放将增加用户对短视频产品的关注度，促使其进一步获取广告内容，实现用户的需求供给。

8.5 短视频营销的发展趋势

社交原生内容比传统营销方式更能触达主流消费人群，比起传统广告的千人一面，社交原生 KOL 内容更精准。随着渠道及媒体越来越碎片化和垂直化，广告投放从单一到精细化多平台组合，从头部寡头到精细的中长尾多节点投放，简单曝光已经满足不了广告主的投放需求，对广告投放效果的转化要求越来越高。

1. 短视频与电商"联姻"紧密，红人继续发挥关键作用

随着行业乱象的治理和规范，短视频与电商的联系将越趋紧密。未来，基于 KOL 管理愈发规范和集中，产出的内容质量将明显提高，在短视频用户消费场景的结合上也将得到明显优化。未来"短视频达人"也将持续在短视频与电商的"联姻"中发挥关键作用。

2. 5G 变革来临，短视频将迎来"又一春"

5G 的商用落地有效降低了创作者的门槛，短视频用户体验也将得到进一步优化。在 5G 的加持下，用户在短视频的互动体验将越趋丰富，其传播性也将得到有效提升。5G 将会以其强大的优势推动短视频行业的发展，短视频将迎来"又一春"。

3. Vlog 作为新的短视频形式，未来势不可挡

艾媒咨询数据显示，2019 年中国的 Vlog 用户规模达 2.49 亿人。5G 时代的到来将解决视频社交现存最大的流量问题。而社交作为视频时代最具基础性的价值，Vlog 凭借其巨大的社交潜能，有望构建起以用户为中心的社区网络，推动深度的社交和互动，实现短视频社交的爆发。

4. 素人影响力不断飙升，全民带货时代即将开启

随着技术的进一步落地，用户制作短视频门槛或将进一步降低，未来 UGC 内容影响力也有望持续提升。同时，随着短视频 + 电商的应用越趋广泛，"素人"用户凭借其基数大、本地化程度高等优势，有望开启短视频全民带货时代。"素人"用户可通过满足用户的多样化需求，从而拉动流量的有效增长。

5. "短视频 +"普及，无边界营销已经到来

当前，短视频与美食、短视频与旅游等内容的结合应用已在用户群中逐渐渗透。未来，短视频或将持续变革移动营销。随着产业链上下游对垂直领域的关注，用户和 MCN 内容创作的垂直化与短视频的无边界营销相互促进，未来更多"短视频 +"将会普及。

6. 数据驱动短视频投放增长，短视频投放交易平台不可或缺

短视频投放交易平台通过融合自身的数据和技术优势，为品牌社交舆情和行业投放数据，为营销做前期决策，通过自媒体受众数据、效果数据、虚假数据识别体系精选合适的自媒体，通过对内容的识别及智能分析，助力自媒体内容智造，为用户提供更对味的内容，通过自动派单交易以及完善的质检系统，帮助投放快速高效执行，是未来短视频投放不可缺失的重要环节。

知识小结

　　本任务单元的内容主要涉及两大块："短视频"和"短视频营销"。其中，"短视频"部分属于前置的基础知识，向学生简要讲解短视频的定义与特点。"短视频营销"是本单元的重点，详细讲解了"短视频营销"的内涵、优势、策略和发展趋势，使学生掌握提升短视频营销效果的策略。

知识测验

一、选择题

1. 下列选项中，哪些属于短视频的营销策略？（　　　）

A. 挖掘自身特点，丰富营销内容体验

B. 从渠道相适程度与下载需求满足入手

C. 注重触达后行为，优化引导下载

D. 注重用户信心与消费习惯培养

E. 捕捉用户产品使用需求高峰，实现定向补给

2. 下列选项中，哪些属于短视频的特点？（　　　）

A. 短小精悍，内容有趣

B. 创作者的草根性

C. 搞笑娱乐性强

D. 创意剪辑手法

E. 互动强，社交黏度高

3. 下列选项中，属于短视频营销优势的是（　　　）。

A. 内容策划更为专业化立体化

B. 短视频是更具表达力的内容业态

C. 短视频拥有强大的用户互动和分享基因，是新人类的社交名片

D. 短视频是大脑更喜欢的语言

E. 传播渠道的多样性

4. 下列选项中，哪些属于短视频营销的发展趋势？（　　　）

A. 短视频与电商"联姻"紧密，红人继续发挥关键作用

B. 5G 变革来临，短视频将迎来"又一春"

C. Vlog 作为新的短视频形式，未来势不可挡

D. 素人影响力不断飙升，全民带货时代即将开启

E. "短视频＋"普及，无边界营销已经到来

5. 短视频的内容通常作为原生广告在全网分发，包括短视频平台、社交媒体等，属于互动传播，重点在于（　　　）。

A. 视频内容的完整性

B. 品牌信息的原生性

C. 视频内容的新颖性

D. 品牌信息的广泛性

二、判断题

1. 社交媒体是短视频第一大用户接受营销渠道。 （　　）

2. 随着技术的进一步落地，用户制作短视频的门槛或将进一步降低，未来 UGC 内容影响力也有望持续提升。 （　　）

3. 通过对内容的识别及智能分析，助力自媒体内容智造，为用户提供更对味的内容，通过自动派单交易以及完善的质检系统，帮助投放快速高效执行，是未来短视频投放不可缺失的重要环节。 （　　）

4. 短视频用户在睡前、通勤、间歇时间段使用频率较低。 （　　）

5. 传统广告通常作为硬广投放于各类视频媒体，包括电视、电影贴片、视频网站贴片等，而短视频则不同，短视频面对的是个体，兼容性极强，通常在全网分发后用户会自行扩散到自己的社交媒体中。 （　　）

 技能训练

抖音短视频制作

任务流程：

第一步明确任务目标；第二步明确任务内容；第三步根据辅导资料完成相应学习；第四步完成任务；第五步复习（任务/课程）。

任务目标：

制作短视频可能是你的爱好，也可能是你闲来无事用来打发无聊时间的手段之一，但是既然学习了短视频的相关知识，那为什么不尝试进行一次商业化的视频内容制作呢？跟我们一起来策划一期推荐产品的短视频，上传至抖音试试效果吧。

任务内容：

1. 请为瓜子做一个推荐短视频，视频形式不限，可以是搞笑的，可以是煽情的，只要将产品内容信息植入进去即可。

2. 将制作好的短视频上传至抖音。

3. 将抖音分享链接和作品截图提交至实训任务成果中完成实训。

 行业术语

1. 短视频：即短片视频，是一种互联网内容传播方式，一般是在互联网新媒体上传播的时长在 5 分钟以内的视频；随着移动终端普及和网络的提速，短平快的大流量传播内容逐渐获得各大平台、粉丝和资本的青睐。

2. 短视频营销：企业利用短视频所进行的旨在提高产品销量、提高品牌知名度等的一切营销活动。

岗位衔接

短视频运营岗位工作职责：

1. 研究热点话题，结合新媒体特性，调整和更新短视频内容；
2. 负责公司产品在各个短视频平台的运营及推广工作；
3. 能够独立完成短视频的创意、策划和拍摄剪辑；
4. 负责视频直播的内容管理、活动管理，及时反馈信息；
5. 策划创意内容主题、拍摄架构、执行。

知识拓展

《你好！同道大叔》腾讯视频开播"星言星语"助答年轻人那些事儿

在突如其来的困境和危机之下，生活的暂停键使人固步，同时将我们丢进命运的问答场。有的人身处险境，选择在生命赛道中博弈；有的人面对离别，迫于在爱与痛苦中挣扎；有的人乐做看客，热衷审视他人也反观自己；而有的人只是沉默，思绪万千中将身边人的手悄悄握紧。

面对眼前的答题键，在向前或后退一步的蹒跚时刻，让同道大叔成为你的心灵摆渡人，智慧助答关于亲情、友情、爱情、职场的人生所惑，抚平你心上经久不愈的那根柔软的刺，治愈你不动声色吞下的一场海啸。2020 年 4 月 23 日，新生代国民 IP 同道大叔旗下"你好"系列短视频节目《你好！同道大叔》正式上线。该节目是一档由腾讯视频、同道大叔出品，蓝色火焰联合制作，创新打造"快闪＋短视频"模式的新的短视频节目。作为首档星座情感互动短视频节目，《你好！同道大叔》从星座认同的角度，倾听明星嘉宾与素人的情感诉求，着重帮助年轻人解决生活所惑，同时一探明星面对生活的真情实感。

"在未来世界，每个人都可能在 15 分钟内成名，每个人都能出名 15 分钟"。早在互联网应用席卷众多社交场景前，艺术家安迪·沃霍尔就曾这样预言。一语中的，如今，短视频的确能够成就一个人名利双收，但也能将一个人推向众矢之的。信息与流量随时爆炸的时代，很多人都在追赶着世界的变化节奏，却压抑着生活中丝丝缕缕的平凡烦恼。而《你好！同道大叔》正希望通过短视频节目关注年轻人的心有所惑，向他们输出温暖且有态度的观点，用充满智慧与真诚的建议，引导年轻人正向思考、学会理解他人以及自我和解。

据悉，这档《你好！同道大叔》星座情感互动短视频，会以同道情感小屋快闪店的形式空降热门地标商圈。节目中，同道大叔与知名演员、歌手、主持人大左担任同道情感小屋的常驻 MC，王菊、胡海泉、陈小纭、王晰、施展等知名艺人分期出演飞行嘉宾，共同组成明星智囊团。首季《你好！同道大叔》共包括五期节目，每期节目时长 15 分钟左右，分别围绕亲情、职场、爱情和友情等主题，与素人以星座为切入点现场问答，相互交流和感悟生活大小事，解开嘉宾及访客心中那些有情感诉求的"结"。

为了保证优质短视频内容产出，《你好！同道大叔》在前期定位、同道大叔真人形象、语境语言、节目模式以及用户互动等方面做足了思考和准备。其中，《你好！同道大叔》短视频节目分别从账号定位、内容定位、垂类领域细分定位上进行清晰划分和布局，以获得粉丝及用户的充分认可。此外，为了强化短视频节目的情景带入、增加用户记忆点、提升用户兴趣，节目中的同道大叔通过与嘉宾、素人间的真实互动，贡献出诙谐幽默的星座金句，进一步深化其"头围很大、内涵爆炸"的趣味形象。另在语言表达方面，同道大叔运用其星座情感类分析技巧，将想要表现的内容，充满趣味地清晰传达给用户。需要关注的是，《你好！同道大叔》以"快闪店＋短视频"创新节目形式亮相，这对年轻用户群形成一定吸引力，加之在节目开播后推出的一系列线上互动话题活动，更能有效地加密粉丝黏性，培养新一波的 IP 品牌粉丝。

相较时间较长的综艺节目，《你好！同道大叔》短视频节目的优势在于，可以充分满足用户碎片时间的娱乐需求，向用户输出更精细、更聚合、更凸显主题的多元娱乐内容，构建节目品牌，提升 IP 辨识度。但优质的短视频节目不能仅浮于娱乐意义，还应该落地更多的内容价值。据悉，《你好！同道大叔》短视频节目使明星与素人之间，因相似的经历、共同的观念及生活环境遇到的问题等产生情感共鸣，同时帮助大众从优质的节目内容中找到情绪落脚点。此外，短视频节目在满足用户获取价值方面也起着积极作用，在提出问题和解决问题的过程中，现场素人及线上用户均可获得有借鉴意义的实用经验。而同道大叔真人出镜，参与现场对话、抒发真情实感，可以直接向大众呈现出真实且有温度的沟通场景，满足粉丝对同道大叔的幻想需求。

业内人士指出，此次腾讯视频与同道大叔合作属于垂直领域方面的强 IP 合作，且在 5G 大环境下，大众对于短视频的接受度拉高，《你好！同道大叔》形式上的开拓，打开了垂直领域短视频节目的新方式，利于促成头部整合，对垂类短视频产品规范化发展形成一定示范作用。

（资料来源：https：//www.sohu.com/a/389863848_162522）

任务 9　网络电台营销

知识目标

了解网络电台的内涵

了解网络电台的特点

了解网络电台营销的兴起

了解网络电台营销的优势

了解网络电台营销的发展趋势

能力目标

能够为品牌商选择合适的网络电台营销模式

能够为品牌商制定合理有效的网络电台营销策略

思政目标

培育并践行社会主义核心价值观

培养新媒体从业人员的法治意识与职业道德

学习导图

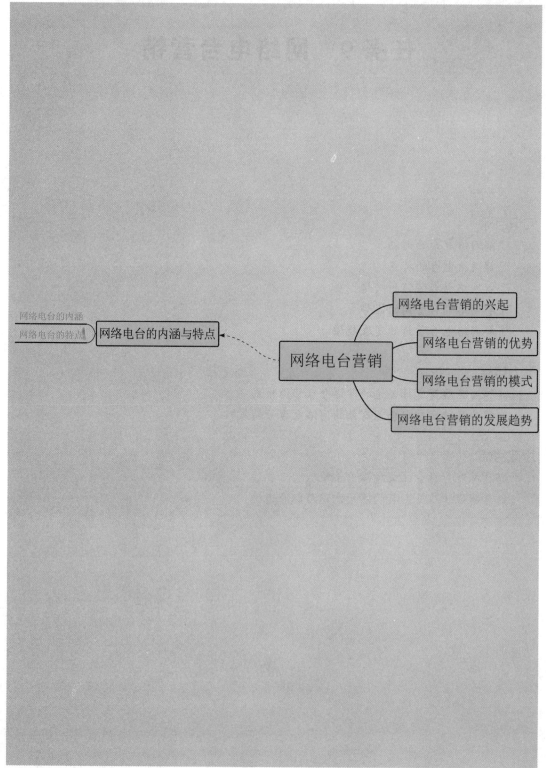

 案例导入

上汽联合喜马拉雅开展整合营销

2014年11月1日至28日，上汽利用音频分享平台喜马拉雅开展线上营销活动，有效推送 MG GT 新车上市事件。此次营销活动利用喜马拉雅平台的传播范围及强大的影响力，助力品牌新车上市的资讯在短时间内广泛覆盖及告知，最大化吸引消费者关注，进而提升品牌知名度。

此次营销活动中利用的渠道资源主要分为平台硬广资源、平台软性资源植入与合作两部分。硬广部分包含 App 开机大图、首页首屏焦点图、动态页 banner，以利用核心硬广的传播范围增加曝光，广泛覆盖电台目标用户群。软广部分包含主播节目植入广告、软性活动（挚爱前行）、品牌专题节目。其中汇聚了热门 KOL 主播的栏目，且内容符合 MG GT 目标受众偏好，以吸引关注。此次活动充分利用渠道特色，甄选高黏性主播资源，使品牌促销信息更具影响力、渗透力，同时也高效提升了投放性价比。

值得一提的是，作为延续性传播，喜马拉雅专为 MG GT 打造了一则互动栏目——挚爱前行一分钟脱口秀。脱口秀以参与即送礼的方式吸引用户，发挥其语音即时互动特色，展开与品牌个性文化内涵相关的脱口秀活动，形成话题扩散传播。同时，活动中的"拉票"功能大幅推动了用户的跨平台社媒分享，达到病毒式传播的目的。

此次平台投放的最终效果数据颇为喜人。开机大屏、首页焦点图、动态页 banner 等广告位的投放效果，均超出预估的曝光量100%以上。MG GT 前贴片声音广告在平台5个热门主播节目上线，投放期间，播放量均超主播平均播放量，且就品牌均与粉丝有密切互动。MG GT 挚爱前行活动在平台上线共21天，最终收集216人声音。通过"非常不着调"以及"百车全说"两档专题节目，为客户争取了2个直接汽车订单。

（资料来源：http：//cache. baiducontent. com/c？m = 9d78d513）

 知识赏析

 9.1 **网络电台的内涵与特点**

9.1.1 网络电台的内涵

网络电台是指通过网络向听众提供包括收听、下载以及播客上传与 RSS（Really Simple Syndication）（聚合是一种描述和同步网站内容的格式，是目前使用最广泛的 XML 应用）等多样服务的一种新型广播形态。简言之，网络电台就是在互联网上设立的电台。正确地认识网络电台是企业开展网络电台营销的前提。

9.1.2　网络电台的特点

网络电台是传统广播电台在互联网环境下的新发展，它既有传统电台的传播特性，又融合了网络媒体的特点。概括起来，网络电台的特点包括受众个性化、PUGC助力、点播式收听、主播平民化四方面。

1. 受众个性化

网络电台，无论在话题内容还是表现形式方面，都能够尊重听众的个性化需求，紧跟潮流和时代的步伐，为不同层次的受众分别定制个性化节目。

与传统的广播电台不同，网络电台具有鲜明的优势和特点。

2. PUGC助力

网络电台给受众提供了很多分类且十分精细的音频点播节目，并且一直是24小时连续不间断播出，这样满足了拥有不同需求的用户。另外，网络电台的节目模式为PUGC（全称：Professional User Generated Content，即"专业用户生产内容"或"专家生产内容"），即专业用户产生内容。节目由具有专业素养的用户制作生成内容。用户在网络电台中还拥有另外一个身份——内容生产者，这让用户自制的内容也成为网络电台竞争力之所在。

例如，喜马拉雅的定位就是用户自制的电台，喜马拉雅的创始人陈小雨曾介绍说，喜马拉雅电台的内容来源主要有三个方面：UGC（用户生成内容）、合作以及购买，这其中用户生产内容占据了70%。这既有那些拥有一定经验的专业用户，也包括一般的用户。

网络电台的听众是分众化的。与传统广播电台不同，网络广播电台并不是将节目统一传送给所有的听众，而是通过个性化定制推送，将不同的广播内容推送给具有不同喜好的听众。这样一来，喜欢听英语的人可以不用听音乐，喜欢听音乐的人可以不用去听新闻，听众可以只听自己感兴趣的节目内容。

3. 点播式收听

网络电台借助互联网和新媒体终端，能轻而易举地满足听众需求，听众甚至还可以通过评论或私信与喜爱的主播互动交流，将个人观点、态度和期待直接反馈给传播者，从而实现传播效果的最优化。

网络电台为主播和听众、听众和听众之间的互动提供了更多的机会与可能性。主播和听众、听众与听众都可以通过留言板进行交流。除此之外，借助网络，网络电台的用户还可以组织多种形式的线上线下活动，打造主持人形象和电台的品牌形象。

4. 主播平民化

网络电台，无论在话题内容还是表现形式方面，都能够尊重听众的个性化需求，紧跟潮流和时代的步伐，为不同层次的受众分别定制个性化节目。

与传统广播的主持人不同，网络电台的主持人当中有很大一部分都是喜欢广播、有创新意识的普通听众。这样一群人可以借助网络和手机App平台，把自己制作的节目传递到更广的范围，让更多的人收听到自己的节目。

思政园地

商业网络电台不是"法外之地"

由于竞争激烈，商业网络电台和主播为达到"吸睛"、"吸粉"、增加点击率等目的，会通过庸俗、低俗、媚俗的内容吸引用户。例如肆意传播有违公序良俗、社会主义核心价值观的不良信息。

"无法则国不治，无势则法不行，无术则势不固。"当前，我国关于互联网管理的法律法规不可谓不多、不可谓不全面、不可谓不严格，但一些商业网络电台仍涉嫌违法违规运营，且规模之大、影响之广，反映出长期以来，商业网络电台未有效履行相关责任和义务。正视商业网络电台存在的问题和监管的漏洞，将其从失控状态拉回法治轨道，是我们应有的态度和正确的做法，尤其是在网络安全和信息化事关国家安全和国家发展、事关广大人民群众工作生活重大战略问题的当下。

9.2 网络电台营销的兴起

智能手机、平板电脑等移动终端的普及，用户碎片化生活习惯的加深，以网络电台为代表的移动音频媒介迎来了爆发式的增长。同时，应用平台所借助的 UGC 和 PUGC 的互联网模式，大量的电台主播、自媒体、出版商纷纷入驻，音频产业链的上下游被打通，以移动网络电台为平台的营销开始兴起。

9.3 网络电台营销的优势

网络电台作为新兴的信息传播媒介，企业通过网络电台开展营销有着巨大的优势，具体表现在以下几个方面。

1. 营销模式多样化，避免引起用户反感

网络电台营销不同于传统广播的硬广推送，其广告更加人性化，能从听众所属群体和需求出发，通过品牌冠名、软性植入、音频贴片等多种方式向用户推送，从而将广告和音频内容巧妙地结合起来，能够有效避免用户产生反感。

2. 通过大数据技术，实现精准营销

网络电台通过大数据技术对平台上的海量用户的收听习惯和行为进行分析，根据用户的兴趣和爱好来推送信息，并结合场景对用户实现精准的定向广告推送，从而提高了用户黏度，减少了营销的盲目性，有效降低了广告成本。

3. 用户反馈及时，广告效果易监测

与传统广播广告相比，网络电台的广告营销活动周期短、跨度小，用户反馈更及时，用户在接收到广告信息后能快速做出反应。同时依托先进的网络技术支持，广告投放效果可以得到有效监测，数据更加可靠。

9.4 网络电台营销的模式

网络电台内容的丰富性以及应用的便利性，使网络电台的应用场景以及营销模式愈加成熟。概括起来，网络电台的营销模式主要有以下几种。

1. 音频原生广告

所谓的原生广告，就是将广告融入媒体既有的编辑环境当中，作为编辑内容的构成部分，以内容的面貌呈现出来，这种广告形式已经被许多网站所运用。音频原生广告有多种将广告融入音频环境的方式，可以将广告信息直接植入节目内容中，成为这个节目的内容构成部分，也可以在电台设立一个专栏节目，或者在平台上直接开设专属自己的品牌电台。概括来说，音频原生广告有节目内容植入、节目栏目植入以及电台植入等多种方式，譬如东风日产巧妙地将汽车广告信息融入考拉《不亦乐乎》节目中。考拉 FM 的《不亦乐乎》是一档时尚幽默的脱口秀节目，主持人小胆谈论各类流行话题，因其话题的敏感以及风格的幽默，吸引了大批的忠实粉丝。东风日产选择这样一个节目制作了一则原生广告，话题的起因是小胆谈到自己要买什么样的车，自然地植入东风日产新楼兰的广告，这个话题吸引了热心的用户参与到购车的讨论中来，帮小胆分析该款车的油耗、动力、舒适度等，除了在短短的时间内积累相当的收听量，同时通过社会化媒体的扩散实现了二次传播，所以原生广告作为节目的构成部分，通过广播节目的传播实现了水到渠成的传播效果。除了节目内容部分植入外，原生广告也可以通过邀请电台主播开设一个专题的音频节目，如别克联合喜马拉雅在 2015 年 6 月展开"昂科威—小资派"活动，邀请该电台的明星主播掉掉推出一期主题节目《请叫我昂科掉》，单期节目的收听量达到了 17 万。

建立品牌的专属电台也是一种原生广告手段，喜马拉雅吸引不少大品牌商入驻该平台，设立品牌专属平台。品牌专属电台既是品牌的发声者，向用户发布品牌信息、推广品牌，同时也是品牌粉丝交流聚集的一个平台。

2. 展示类广告

展示类广告营销模式是指在电台 App 页面上将广告主所要传达的产品或服务的信息直接地、快速地传达给用户，这类广告信息直白易懂，用户只是被动接受，不需要进行复杂的信息处理。这种营销模式是对传统媒体广播营销的继承，通过将广告信息置于热点位置或内容中，吸引听众注意，达到信息宣传的目的。在喜马拉雅中，展示类广告营销主要表现为在 App 页面的品牌展示广告，如 banner、通栏、焦点图、背景图等。

3. 音频贴片广告

网络电台具有很强的互动性，听众在收听音频节目的时候，可随时将自己的感受以评论方式反馈给主播，实现传播者和收听者的即时互动。音频贴片广告营销模式就是以主播和用户之间的互动实现营销目的的。例如，喜马拉雅《非常不着调》的主播就与广州悦世界信息科技有限公司合作开展了一场成功的音频贴片广告营销。主播掉掉通过亲身体验游戏"悦世界—神域之光"，巧妙融入节目中，使自己成为一个虚拟现实的游戏衍生，并带头组建公会，玩转音频社交，吸引众多粉丝参与，取得了意想不到的营销效果。

网络电台
营销模式

4. 品牌冠名

品牌冠名是网络电台上一种新的广告营销模式，该模式依托一些超聚人气的音频节目，以节目冠名的方式来实现营销的目的。一般来说，品牌冠名对于节目的粉丝数量及节目主播的影响力要求较高，因而冠名播出的广告费用也较高。例如，喜马拉雅的明星栏目《段子来了》与惠普公司合作，以旗下新品"惠普惠省打印机"完成了四期节目的冠名播出，四期节目实现了 500 万左右的播放量，成功为惠普打印机完成了　次新产品推广。

5. 品牌软性植入

品牌软性植入借助于内容营销和场景营销，同时兼顾用户体验，将广告信息渗透到音频节目内容中，使听众在潜移默化中接收产品信息。例如，考拉上有一档脱口秀节目《不亦乐乎》，曾有一期节目谈论汽车，主播小胆在谈论自己要买什么样的车时，软性植入了东风日产的新楼兰，热心的听众现场就与小胆互动起来。这种方式既达到了营销的目的，也保证了节目的质量。

6. "O2O + 粉丝经济"

"O2O + 粉丝经济"的广告营销模式即网络电台与品牌商合作，利用明星主播的号召力，调动粉丝的积极性，制造话题，实现跨平台的线上线下 O2O 的互动营销，最终达到品牌推广的目的。该模式的核心是"粉丝经济"，换言之，依托平台上培养的大量明星主播，利用主播的影响力开展"粉丝经济"营销。利用这种模式可以大大提高线上广告投放的精准性，而线下的体验活动，则拉近了与用户的距离，增强了互动性也有利于营销目的的实现。

9.5　网络电台营销的发展趋势

当前，网络电台仍处于市场发展的初级阶段。随着移动互联网的发展，网络电台在未来将会继续加速发展进程，逐步呈现原生化、精准化、跨终端化的营销特征。原生广告将以音频内容组成部分软性广告植入给用户，并且利用新的音频识别和匹配技术对用户进行全方位的分析、发掘，以保证对社群用户及场景开展精准化营销。除此之外，未来网络电台受地域限制的影响将会趋弱，用户使用终端渠道的方式将会更加多元化，跨终端的音频平台出现成为可能，而这必将推动网络电台营销的继续发展。但从目前看来，网络电台营销还处于初级阶段，需要一定的时间去挖掘和探索其发展的规律。

知识小结

本任务单元的内容主要涉及两部分："网络电台"和"网络电台营销"。其中，"网络电台"部分属于前置的基础知识，向学生简要讲解网络电台的内涵与特点。"网络电台营销"是本单元的重点，详细讲解了"网络电台营销"的兴起、优势、模式和发展趋势，使学生了解网络电台营销的各种模式，掌握提升网络电台营销效果的策略。

知识测验

一、选择题

1. 下列选项中，属于网络电台营销优势的是（　　）。

A. 通过大数据技术，实现精准营销

B. 用户反馈及时，广告效果易监测

C. 营销模式多样化，避免引起用户反感

D. 信息传播迅速，宣传成本较低

2. 下列选项中，属于网络电台特点的是（　　）。

A. 受众个性化

B. PUGC 助力

C. 点播式收听

D. 主播平民化

3. 下列选项中，属于网络电台营销模式的是（　　）。

A. 音频原生广告

B. 展示类广告

C. 音频贴片广告

D. 品牌冠名

E. 品牌软性植入

4. 网络电台在未来将会继续加速发展进程，逐步呈现什么样的营销特征？（　　）

A. 原生化

B. 精准化

C. 跨终端化

D. 个性化

5. 展示类广告营销主要表现为在 App 页面的品牌展示广告，下列选项中哪些属于此类广告？（　　）。

A. banner 广告　　　B. 通栏广告

C. 焦点图广告　　　D. 背景图广告

二、判断题

1. 网络电台品牌软性植入营销模式就是以主播和用户之间的互动实现营销目的。
（　　）

2. 网络电台的特点包括个性化风格、点播式收听、PUGC 助力、借助网络、收听便捷四方面。（　　）

3. 品牌软性植入模式，借助于内容营销和场景营销，同时兼顾用户体验，将广告信息渗透到音频节目内容中，使听众在潜移默化中接收产品信息。（　　）

4. 音频原生广告有多种将广告融入音频环境的方式，可以将广告信息直接植入节目内容中，成为这个节目的内容构成部分，也可以在电台设立一个专栏节目，或者在平台上直接开设专属自己的品牌电台。（　　）

5. 展示类广告营销模式是指在电台 App 页面上将广告主所要传达的产品或服务的信息直接地、快速地传达给用户，这类广告信息直白易懂，用户只是被动接受，不需要进行复杂的信息处理。　　　　　　　　　　　　　　　　　　　　　　　　（　　）

 技能训练

网络电台营销策略

任务描述：

1. 广告品牌：999 小儿感冒颗粒。

2. 音频平台：喜马拉雅、考拉、荔枝、蜻蜓、多听、企鹅、百度乐播、优听 Radio。

任务要求：

请选择以上其中一个音频平台，为 999 小儿感冒颗粒制定营销策略，至少写出四种策略。

 行业术语

1. 网络电台：指通过网络向听众提供包括收听、下载以及播客上传与 RSS 聚合等多样服务的一种新型广播形态。简言之，网络电台就是在互联网上设立的电台。正确地认识网络电台是企业开展网络电台营销的前提。

2. 音频原生广告：将广告融入媒体既有的编辑环境当中，作为编辑内容的构成部分，以内容的面貌呈现出来，这种广告形式已经被许多网站所运用。

3. 展示类广告营销模式：指在电台 App 页面上将广告主所要传达的产品或服务的信息直接地、快速地传达给用户，这类广告信息直白易懂，用户只是被动接受，不需要进行复杂的信息处理。

4. 音频贴片广告营销模式：就是以主播和用户之间的互动实现营销目的。

5. 品牌冠名：网络电台上一种新的广告营销模式，该模式依托一些超聚人气的音频节目，以节目冠名的方式来实现营销的目的。

6. 品牌软性植入：借助于内容营销和场景营销，同时兼顾用户体验，将广告信息渗透到音频节目内容中，使听众在潜移默化中接收产品信息。

7. "O2O + 粉丝经济"的广告营销模式：即网络电台与品牌商合作，利用明星主播的号召力，调动粉丝的积极性，制造话题，实现跨平台的线上线下 O2O 的互动营销，最终达到品牌推广的目的。

岗位衔接

网络电台营销运营负责人的岗位职责：

1. 以提升流量与粉丝量为目标导向，从事网络电台的独立运作和管理；

2. 挖掘和分析网友的使用习惯、情感及体验感受，及时掌握新闻热点，有效完成专题策划活动；

3. 充分了解用户需求，收集用户反馈，分析用户行为及需求；

4. 负责变现策略的制定，整体把控产品运营方向，制定运营策略；

5. 有实际推广或数据分析的经验，可以独自承担运营管理。

知识拓展

什么是播客?

播客(Podcast)一词在 2004 年由 BBC 记者 Ben Hammersley 提出,该词是"iPod"和"broadcast"(广播)的混成词,指一系列的音频、视频、电子电台或文字档以列表形式经互联网发布,然后听众经由电子设备订阅该列表以下载电子文件,从而接收内容的一种播放形式。

如果按照广义的标准,所有以互联网为载体进行传播和收听的非有声书和音频直播的音频内容,都可以称之为播客。

但是,其实播客实际中的使用范围可能会更加狭义一些。首先一些传统娱乐和艺术内容的有声化是不包含在内的,比如中国的相声评书一类。其次像喜马拉雅中一大部分主打"知识付费"这种课程类型的音频内容其实也是不算的,比如"×××大师课","×××教你×××"。

狭义的播客是指那些内容选题上遵循自身兴趣,表达方式上随意自由,充满个人色彩,并且在输出内容的过程中充分表达自身价值观、人生观和生活态度的内容。在这种形式的内容中你往往能见识到更多新奇的观点、有趣的思维碰撞和非标准的小众领域,但同时也有人质疑这种内容的信息不够精练,发散点过多因而不够聚焦,部分内容过于理想化。

(资料来源:https://kuaibao.qq.com/s/20191126A0ANL600?refer=spider)

任务 10　户外新媒体营销

学习目标

了解户外新媒体的主要形式及其内涵

理解主要户外新媒体形式的传播特点

掌握主要户外新媒体的营销应用

能力目标

能使用户外新媒体推广各类商品

能根据户外新媒体特点制定不同的营销策略

思政目标

培育并践行社会主义核心价值观

培养新媒体从业人员的法治意识与职业道德

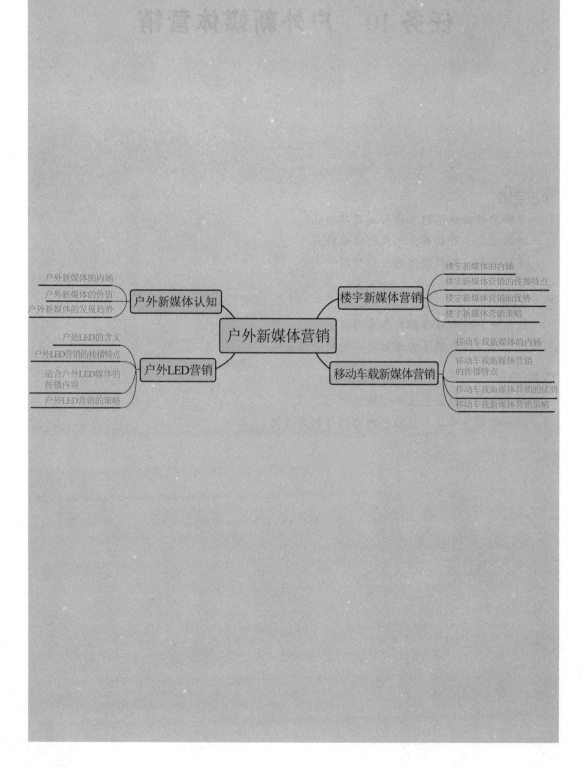

LED 在北京奥运会上的运用

北京时间 2008 年 8 月 8 日晚 8 点 8 分 8 秒，第 29 届夏季奥林匹克运动会在中国国家体育场隆重开幕。这届奥运会不光是体育的盛会，也是 LED 在装饰照明方面展示的盛会。

这届奥运会吸引了全球观众的目光，其中除了人海的各项表演外，最引人注目的是其大量使用了 LED 科技，主要包括鸟巢会场中央地板的 LED 屏幕、表演者身上的 LED 装饰灯、空中升起的奥运五环使用了 LED 光源、鸟巢会场看台上转播与提供现场观众用的 LED 屏幕等，成了举世关注的焦点。

印象最深的还是 LED 画卷（如图 10-1-1 所示），在 2008 年奥运会上，LED 得到了最大限度的利用。开场的卷画轴就打开在一个巨大的 LED 屏幕上。屏幕长 147 米、宽 22 米，是科技含量最高的一个巨大平台，上面铺了 4.4 万颗 LED。LED 制造的光影效果和表演密切结合，幻化出各种图案，将观众引入梦幻般的世界中。LED 经过反复测试，完全经得住演员踩踏、水浸等考验。虽然整个开幕式时间很长，但蓄电池等科技攻关技术解决了 LED 的能源难题。

（资料来源：http://www.jhled9.com/article14/article20.html）

图 10-1-1　2008 年奥运会上的 LED 画卷

10.1　户外新媒体认知

 ### 10.1.1　户外新媒体的内涵

户外新媒体是指安放在一般能直接看到的公共场所的数字电视等新媒体，是有别于传统户外媒体形式（广告牌、灯箱等）的新型户外媒体，比如公交、地铁等，还包括这些交通工具相应的辅助场所如地铁站、公交站内衍生的渠道——LED 显示屏、移动电视等。

 ### 10.1.2 户外新媒体的价值

随着户外新媒体的不断发展，其相对于户外传统媒体的优势也愈加明显，由此可以总结出户外新媒体在应用上的一些价值体现。

1. 提升广告传播效果

户外新媒体更具有灵活性，增强了广告的记忆度，户外新媒体传播可以明显提高传播效果，无论是移动电视或者 LED，高清屏幕、动态效果，极大增强了广告的表现力。户外新媒体既可以实现传统户外媒体平面形态的创意，又可以完成影视广告的效果。

2. 节约广告成本

户外新媒体能够节约广告主的宣传成本，同时为广告主带来更多新的营销方式。户外新媒体可以填补传统媒体传播效力之外的时空，比如卖场终端的广告可以唤起消费者对品牌的回忆，再加上互联网交互技术可以让受众在互动中获得更好的产品体验。

3. 推动户外广告创新发展

伴随着网络技术的发展而生的户外新媒体，将为户外广告提供更大的发展空间，推动户外广告创新发展。受众不仅可以和广告内容进行互动，还可以通过移动设备查询或者直接购买广告中的商品。

 ### 10.1.3 户外新媒体的发展趋势

户外新媒体的出现，正是顺应了社会的发展，同时也积极推进了时代前进的步伐，户外新媒体的发展呈现出大众化和超细分的趋势。

1. 大众化趋势

大众化趋势近几年比较明显，尤其是在相对封闭的公共环境，户外广告通常投放在人群密集的场所，覆盖的人群规模较大，受众接触频率较高，特别是近年来户外 LED、移动车载电视等户外新媒体的大量投放，更是呈现出大众化发展趋势。

2. 超细分趋势

当前的户外新媒体还是以渠道类媒体为主，主要来源于受众的接触点，每一个接触点可能都会产生新媒体。媒介细分应当以符合受众的需求为标准，但过分细分可能会引起受众的反感。

10.2 户外 LED 营销

户外新媒体
营销策略

 ### 10.2.1 户外 LED 的含义

LED 是发光二极管的英文缩写，是一种能够将电转换为可见光的固态半导体器件。LED 显示屏可以分为图文显示屏和视频显示屏，由计算机控制，可以实时、同步播放各种信息。LED 显示画面色彩鲜艳、立体感强，广泛应用于各行各业。

10.2.2 户外 LED 营销的传播特点

户外 LED 广泛地应用于人们的日常生活中，LED 之所以能够广泛应用，就是因为它具有很好的推广效果以及独特的传播特点。

1. 到达率高

通过策略性的媒介安排和分布，户外广告能创造出理想的到达率。据调查显示，户外媒体的到达率目前仅次于电视媒体，位居第二。

户外媒体触达能力的无限性，一方面来在于它自身的无孔不入，许多地方都可以发布大小、形式不同的广告；另一方面则基于人们户外活动的规律性。

2. 发布时段长

许多户外媒体是全天候发布的。户外广告每天 24 小时、每周 7 天地伫立在户外，这一特点令其更方便且更容易使受众见到。

3. 城市覆盖率高

在某个城市中通过分析目标人群，正确地选择发布地点以及使用正确的户外媒体，广告主可以在理想的范围接触到多个层面的人群，广告主的广告可以和其受众的生活节奏配合得非常好。

 10.2.3 适合户外 LED 媒体的传播内容

不是所有内容都适合在户外 LED 屏幕上投放，所处的媒介环境很大程度上影响了其传播内容，以下四个方面是适合户外 LED 媒体的传播内容。

1. 公共信息推送

户外 LED 是处在公共空间的媒体，应当在一定程度上担当起公共媒体的职责，具体又分为常态和非常态两种信息：常态信息包括时间显示、天气预报、正点新闻播报等；非常态信息包括大型体育比赛的实况转播、灾害信息播报等。

2. 新闻信息播报

已经有媒体用户外 LED 播放新闻，以图片新闻为主，"南方报业 LED 联播网"是典型代表。

3. 组织形象传播

作为广告信息传播平台，主要播放告知型诉求的广告，比如城市形象宣传片、企业和品牌形象广告等。

4. 活动促销信息

作为活动促销信息平台，主要承担活动开闭幕式、建设项目落成典礼、公司开业典礼、新品现场促销等活动的播放任务。

 10.2.4 户外 LED 营销的策略

如何让户外 LED 广告有效？关键在于：

（1）正确的媒体策划。针对不同的广告目的，进行媒体策划。

（2）目标消费群。要想营销成功，就必须定位目标市场，找到目标受众，运用"合适的媒体"直接命中目标受众。

（3）户外 LED 广告的投放位置。位置是决定户外 LED 广告投放效果好坏的重要因素之一。

10.3 楼宇新媒体营销

 10.3.1 楼宇新媒体的内涵

楼宇新媒体是在新媒体的概念下，围绕着楼宇展开的一系列广告活动。最具代表性的就是楼宇户外超大液晶电视、电梯内的液晶电视等，投放于办公楼宇，循环播放商业广告、各类娱乐信息等。

 10.3.2 楼宇新媒体营销的传播特点

任何一种新媒体的崛起都不是偶然的，楼宇电视之所以能够在短时间内引起广告主的注意，证明它有相对于传统媒体的传播优势。

1. 强烈的社区终端渗透能力

楼宇广告的出现，使商家的营销触角推进到目标消费群的生活和工作环境中。事实上，楼宇电视等于在目标群的必经之处开设了一个"信息窗口"，将商品和品牌信息的传播活动"嵌入"目标群的生活环境，商家的销售信息直接展示给受众，传播效果自然比传统媒体更为理想。

2. 目标精准定位

楼宇电视有很强的地域选择性，因所在楼盘的不同会有差异，楼盘通常联结了具有一定共性的消费群体，通过对楼盘信息的考察就可以对其背后的消费群体进行详尽描述，从而能够实现对目标受众进行精确的划分。

3. 信息接受的强制性

受众观看楼宇媒体不可能像阅读报纸一样随意选读喜欢的版面，跳过不喜欢的内容；也不能像电视观众那样随意更换频道，一旦受众进入楼宇电视的辐射范围，只能选择看还是有意识地不看。

4. 受众的支付能力强

楼宇电视瞄准的是中高端受众，他们是社会的主流消费群体，一般从事比较体面的工作，拥有相对稳定和中等偏上的收入且负担较小。他们思想观念比较开放，追求更高层次、更高品质的生活，愿意尝试新事物，有较好的品牌消费意识。

5. 广告信息传播的排他性

楼宇电视是一种稀缺的媒体资源，对位置有很强的垄断性，一旦传播网络覆盖了某个楼宇，那么就不会再有其他同类媒体出现在同一个位置，这就决定了楼宇电视传播的广告信息具有排他性。

6. 低廉的传播成本

楼宇电视是新型的分众媒体，它的受众群不包括所有阶层的普通大众，如果将地区所有受众考虑在内，它的成本优势不是十分明显的，但是对商家所需要的特定的目标受众进行传播的层面考察，楼宇电视相比传统媒体还是有很大优势的。

 10.3.3　楼宇新媒体营销的优势

（1）更能精准定位目标受众实现高到达率

楼宇媒体具备封闭性、强制性等特点，围绕消费者生活半径保持高频触达，精准定位高消费人群。楼宇广告媒体把广告植入受众日常特定的空间、特定的时间，在不经意间吸引受众眼球，强化消费者对产品、对品牌的认知与感知。电梯电视广告目标人群每日平均接触电梯电视 2.76 次，平均每次媒体接触时长 2.5 分钟。从日度数据上看，楼宇广告目标受众的日常接触率已跻身前三大广告媒体，且在一线城市北上广深排名第二；从周度数据上看，电梯广告周到达率达 74%，仅次于互联网广告及电视广告。

楼宇媒体受众覆盖主流消费者，系消费升级率先实现者，有望引领消费新趋势。楼宇媒体受众集中于 25～44 岁，占比 72%；大专及以上学历人群占比 77%；公司职员占比 84%；家庭月均收入超 10 000 元人群，占比 68%，且七成以上是家庭消费品类的购买决策者。

（2）楼宇广告在封闭环境下保证目标受众接收广告信息的低干扰度

楼宇广告以"封闭""被动""高频"传播的方式，在封闭环境中保证目标受众长时间的关注时间，干扰度低，可产生常态及深度化、持续化的影响。移动互联网时代由于资讯繁杂、信息爆炸，消费者难以对品牌产生深刻记忆，楼宇广告以其强有力的被动式传播，反而可以让消费者产生深刻印象。电梯乘坐时间短、频次高，高品质的广告画面以及丰富的产品促销信息能够在短时间内吸引消费者眼球，利用碎片化时间聚焦受众注意力，多次反复呈现，提高受众广告记忆度。手机干扰成为影响广告关注度的最大因素，电梯电视/海报广告等被动式广告受手机干扰较低，仅为 30% 与 18%。对比互联网广告，互联网广告无效流量占比居高不下、流量成本越来越高，楼宇媒体等低干扰传播介质愈发受广告主青睐。

（3）"被动式"广告模式促成有效转化

楼宇媒体"高达到率""低干扰度"促成其高转化率优势。电梯内部信号弱、空间狭小，多数消费者对电梯广告较其他媒介关注度更高。58% 的目标受众表示会仔细观看电梯广告，超出第二名报纸一倍。"主动式"媒体有效转化率较低。用户浏览网页/App、观看视频等活动中，强制推送广告信息将影响用户体验，受众易忽视，甚至产生抵触心理，视频网站、互联网应用等利用用户厌恶广告的心理开通会员去广告的功能，从侧面表明受众注意力集中于内容消费时，广告投放有效转化效果较低。"被动式"媒体如框架媒体，在用户无聊等待期间被动传达广告，广告即用户所接收的"内容"，因此可实现更高有效的转化。

 10.3.4　楼宇新媒体营销策略

进行楼宇新媒体营销时可根据其传播特点策划适的营销方案。相应的，楼宇新媒体营销也有其营销策略。

（1）有效把握受众

了解目标受众是营销的关键，因此，在利用楼宇进行营销前必须先把握楼宇新媒体受众特点，主要有以下几点：

①年龄主要在 20～50 岁；

②以中高阶层为主，包括社会知名人士、政府官员、民营企业主；

③传播链中的意见领袖，具有对社会大众的感召力和影响力；

④时尚潮流的引导者/时尚产品的追逐者；

⑤乐于接近和易于接受新鲜事物。

（2）加强对楼宇电视广告的投放周期的把握

把握楼宇电视广告的投放周期，往往可以起到更好的传播效果。目前来说，根据播放时长可以将楼宇电视广告分为 5 秒、15 秒及 30 秒三种形式，不同时长的楼宇广告有不同的投放策略。具体内容如表 10－3－1 所示。

表 10－3－1　楼宇电视广告投放时间策略

时长	投放策略
5 秒	适合投放促销信息，5 秒高频广告多次播放，而促销广告可以增加消费者的购买行为。
15 秒	适合推广具体的产品，能触及更多的消费者重新激活对该产品的原有记忆，起到品牌提醒的作用。
30 秒	”适合做品牌广告，30 秒的播放，可以将品牌阐述得更加完整清晰，将品牌的核心概念植入消费者的心中。

思政园地

电梯间广告也不能“任性”

小区电梯间广告的“任性”，近年来引发了社会各界越来越多的关注，也成为很多小区居民的“心头病”，已经到了非解决不可的程度。客观上我们承认小区的物业管理方充分利用小区电梯间招揽商家做商业广告，可以为公司增加收入，补贴物业管理经费，同时也满足了部分小区居民的消费需求，算是一种多方共赢的事情。但是电梯广告一定要有边界，一要避免扰民，避免出现内容低俗不健康的广告；二是广告的收益支出账目要明细、公开，不能侵害小区居民的利益。

所以，小区的物业管理公司在选择电梯间广告乃至小区其他地方的广告时，一定要听取业主、业主委员会的意见，不能擅自做主。这样可以有效避免一些内容不健康、格调低下的广告进入小区。同时对于小区有声广告的音量大小、带灯光的广告牌的亮度等须进行严格控制，避免扰民现象的出现。如果在商业利益和扰民之间出现了冲突，显然不能为了利益而纵容扰民，牺牲居民的利益。

至于小区电梯广告的收益、使用、分配等问题，则更多地需要从法律角度来解决。根据《物权法》和《物业管理条例》中的规定，业主对建筑物内的共有部分享有共有和共同管理的权利。这意味着，全体业主对小区电梯广告的设置、管理既有决定权，同时对于广告产生的收益也有所有权、支配权。只不过，这些权益不是通过单个业主来行使，而需通过业主大会的决议或者业主委员会来行使。

当有业主感觉自己受到了电梯广告的滋扰，或者是自身权益受损，应该向物业管理方、业主委员会进行投诉和反映，或者向街道、住建部门进行投诉，寻求帮助。

10.4　移动车载新媒体营销

10.4.1　移动车载新媒体的内涵

移动车载新媒体是指利用数字广播电视地面传输技术播出的信息，以满足流动人群的视听需求为主的新型媒体。因为它的接收终端主要安装在汽车、火车、地铁等各类交通工具上，又被称为交通媒体。

10.4.2　移动车载新媒体营销的传播特点

移动车载新媒体在日常生活中应用越来越广泛，之所以能够受到众多企业的青睐，就是因为移动车载新媒体具有的覆盖广泛、到达率高、针对性强、费用低廉等特点。

1. 覆盖广泛

现代社会出租车、公交车已经成为人们日常出行中非常重要的交通工具，遍布在城市各个角落，多出入高密度人群区域。同样，公交车也有固定的运营路线，通过线路的重合交叉、互相补充，保证人们到达城市的每一个区域，这种地毯式覆盖的优势和特点，在传媒行业中呈现出了绝对的优势。车载传媒每天的受众人群数量惊人，几乎可以覆盖社会主流的消费群体，由此带来的广告效益和回报是巨大的。

2. 到达率高

移动车载新媒体的传播到达率很高，所以宣传效果非常好。根据专业公司的调查和统计，车载传媒广告的认知率为54%，信息准确传达率达到72%，与报纸杂志、广播电视等传统媒体相比，属于高到达媒体。

3. 针对性强

移动车载新媒体的针对性很强，使受众记忆深刻。由于媒体新颖，很多人只看一遍就能记住。

4. 费用低廉

车辆在行驶过程中会遇到堵车、红灯等待等状况，而鲜亮夺目的 LED 显示屏，对司机、乘客来说，无疑是最吸引人眼球的。再加上全天24小时不断重复，每月每辆车有近600小时的有效宣传时间，在受众视线无法回避的同时，有效凸显了广告商的品牌形象和营销诉求。

10.4.3　移动车载新媒体营销的优势

越来越多的企业会选择在车载视频媒体上发布广告，主要是由于车载新媒体营销具有以下几方面的优势。

1. 唯一可移动的户外新媒体形式

与其他户外媒体相比，车载广告的传播方式是主动地出现在人们的视野中，在传播方式上最为积极、主动。

广告环境全封闭、无干扰，实现高到达率。因此，车载媒体广告能在各种广告媒介载体中脱颖而出，得到更多的关注。

2. 展示时间长

车载广告可 24 小时展示在受众眼前，保证广告的长期效果，色彩艳丽、醒目的画面，容易吸引受众注意；受众可在舒适的较长闲暇和独立空间内在听觉、视觉上强制接受。

3. 适合各类商家的产品发布

适合各类行业发布广告信息，包括食品、饮料、酒类、保健品、化妆品、日用品、家电、药品、房地产、金融证券、银行保险、家具建材、服装服饰、办公用品、生活服务、教育培训和公益广告等。

4. 可信任度高

正规车行的出租车是广大市民出行最主要的交通工具之一，为广大市民的出行带来极大的方便，这无形中增加了公众对出租车的亲切感，同样依附于出租车里的广告自然容易得到广大市民的认可。

 10.4.4 移动车载新媒体营销策略

1. 整合碎片化、移动人群，把握市场机遇

在公共交通的庞大客流中，阶层多样、成分复杂。公交移动媒体是一种善于有效地把零碎受众整合的媒体。与传统电视不同，移动车载媒体的强制性和唯一性又决定了其收视率、到达率与乘客数量直接相关。

2. 锁定市场主流受众，拓宽市场消费潜力

相比传统电视受众，移动媒体在日常生活中所接触的人群，其受教育程度、社会地位、收入水平均高于社会平均水平，他们消费着最主流的市场产品。因此移动车载媒体的受众是市场的主流消费人群，具有很强的市场发展潜力。

3. 组合利用各媒体的错位时空，达成最佳传播效果

按照乘客在工作日的出行规律，每天 7 点至 9 点、17 点至 19 点，即上下班时段为收视率高峰期，故称这两个时段为移动车载媒体的黄金时段。所以移动车载媒体的编排可将播出时间分成三个部分：黄金时段、9 点至 17 点的日间时段、19 点以后的晚间时段。这就形成了与居家电视及广播媒体强势时间错位互补的效应。从受众与媒体接触的时段来看，无论在工作日还是周末，移动媒体在 7 点至 9 点早间时段都显示出其独有的媒体时空优势，因此，公交移动电视是电视媒体在白天最有效的补充。

广告主可以在白天选择收视率更有保障的当地公交移动优势资源，晚间投放收视率表现更佳的电视频道，这样的媒介组合策略对广告投放更有利。

4. 制作内容丰富实用、娱乐性强、互动性强的原创节目

移动车载新媒体因为其移动性、不稳定性的媒体环境以及流动性大的受众特征，不适合播放长时间、情节平淡、吸引力不足的节目内容。移动车载新媒体首先要做到节目内容的丰富和实用，信息的传递要做到简洁明了，便于理解，影像要尽可能精彩，这样即使在强干扰的环境下，受众依然可以在观看过程中享受精彩节目内容带来的视觉冲击和体验。观众对于新闻类节目比较易接受、易理解，对于娱乐类、美食类、体育类节目比较喜好。

因此，车载媒体节目内容的策划应当注意实用性与娱乐性的相互协调、相互补充。

移动车载新媒体的节目制作可以根据其媒体环境及受众特征，专门设计一些原创性的内容。例如新媒体剧在移动车载媒体上的播出就是一项成功的创新实践，其短小精炼，易于拍摄制作，投资成本更是比传统电视剧低很多。而移动车载新媒体独具的收视率、到达率高的特点也更适于软性广告的植入。每集用三五分钟时间讲述一则小故事，情节简明、节奏明快，再加上亮眼的明星、软性广告的植入，既满足了受众的视觉享受和娱乐体验，又帮助企业完成了低投入高回报的广告创意，达成了受众与企业的共赢局面。

移动车载新媒体可以借助现代网络传播技术，开发可以匹配移动车载新媒体的新型互动功能，打造新媒体互动传播模式，让受众积极地参与到观影过程中。

知识小结

本任务单元由了解户外新媒体、户外 LED 营销、楼宇新媒体营销及移动车载新媒体营销四部分组成。其中，了解户外新媒体部分属于知识储备内容，向学生简要讲解新兴户外媒体的相关基础知识，重点以户外 LED 营销、楼宇新媒体营销及移动车载新媒体营销为主，详细讲解新兴的户外 LED、楼宇广告及移动车载电视等相关营销知识，使学生了解和熟悉新兴的户外新媒体营销渠道，掌握新兴户外新媒体营销的方法和技巧。

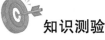

知识测验

一、选择题

1. 下列选项中，哪些属于户外新媒体所具有的价值？（　　　）

A. 提升广告传播效果

B. 节约广告成本

C. 推动户外广告创新发展

D. 提高用户的参与度

2. 下列选项中，属于楼宇新媒体营销传播特点的是（　　　）。

A. 强烈的社区终端渗透能力

B. 信息接受的强制性

C. 低廉的传播成本

D. 受众支付能力强

3. 下列选项中，关于移动车载新媒体营销优势的说法中正确的是（　　　）。

A. 唯一的可移动的户外新媒体形式

B. 展示时间长

C. 适合各类商家的产品发布

D. 可信任度高

4. 下列选项中，关于对楼宇新媒体广告投放策略的说法中正确的是（　　　）。

A. 5 秒钟广告，可投放促销广告信息

B. 15 秒钟广告，适合推广具体产品

C. 30 秒钟广告，适合做品牌广告

D. 60 秒钟广告，适合投放大型活动广告

5. 下列选项中，属于当前较为流行的户外新媒体的是（　　　）。

A. 户外 LED

B. 路牌广告

C. 移动车载新媒体

D. 楼宇新媒体

二、判断题

1. 户外 LED 在生活中应用广泛，据实际传播数据显示，户外媒体的到达率目前仅次于电视媒体，位居第二。（　　　）

2. 楼宇新媒体主要在楼宇间进行展示，其实质与过去传统户外广告形式并无很大差别。（　　　）

3. 楼宇电视瞄准消费能力强的高端消费者，因而在楼宇新媒体播放广告时可以选择中高端的商品。（　　　）

4. 目前来说，15 秒钟的楼宇电视广告，非常适合投放品牌广告。（　　　）

5. 与其他户外媒体相比，车载广告是唯一以移动方式出现在乘客视野中的广告。（　　　）

技能训练

一、优化楼宇电梯广告的广告词

材料：

最近各大小区的电梯广告已经更新，其中当贝投影的广告真的是让人抓狂，很多小伙伴表示以后要爬楼回家，不坐电梯了。

特别是这一则广告，不仅洗脑，还辣眼睛！！内容大概是这样的：一位帅气男子被一群女子包围，嘴里不停地在说当贝投影怎么样怎么样……！

要求：

仔细查阅以上广告，优化修改其中的广告词，以达到更好的广告效果。

行业术语

1. 户外新媒体：安放在一般能直接看到的公共场所的数字电视等新媒体，是有别于传统户外媒体形式（广告牌、灯箱等）的新型户外媒体。

2. LED：发光二极管的英文缩写，是一种能够将电转换为可见光的固态半导体器件。LED 显示屏可以分为图文显示屏和视频显示屏，由计算机控制，可以实时、同步播放各种信息。

3. 楼宇新媒体：在新媒体的概念下，围绕着楼宇展开的一系列广告活动。最具代表性的就是楼宇户外超大液晶电视、电梯内的液晶电视等，安置于办公楼宇，循环播放商业

广告、各类娱乐信息等。

4. **移动车载新媒体**：利用数字广播电视地面传输技术播出的信息，以满足流动人群的视听需求为主的新型媒体。因为它的接收终端主要安装在汽车、火车、地铁等各类交通工具上，又被称为交通媒体。

📦 岗位衔接

户外新媒体运营的岗位职责：

1. 负责户外新媒体平台的日常运营及推广工作；
2. 负责为粉丝策划与提供优质、有高度传播性的内容；
3. 充分了解用户需求，收集用户反馈，分析用户行为及需求；
4. 监测并研究行业信息，能够结合热点定期制定有针对性的新媒体运营方案，并能够根据业务及产品制订增粉、引流等计划，增加粉丝数量与黏度，不断输出和促进品牌传播；
5. 深度运营用户，通过直播、短视频、图文等形式，与用户进行紧密互动；
6. 将品牌的理念及产品诉求深入人心；
7. 紧密结合产品的卖点，有效与自媒体内容进行整合，通过内容导流消费；
8. 完成小程序、微官网、微信服务号的功能设计与产品原型设计；
9. 深度理解产品，对产品和活动进行日常数据跟踪，总结运营效果，按需迭代运营策略，并沉淀可复制的案例。

📖 知识拓展

互联网巨头看上了电梯广告，电梯媒体数字化成为趋势

电梯间的广告大战更加激烈了，京东数字科技集团在 2019 年 12 月 16 日下午，和梯之星共同发布了一项"京梯计划"，推出了新的电梯广告售卖方式"CPR（千人次曝光售卖）"和"DMP（千人千面、精准触达）"。

双方表示此次共同推出的京梯计划产品，可以满足合作伙伴精准营销、高效触达、降低成本、创新模式、提升效率等多种需求。

京东数字科技集团是京东集团三大子集团之一，而梯之星是一家经营电梯流量的公司，是成立于 2007 年的浙江新再灵科技股份有限公司的控股子公司。按照公开资料显示，截至 2019 年 7 月 11 日，梯之星目前已经开发了超过 15 万个终端点位，预计今后内铺设超过 25 万个媒体终端，达到日均覆盖 1 亿人群。

提起电梯广告，人们并不陌生——进入电梯间，本质上你就进入了一个无法逃避的广告空间。孙红雷代言的瓜子二手车和黄渤打广告的人人车相互较劲；上周瑞幸还在让汤唯和张震拿着"小蓝杯"，下周就换了刘昊然推广新产品"小鹿茶"；还有李诞在激情安利铂爵旅拍"想去哪拍就去哪拍"……无论是电商活动、投资理财、新推出的 App、医美整形和楼盘信息，甚至是周边社区超市的促销，不同类别的广告主，都在想方设法争夺人们在这个封闭空间的注意力。

电梯广告主要分框架类（即纸质的平面广告，需要人工更换）和视频类。对于广告主来说，楼宇电梯虽然是一个相对成熟的线下传播场景，但传统的电梯广告始终存在这样的

问题——和其他传统户外媒体一样，按照时长来投放，触达人群却不够精准，也没有数据标签可以反馈。

简单来说，就是传统的电梯广告不停在播放，但广告主却无法知道，到底有多少人看到了，哪些人看到了。

梯之星首席执行官张文方认为，以往传统线下媒体的投放方式是以"按天、按点、按频次"来投放，效果难评测、风险难规避。而这次京梯计划的产品，是以"按人次、按社群、按效果"的方式进行投放转变，是从CPD（按天售卖）/CPW（按周售卖）的销售模式，向CPR（按千人次曝光售卖）、DMP（千人千面、精准触达）的销售模式的转变，提供与线上流量相同程序化服务的流量入口。

在如今广告主难以大幅提升营销预算的大环境下，把有限的预算投在哪，是广告主需要精打细算的。于是他们开始越来越看重投资回报率（ROI），在投放方面也越来越看重精准度和实际转化。

"我们认为广告在播出的时候，如果没人看，就不应该收费。"张文方在采访中告诉界面新闻，在有了数据和智能技术之后，就可以对电梯场景内的社群进行标签化处理的流量细分。另外在广告效果测量这个问题上，梯之星可以提供实时监测的照片和实时监测报告，并且用京东的区块链技术做监播，从而最大限度避免数字营销时代最令人困扰的"数据造假"问题。

事实上从整个行业来看，电梯媒体的数字化已经成为趋势。

根据艾瑞咨询的最新报告显示，国内户外广告市场规模增长良好，预计在2021年将拥有711.5亿元的规模。2018年中国楼宇户外广告市场规模达162.7亿元，占整体户外市场的35.6%。预计未来三年内，楼宇电梯将继续保持较高的增长，超过交通出行成为第一大户外广告场景。

在线上流量逐渐趋于饱和，线上获客成本越来越高的时候，互联网巨头也在纷纷布局线下社区流量市场。电梯媒体开始和科技公司合作，譬如阿里巴巴在2018年战略投资了分众传媒150亿元；而新潮传媒也在2018年得到了百度领投的21亿元，以及2019年京东10亿元的战略投资——为的都是能够对传统的电梯广告进行数字化升级，借助科技公司的大数据和人工智能技术，让电梯屏成为"智能终端"，实现程序化、更精准的投放。

"电梯媒体的价值，我一直认为是被严重低估的。电梯媒体应该至少达到500亿元，甚至超过1 000亿元的规模，因为它覆盖的人群是中国的4亿~5亿的主流消费人群，都是城市人口。"新再灵董事长兼总裁胡灏对界面新闻表示，"梯之星有别于传统梯媒，我们做的是电梯场景下的流量生意，同步发展梯媒的增量市场。"

（资料来源：https：//xw.qq.com/cmsid/20191217A0HOT900）

项目三
实施新媒体营销

任务 11　新媒体文案创作与传播

知识目标

　　了解新媒体文案的概念、特点、类型

　　了解新媒体文案的重要性

　　了解新媒体文案的创意形式

　　了解新媒体文案的创作程序

能力目标

　　能够运用创意构思方法进行新媒体文案的写作

　　能够熟练运用新媒体文案的写作策略

思政目标

　　培育并践行社会主义核心价值观

　　培养新媒体从业人员的法治意识与职业道德

学习导图

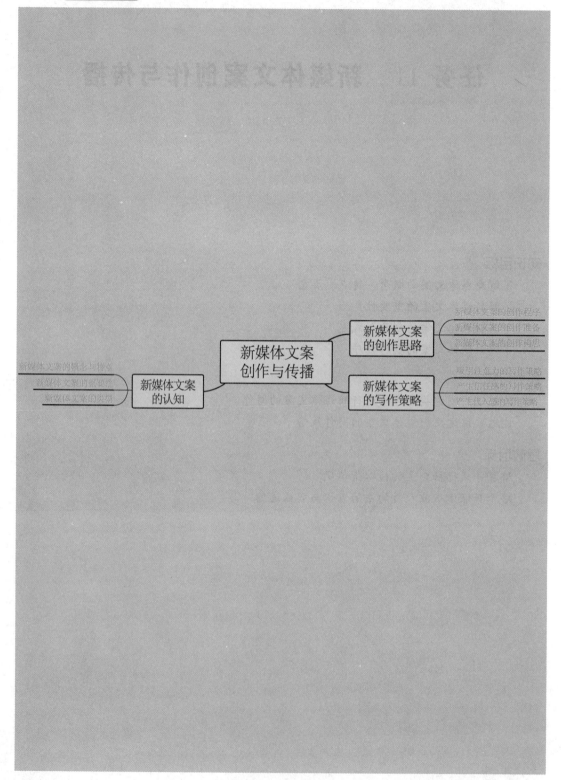

 **案例导入**

爆款新媒体文案——"江小白"新媒体文案

有一款酒，它的广告比产品还出名，它的文案比酒更受年轻人欢迎，它就是江小白。"江小白"于2012年创建品牌，在2015年之前，这个品牌并未获得广泛认可。但是，在2015年，借助于互联网经济的发展契机，江小白在短短半年时间就完成了逆袭。自从江小白凭着文案打开市场、获得销量之后，江小白式的文案成为很多产品竞相模仿的对象。那么江小白文案背后的逻辑是什么？如何写出像江小白一样的文案呢？

江小白的文案总能抓住网友的心，每一句都像是一段人生的故事，有时让你惆怅，有时让你莞尔一笑。这些文案的创作过程是怎样的呢？

首先，明确目标群体是前提。江小白将市场定位为年轻群体。在当下市场多元化，尤其是互联网经济下的今天，年轻人经受着许多考验和内心的阵痛。而江小白对自己产品的界定并没有局限在白酒，而是将其称为"情绪饮料"，并提出了自己"不回避、不惧怕、任意释放情绪"的宣言，这种对年轻客户群体心理的把握可谓煞费苦心而又切中要害。

其次，设置场景是关键。江小白对目标群体做了比较直接的洞察：处在18~28岁的年轻人，刚刚离开学校，与好同学、好朋友分别，踏入与学校完全不一样的社会，开始追求理想和梦想，然而事业尚不稳定，友情、爱情发生危机，极其容易引发思家、念情的孤独感。这个时候，需要用酒来消愁、用酒来表达，江小白力求做这样让人消愁、让人表达和释放的酒。

（资料来源：http://www.haitaoit.com/news-detail-4253.html）

 **知识赏析**

11.1 新媒体文案的认知

如今，文案无处不在，路边的灯箱、公交车的移动电视里、地铁广告牌上、购物网站上、图书封面上、饮料瓶上……随处可以见到文案的身影。不管是被动的还是主动的，有意识的还是无意识的，我们每天都会接触到林林总总的文案信息。

传统媒体时代的营销信息是强塞给用户的，基本上用户只能被动地接受，这种状态下，用户会对营销信息比较反感。但在当下的新媒体时代，信息充满了娱乐性和趣味性。微博、微信公众号、产品动画、病毒传播视频等信息内容的传播，都离不开文案的创作。因此，新媒体文案写作是新媒体营销中的一项重要内容。

11. 1. 1　新媒体文案的概念与特点

1. 新媒体文案的概念

新媒体是指相对于广播、电视、报纸和杂志这四大传统媒体之外的第五大媒体，它并没有固定的定义。迄今为止，关于新媒体有两种比较权威的说法，这也得到了大部分新媒体文案人员的认可：一是联合国教科文组织的定义，他们认为新媒体的传播是在以互联网为基础的媒介上进行的；二是美国某知名杂志提出的新媒体是"所有人对所有人的传播"。

文案是广告的一种表现形式，也是一种职业的名称。

文案是广告的一种表现形式：文案来源于广告行业，是"广告文案"的简称，也是企业为达成商业目的的表现形式。目前，广告界的文案有广义与狭义之说。广义的广告文案是指广告作品的全部，包括广告的语言文字、图片、创意等表现形式。狭义的广告文案仅指广告作品中的语言文字部分，如广告的标题、副标题、广告语、活动主题的文字。

文案是一种职业的名称：作为职业出现，文案的英文词为 copywriter，译作文案写手，指的是专门创作广告文字的工作者。美国零售广告公司总裁朱迪思·查尔斯对于文案写手的定义是"文案写手，就是敲击键盘的销售人员"，这直接说明了文案工作人员的作用。

国家权威调查机构经过科学的测试，认为广告效果的 50% ~75% 来自广告文案。世界著名的广告文案大师大卫·奥格威曾经指出："广告是文字性的行业……在奥美公司，员工通常写作越好，提升越快。"著名广告学者 H. 史载平斯也强调："文案是广告的核心。"广告文案在整个广告中所处的重要地位，由此可见一斑。

新媒体文案是指主要基于新型的媒体（移动互联网媒体），以实用为目的，向读者展示新鲜的消息，说服他们改变观点或鼓励他们采取行动，试用或购买一个新的产品，对既定的广告主题、广告创意所进行的具体表现。

新媒体文案重点输出内容和创意，文案的角色就是对要传播的信息进行设计，使其更容易被人理解，更容易在诸多的信息中被发现、被记住，甚至被再次传播。新媒体文案不仅指公众号文章、活动推广文案，我们平时发的朋友圈，甚至在群聊中的发言，都属于新媒体文案的范畴。

2. 新媒体文案的特点

新媒体文案的写作与传统文字的写作有共通之处，但因为新媒体投放的渠道不同，其写作也有不一样的要求。新媒体文案同传统媒体文案相比具有以下特点。

（1）新媒体文案发布成本低

传统媒体广告成本动辄上百万元，而随着新媒体的兴起，企业的广告信息发布成本逐步降低，并不断将品牌推广预算转移到新媒体上。

（2）新媒体文案传播渠道及形式多元化

新媒体文案传播渠道包括但并不局限于 QQ 空间、微信公众号、微博、支付宝服务窗等，很多企业为了占据多渠道，会将同一信息根据渠道人群的不同而运用不同的文案进行发布。传播形式的多元化，让广告不仅以文字的形式发布，更有图文、视频、游戏等多种形式，这让广告形式实现了多元化呈现。

（3）新媒体文案设计互动性强

与传统媒体相比，新媒体文案的传播不再是单向输出，企业品牌方可借助微信、微博等平台，直接与消费者沟通互动，从而达到品牌传播或销售的目的，如通过游戏互动赠送优惠券，通过新媒体提供更好的售后服务等，因此文案设计要有很强的互动性。

（4）新媒体文案受众目标人群更精准

新媒体各平台人群均有明显的特征，如"00后"常用社交媒体为 QQ、QQ 空间等，他们常用的视频网站则为 bilibili 弹幕视频等；而职场人群则更喜欢通过微信订阅号和朋友圈进行传播。向不同的目标人群推送信息时，内容应符合该人群的年龄特征和行为习惯，达到推送精准有效。

另外，由于用户在新媒体上的各种行为均被数据记录，企业可根据自己的目标人群有选择地进行相关信息的推送及广告投放，如针对刚怀孕的准妈妈推送母婴用品。平台自身基于数据的处理，也能够对不同人群推送不一样的信息内容。

例如，今日头条新闻客户端根据用户往期浏览的新闻风格类型，可做到有选择地推荐对应内容；淘宝可根据用户的浏览记录、往期购买服装的风格类型、所购买服装的价格区间等推送对应的服装，以便更好地促成交易。

企业也可运用对应平台的与自身相关的数据对不同目标人群进行精准营销。

（5）新媒体文案内容易于理解，传播迅速

新媒体文案要在最短的时间内吸引受众的注意力，并将最核心的信息表达出来，因此品牌不能高高在上，而是要用亲近的语言与目标人群进行有效的沟通。同时，文案标题也必须紧跟网络热点，通过热点事件增加流量。

（6）新媒体效果易于评估

新媒体文案传播速度快，企业可以通过大数据分析，及时了解文案的传播效果，可以更快、更精准地投放，也可以更快调整文案策略，提高转化率。

（7）新媒体文案易被用户再创作

新媒体文案更乐于让每个目标人群都能够进行二次传播与创造，并鼓励用户分享其再创作内容。

基于以上特点，新媒体对文案的要求较传统文案更为平民化，更短、平、快。

短：文案能短则短，这样能够快速吸引受众的注意力，并将最核心的信息表达出来。

平：平实、亲近。新媒体的特性决定了品牌不能再高高在上，而是要通过最平实亲近的语言与目标人群进行有效的沟通。

快：因传播的快速，新媒体文案的反应也需快速，如跟进网络热点快速产出。

协作创新

"这款手机采用优质感光元件，夜拍能力超强"是一则宣传手机的新媒体文案的标题。分组讨论怎样修改此标题才能更有效果。

图片著作权侵权

案例：天津 B 公司函告 S 公司图片侵权

天津 B 公司委托 W 律师事务所代理其进行图片素材的著作权维权工作。W 所函告称，S 公司未经授权即在网站、微博、微信公众号中使用了 B 公司的 238 张图片作品，并提供了侵权明细，要求赔偿其经济损失。S 公司经核对最终确认了 185 张图片涉嫌侵权。根据法院相关判决结果以及以往图片作品侵权的处理经验，本案的赔偿数额可能高达 27 万元。

分析：根据《著作权法》第 2 条的规定，著作权是自作品创作完成之日起自动产生的，无须经过任何批准或登记手续，无论作品是否发表，只要作品已经创作完成就能取得著作权的保护。据此，权利方会通过公开发表、作品登记等方式证明自己享有著作权，同时对涉嫌互联网新媒体侵权的微博、微信推送文章等进行截图、公证以保全证据。所以，不管侵权图片数量多少，此类案件的侵权事实是基本确定的，权利方进行证据保全后侵权方更是难以抗辩。

 ## 11.1.2 新媒体文案的重要性

1. 促进企业品牌及产品信息传播

大部分消费者已经越来越多地把注意力转移到手机上了，这种趋势使大部分企业都必须深入研究和高度关注新媒体。新媒体文案写得很出色，可起到事半功倍的功效，可以为企业的品牌及产品带来最大化的传播，同时也能为企业减少广告宣传费用。

2. 为企业直接带来销售转化

传统的文案推广往往是在新媒体渠道进行长期投放，消费者在特定平台上购买。而新媒体文案与电商平台结合，能直接产生销售，如消费者在看文章的时候，会直接点击推荐的购买链接并购买；看视频的时候，看到相关商品也可能直接购买。对于企业来说，只要在新媒体上有一批关注自己的粉丝，就很有可能在发布一条消息后直接带来销量。

11.1.3 新媒体文案的类型

文案按企业广告目的可分为销售文案和传播文案；按文案篇幅的长短分为长文案和短文案；按广告植入方式划分则分为软广告和硬广告；按文案的投放渠道的不同则可分为微信公众号软文、朋友圈营销文案、微博文案、App 文案等；按表现形式的不同分为纯文字文案、广告图文案、视频文案等。

1. 按广告目的分类：销售文案和传播文案

企业的所有广告文案都是为销售服务的，但为了更好地区分文案类型，可根据企业广告的主要目的分为销售文案和传播文案。

销售文案：即能够立刻带来销售的文案，如商品销售，介绍商品信息的方案，为了提升销售而制作的引流广告图等。

传播文案：即为了达到扩大品牌影响力的文案，如企业形象广告、企业节假日情怀营销文案等，不同的文案类型，写作创意方法也不同，销售文案需要能够立即打动人，并促使立即行动；而品牌传播文案则侧重于是否能够引起人的共鸣，引发受众自主自发传播。

2. 按篇幅长短分类：长文案和短文案

按照文案篇幅长短，可分为长文案和短方案，长文案为 1 000 字以上的文案，短文案则在 1 000 字以下。通常来讲，长文案需要构建强大的情感情景；而短文案则在于快速触动，表现核心信息。

3. 按广告植入方式分类：软广告和硬广告

软广告即不直接介绍商品、服务，而是通过其他的方式代入广告，如在案例分析中植入品牌广告，在故事情节中植入品牌广告，受众不容易直接觉察到软广告的存在，它具有隐藏性；硬广告则相反，是以直白的内容发布到对应的渠道媒体上。

4. 按渠道及表现方式的不同分类

传播渠道不同，文案的表现形式也不同，微信公众号支持多种形式的文案表现，如文字、图片、语言图文、视频等。

11.2　新媒体文案的创作思路

新媒体人在创作文案之前，必须有一个整体的创作想路。

 ### 11.2.1　新媒体文案的创作程序

广告大师大卫·奥格威在《一个广告人的自白》中说过："消费者不是傻瓜，消费者好比是你的妻子，如果你以为仅凭口号和煽情的形容词就能劝服她购买东西，那你是在侮辱她的智商。"一份好的新媒体文案创作，源自大量的客户调研、人群分析、竞品分析，并遵循一定的创作程序。一般的新媒体文案的创作程序有以下五步。

新媒体文案的
创作程序

1. 明确文案的写作目的

明确文案撰写的主要目的是品牌传播、提高商品的销售，还是进行推广活动等，目的不同，则文案写作的思路和方法也不同。如果目的是为品牌传播，则整体的文案需要思考如何让文案内容符合品牌风格，引起共鸣；如果目的是销售，文案需要思考的则是如何让人感觉到有需要、产生信任——为什么不购买竞争对手的商品而购买本品牌，并且能够立即付诸购买行动；如果是进行推广活动，就要思考如何让人感觉到这个活动有吸引力，很值得参与，而且参与的门槛也不高。

2. 列出文案的写作大纲

文案的写作大纲主要用来指导文案的创意、撰写及制作，简明的写作大纲有利于文案的最终出品。

文案的写作大纲主要在于梳理清楚三个问题：对谁说？说什么？在哪说？

文案写作就像日常的沟通，对象不一样，沟通对话的内容或方式都会有所不同。这也是文案写作前期重点需要梳理清楚的三个问题，只有理清了这三个问题，文案的写作才会有明确的方向。

（1）对谁说：本次文案要写给谁看，即对目标人群的分析。从行为学、地理学、人口统计学、消费心理学的角度来看，谁是潜在的消费者，他们有什么典型的个性特征？

（2）说什么：在"对谁说"的基础上，再考虑"说什么"，文案通过怎样的方式去说服目标人群信任所推广的内容并且有感知。这就需要深入挖掘自身的卖点，对照竞争对手的说服策略（要考虑消费者面对多种选择时，我们以怎样的方式让消费者觉得我们的商品、服务或品牌会比竞争对手更好），并在此基础上提炼出自身文案的说服点。

（3）在哪说：即根据人群选择合适的媒体、合适的时间进行文案发布，有时候也会根据不同的媒体而发布不同形式的文案内容。

3. 文案创意的写作输出

在明确了本次文案的写作目的、目标人群、竞争对手以及自身的卖点后，找到本次文案需要解决的问题，结合媒体投放渠道的特性，再进行创意思考，最后完成文案的写作输出。怎样才能写出文案的创意？

要想写出创意，必须注意以下两点：

（1）明确想要传达的独特亮点，就一个，不要再多。如"困了累了喝红牛""怕上火喝王老吉""农夫山泉有点甜"。

（2）"文案内容"本身来尝试建立长久记忆，能够大概率产生"长期记忆"的文案写作方法有以下几种：

第一，认知精细加工：对有意义及关联概念进行深度加工；

第二，自我参照效应：将信息与自己相联系；

第三，认知区别性加工：找到与众不同之处。

4. 听取相关建议

在新媒体文案的写作过程中或者完成后，文案人员最好不要直接发布，可以将文案拿给身边的人看，以认真的态度听取他们的建议。因为他们就是文案的第一批受众，他们客观的建议是文案一步步走向完善的渠道。大家集思广益，能够汇聚出更多有用的信息，以帮助文案人员进行深层次的思考，从而创造出更优质的文案。

5. 文案复盘

在最终的完善工作之后，文案人员需要进行复盘，也就是将做过的工作内容加以梳理，根据别人的反馈来总结自己工作中的优缺点。对于优点，可继续保持；面对缺点，需要提出改进的意见及具体改进方法，以便下次写作时能够参考并得到解决。文案发布之后，文案人员还可再一次进行复盘，根据目标受众的反馈建议进一步总结，这对文案人员写作能力的提高大有裨益。

技能训练

分组讨论，说说还有哪些说服受众的方法。

 11.2.2　新媒体文案的创作准备

写文案其实是考验文案创作者的营销思维。文案是为营销服务的，必须先了解基本的营销思维。因此写文案之前的重要准备工作就是做营销分析，包括整体市场分析、目标人群分析、竞争对手分析、卖点提炼。

其中市场分析包括市场规模、位置、性质、特点、市场容量及吸引范围等。但对于大多数文案来说，整体的市场是固定的，营销策划工作会更侧重于市场，而文案准备工作则更多侧重于对目标人群、竞争对手、卖点提炼的分析。

1. 文案的目标人群分析

文案的目标人群不同，写作的方向和方法也会有所不同。目标人群分析就是要搞清楚不同人群的区别，从而指导我们写出更有针对性的文案。当面对高收入、注重品质的人群时，如果文案一味强调价格便宜的特点，就会无效，它对部分价格敏感的人群更有效。因此，要了解影响目标人群的相关因素，可以从文化因素、社会因素、个人因素三个方面入手，还可以通过寻找消费者的购买动机找到文案所需推广的产品或品牌之间的契合点。

（1）文化因素

文化是人类需求和行为的最基本的决定因素。每个国家甚至每个地区都有对应的文化。例如，中国人更喜欢数字8，因其发音与"发"相似；而德国人却更喜欢数字4，因为在德语里，4的发音为"vier"，音近于"viel"（多）。

不同的社会阶层也有相应的文化。各社会阶层在服装、语言模式、娱乐喜好及其他方面都会有差别，阶层文化的不同主要由职业、收入、财富、教育等决定。

（2）社会因素

社会因素包括家庭、社会角色、社会地位等因素的影响。个人在做购买决策的时候会参考与自己有一定关系的人或意见领袖的建议。

①家庭：家庭成员在各种产品和服务的购买行为中所扮演的角色和发挥的作用均不同。角色在不同国家和社会阶层中差别也很大。例如，在传统的中国和日本家庭中，丈夫普遍会将工资交给妻子，因为后者管理家庭的支出以及采购相关产品。如果是销售一种玩具，推出的文案一定不是针对孩子的，而应针对购买的决策者——孩子的妈妈。

②社会角色和地位：社会角色和地位的不同会产生不同的行为，如公司总裁会开豪华汽车、穿昂贵的西装；而公司中层领导则会体现自己精干的一面，穿皮鞋、职业装等。在不同的场合、扮演不同的角色，所对应的形象也略有不同。但随着时代的发展，中国人越来越顾及"面子"，也很可能出现刚上班的女性就提着名贵包包的现象。作为产品，也需要找到其在对应人群中扮演的角色，明确产品要给对方带来怎样的感受，对方使用产品的最终目的是什么。

（3）个人因素

个人相关因素也会对决策产生影响。个人因素包括目标人群的年龄、生命周期、职业和经济环境、个性和自我观念、生活方式和价值观等。

①年龄与生命周期：人在一生中会购买各种各样的商品、服务，并且不同年龄阶段的人的需求也不一样。随着年龄的增长，也会依次度过生命中重要的节点，如升学、入职上班、结婚、生子等，相应的节点对相关商品及服务的需求也不一样，如结婚时对家居类商品的需求会明显上升。

②职业与经济环境：职业同样会影响消费模式，蓝领工人会购买工作服、工作鞋；公司高层领导会购买礼服套装、空中旅行物品等。与此同时，经济环境也对消费模式有很大的影响，经济环境包括个人可支配的收入、存款和资产、负债等。奢侈品交易受到经济的

影响，当经济环境较差时，销售量会明显下降，但与此同时，奢侈品的二手市场却会比往常更繁荣。

③个性与自我观念：每个人的购买行为均受到自我个性的影响。品牌也同样具有人格化的个性特征，消费者倾向于购买与自己个性相符的品牌，或是自己理想形象中的自我个性的品牌。

美国品牌学之父戴维·阿克通过对品牌个性的研究总结出七种品牌人格，如表11-2-1所示。自我的观念也会影响到消费的选择，如当下自我意识强烈的一代更倾向于接受刺激、粗犷、激情的品牌个性。

表11-2-1 七种品牌人格

品牌个性	具体表现及代表品牌
坦诚（sincerity）	脚踏实地、诚实、有益和愉快，如 Hello Kitty
刺激（exciting）	大胆、生机勃勃、富有想象力和时尚，如卡尔文·克雷恩（简称CK）
能力（competence）	可靠、聪明和成功，如索尼
教养（sophistication）	上流社会的、有魅力的，如资生堂
粗犷（sophistication）	户外的和坚强的，如万宝路
激情（passion）	感情丰富、灵性和神秘，如百事可乐
平静（peacefulness）	和谐、平衡与自然，如雅马哈

④生活方式与价值观：生活方式指由行为、兴趣和观念所构成的个人生活模式，它也会受到生活环境的影响。如一线城市就有快餐式的生活方式，午餐更倾向于通过外卖的方式来解决。又如中国男性在前几年几乎都不用护肤品、化妆品，近几年中国男性对自己的身体护理和形象的要求越来越高了，这也是他们生活方式的变化。另外，有些时间紧缺的消费者更倾向于多任务处理，也就是同时做几件事情，或者通过雇用专业的人员为自己完成部分原本需要自己亲手去做的事务，如家务方面请钟点工，这是因为对于时间紧张的人来说时间比金钱更重要，这也是其生活方式和价值观共同作用的结果。

（4）目标人群的三种典型购买动机

对目标人群除了从文化、社会、个人方面去分析之外，还需找到目标人群的购买动机，并在对方的购买动机中找到所写文案中的产品或服务品牌与之对应的契合点。例如，人有明显的三种需求需要被满足。

①归属需求。个人作为某个群体的成员被接受的需求，在这方面需要的商品是能够表现个人属于某一群体个性的商品。

②仰慕需求。在归属需求得到满足后会寻求仰慕，能够让人变得更美好、形象更佳的商品更容易满足这种需求，如化妆品。

③地位需求。指获得来自社会的尊重。昂贵品牌的商品更容易帮助人满足这个需求，如名车、珠宝等。

文案工作者需了解自己介绍的商品、品牌到底能够满足目标人群的哪种需求，从而对症下药。

另外，还可根据简单的目标人群分析模型进行分析，在文案写作前可简单列举，如表11-2-2所示。

表11-2-2　目标人群分析模型

分析维度	填写具体特征	示例（某高端零食品牌的目标人群）	备注
性别		女80%，男20%	如果男女均有，需填写各自的比例
职业		大学生、刚入职场的新人	
生活状态		虽然经济不是特别宽裕，但是对零食有自己的高要求：只要好吃就行，价格高于同类零食也可以接受。宅在家里的时候喜欢一边看电视一边吃零食	有感性描述也有理性描述。生活状态也包含了相关的价值观
爱好		宅、追剧、打游戏	
常出现的地方		居民小区、大学城、商务办公楼；常去的网络站点：QQ空间、bilibili	包括网络站点、工作生活中的实际地方，这决定了后期的广告投放

这个表格虽简单，但是在填写具体特征时应尽可能填写得完善、丰富，就像给一个人物画像一样，越具体越好。因为目标人群越具体，对应的营销活动及文案写作就会越有针对性，能够起到的效果也会越好。

协作创新

针对苹果、华为P40 Pro（5G版）、小米的红米手机用户，做出文案目标人群分析表。

2. 文案的竞争对手分析

《孙子·谋攻》有云："知彼知己者，百战不殆。"对竞争对手的了解分析能够让文案工作者更明白如何去突破，找到消费者为什么购买文案所推荐的商品或服务，而不是竞争对手的商品或服务。

对竞争对手进行分析有很多方法，通常使用的有SWOT分析法，另外还有更具战略意义的核心竞争链对比分析法。

（1）SWOT分析法：快速找到优势、避开弱势的方法

SWOT由四个单词简化而来：S（Strengths）是优势、W（Weaknesses）是劣势、O（Opportunities）是机会、T（Threats）是威胁。即通过分析企业自身的优势、劣势、机会和威胁，将内外部条件、资源有机结合起来。对整个企业品牌来说，SWOT大致包含以下分析范围（对单个产品也同样适用，但其中的分析维度会更小一些）。

优势：主要分析企业自身最擅长的优势，在成本、产品、营销、渠道上的优势，有哪

些是本企业能做而竞争对手做不到的。

劣势：主要分析企业自身最不擅长的地方和缺陷，以及哪些是竞争对手做得好而自己做得不好的，或者是顾客离开本企业的原因、最近的失败案例及原因。

机会：外部的产品、渠道、营销等方面存在哪些机会；公司内部的短、中、长期规划目标的机会点在哪里。

威胁：客观的经济环境、行业发展、政策等方面是否会不利于企业的发展；最近的威胁在哪里，是否有机会规避。

SWOT 分析法可用表格来进行，如表 11－2－3 所示。

表 11－2－3　SWOT 分析法表

内部分析／外部分析	优势 S	劣势 W
	1. 2. 列出优势 3.	1. 2. 列出劣势 3.
机会 O 1. 2. 列出机会 3.	SO 战略 1. 发挥优势 2. 利用机会 3	WO 战略 1. 克服劣势 2. 利用机会 3.
威胁 T 1. 2. 列出威胁 3.	ST 战略 1. 2. 利用优势 3. 回避威胁	WT 战略 1. 减少劣势 2. 回避威胁 3.

在使用中，也可根据具体的需要，有针对性地填写 SWOT 分析模型图，如图 11－2－1 所示。

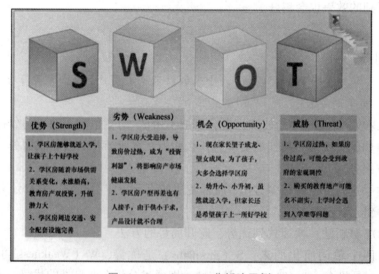

图 11－2－1　SWOT 分析法示例

一个房产开发商在准备开发一学区房前，用 SWOT 分析法获得以上结果。那么经过分析，可能得出的解决方案会是以下几种。

①发挥优势，避开劣势：开发户型合理的学区房。

②克服劣势，利用机会：在城市的知名好学校附近开发户型合理的学区房。

③利用优势、机会，回避威胁、减少劣势：选择在周边配套完善的而且知名的学校旁开发学区房，并且户型设计合理；在此基础上，确定学区房的合理价格以及尽可能通过一些措施来保证该学区房业主的孩子能够有学位。

（2）核心竞争链对比分析法

核心竞争链对比分析法：将自身的各项价值一一列出并与竞争对手对比，找到其中的差异点。核心竞争链对比分析法能够充分判断和理解竞争对手是谁，竞争对手在做什么，如何与竞争对手进行差异化竞争，从而让产品或品牌变成与竞争对手完全不同的样子。在进行产品的竞争分析时，同样可以将主要的购买因素价值点一一列出，即找到价值链上的空白，从而更容易找到自身的优势和特点。

图 11 - 2 - 2 所示为火锅店竞争链对比分析，其中高端连锁品牌，其在店铺形象、口味口感、价格、用餐体验、客户服务上均处于比较高的分值，将每个价值点连接起来便成为高端火锅店的价值链；中低端火锅店的价值链，显然在每个价值点都低于高端火锅店。海底捞则在餐饮行业中开辟了一条自己的"核心价值链"，在店铺形象、口味口感上均与高端火锅齐平，但在用餐体验、客户服务上达到了整个餐饮行业都暂时无法超越的水平，这对于一些注重体验服务的顾客非常有诱惑力。

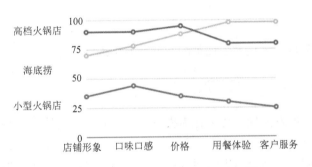

图 11 - 2 - 2　火锅店竞争链对比分析图

3. 文案的卖点挖掘

当目标人群的特点、竞争对手的特点及自身的优势确定后，即可对卖点进行挖掘提炼。这就要求卖点符合目标人群的需求，能够与竞争对手有区别。最好每个广告文案都让消费者明白，购买文案中的产品能够获得具体的、竞争对手所没有的利益。

20 世纪 50 年代初，罗瑟·瑞夫斯提出"独特的销售主张"（Unique Selling Proposition），简称 USP 理论。

（1）每个广告不仅靠文字或图像，还要为消费者提出一个明确的利益点。如"怕上火，喝王老吉"提出了可以降火的利益点。

（2）这个利益点必须是本产品独具的、竞争对手不能或不曾提出的。如纯净水都要经过 27 道净化的工艺，但只有娃哈哈纯净水将这个卖点提出了。

（3）这个利益点必须有利于销售，影响到大部分消费者。如"香飘飘奶茶一年卖出三亿多杯，能环绕地球一圈，连续七年全国销量领先"。

随着时代的发展、商品及品牌的增多，产品的同质化日益严重，USP 理论的应用空间越来越小；但其在文案写作上的思考模式仍有参考价值，如现在大部分的商品卖点开始由产品的功能特点转向产品所倡导的价值观。

例如，运动品牌的产品实际都差不多，但是通过提出不同的价值观来传达品牌不一样的精神，引起消费者精神世界的共鸣。如耐克品牌的"Just Do It"（想做就做），安踏的"Keep Moving"（永不止步），阿迪达斯的"Impossible is Nothing"（一切皆有可能）。通过目标人群分析找到了具体的目标消费者的特点，通过竞争对手分析找到了自身的优势和卖点，整体卖点的挖掘和描述就需要结合这两点一起来思考，如图 11 - 2 - 3 所示。

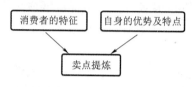

图 11 - 2 - 3　卖点提炼图

如一个零食品牌，消费者特征中有喜欢冒险、敢于挑战的特征，而自身优势中有零食的品种独特且选材新鲜、新奇，则卖点提炼很有可能是"敢尝鲜，才够咪"，一方面能引起消费者的共鸣，另一方面也能体现产品自身的卖点。

协作创新

请为一款成分天然、无化学添加剂的孕妇洗发水提炼卖点。

 11.2.3　新媒体文案的创意构思

文案需要有创意的发散性思考，也需要有逻辑、有条理的输出呈现。因此，本节重点阐述创意思考方法：发散思维树状图、创意表格思考法、元素组合法以协助文案创作者在思考文案写作时运用，并通过金字塔原理帮助文案创作者以有逻辑的形式将文案创意表现出来。

1. 新媒体文案的创意构思方法

（1）发散思维树状图让创意出其不意

协作创新

由"美白"这个词，你能联想到哪些词汇或事物？在广告文案创作、思考过程中，可通过树状图来完成思维的发散。例如，农夫山泉天然矿泉水的卖点是"天然水源"，然后可以在这个基础上做思维的发散联想："天然水源"这个卖点就像是树的主干，而"绿色""大自然""水更好喝"等联想相当于树的几个主要枝干，每个枝干上还可以进一步开枝散叶，在每一个元素的基础上进一步联想，可以发散出无数个关键词，到最后可以在树状图中选择一个最能打动自己的点，再进行提炼，如甘甜可能会提炼出"农夫山泉有点甜"的卖点，而其他的联想关键词则很有可能成为相关广告可运用的元素，如图11 - 2 - 4所示。

技能训练

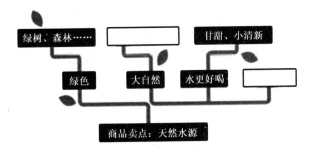

图 11 – 2 – 4　发散思维树状图

填写图 11 – 2 – 4 中的空白部分，写下你的联想关键词，并且尝试为某矿泉水提炼一句广告文案。

（2）创意表格思考法让创意如泉涌

协作创新

如果你是一家糖果公司的文案人员，承担了一项工作任务——开发一款新口味的糖果。你会提出怎样的糖果开发建议呢？

发散思维树状图适合在确定的信息上进行无限的发散创意，以确定卖点，而后做出更好的表述。前文的发散思维树状图中，确定的卖点是"天然水源"，而文案工作中还有一种不确定性的创意工作，如工作任务为开发一款新口味的糖果。那么应该如何思考呢？

日常的思考方法是随机将口味进行组合，如"红枣＋巧克力""苹果＋奶酪"，或者将形状进行组合——"三角形＋草莓"等，得出的结果都会比较随机。采用创意表格思考法，设计一个创意表格来进行思考。如果将不同的维度进行穷尽列举，即可获得无穷尽的创意结果。

表 11 – 2 – 4 所示为关于"如何开发一款饼干"的思考结果，将口味、结构、造型、颜色等维度分别列举，每个维度相加即可获得一种结果，多个维度相加均获得不同的结果。

表 11 – 2 – 4　开发一款饼干的创意表

序号	口味	结构	造型	颜色	……
1	巧克力	单层—厚	圆	黑	
2	牛奶	单层—薄	方	白	
3	草莓	夹心—厚	细棒	黑白	
4	香橙	夹心—薄	粗棒	三色	
……	……	……	……	……	

使用创意表格有三步：

第一，从现有的产品中抽象出分解问题的维度，如分析市场现有的饼干会发现，饼干有夹心、有单层、有厚、有薄，因此可把形态上的不同作为一个维度"结构"。

第二，对每一个维度尽可能进一步地细分，如口味，进一步思考口味会有哪些，然后在"口味"这一维度下进一步思考并填写"巧克力""牛奶"等。

第三，对不同的维度建立不同的组合，如将"口味"维度中的"巧克力"和结构维度中的"夹心"以及造型维度中的"细棒"结合，则成为一款细棒巧克力夹心饼干。

 协作创新

尝试运用创意表格思考法开发一款创意手机，完善表 11－2－5。

表 11－2－5　开发一款创意手机

硬件部分				软件部分			
维度1：屏幕尺寸	维度2：重量	维度3：材质	维度4：	维度5：交互方式	维度6：像素	维度7：信息提示方式	维度8：
如：5寸	如：21g	如：金属		如：按键	如：300万像素	如：响铃	

（3）元素组合法让创意天马行空——"珍道具"

铅笔曾经都是没有橡皮头的，但是当美国画家李普曼用铁皮将橡皮和铅笔连接到一起后，这样一个小创意就给他带来了 RA BAR 铅笔公司的 50 万美元专利费，而此后千万人受惠于此专利。不同元素的组合常常能带来意想不到的创意，如"耳机＋录音机"就成了随身听。日本有个称为"珍道具"的奇特发明方，能够让普通的物品发挥出令人意想不到的用途，如在鞋子上安装两把小伞，将漏斗和眼镜组合起来可以做成滴眼药水的装置。虽然它们并没有实际价值，但为物品以后的改造设计提供了很多奇思妙想。"珍道具"的创意，运用的就是元素组合法——将不同的元素叠加起来创造出新的物品。

广告文案的创意也同样可以运用这样的思维方式，如全球乳腺癌防治活动的公认标识"粉红丝带"的创意就是将具有女性特色的颜色＋柔软有质感的丝带将乳腺癌防治活动结合在一起的。

 协作创新

请运用元素组合法思考，并为一家高端糖果公司创作 3 个圣诞节的主题文案。在元素组合法表的每一行的前三个空格中随机填上三个关键词，然后把三种事物与糖果联想起来，并将最终的结果填在元素组合法表每一行的最后一个空格中，如表 11－2－6 所示。

表 11 – 2 – 6　元素组合法表

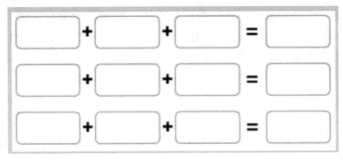

（4）运用金字塔原理将文案输出

一般来说，文案创作者的感性思维、发散性思维会更强，但逻辑思维会略微欠缺。新手的文案也常会条理不清，最终导致消费者根本就看不懂这个文案到底要表达什么。在创意思考时，运用的思维是发散型，但将文案表现出来时，则需要有逻辑、有条理，让目标人群更容易看懂。知名咨询公司麦肯锡有个逻辑思维的方法金字塔原理，相当于作文老师教的总分结构方法，由论点、论据以及论据的论据组成一个金字塔，如图 11 – 2 – 5 所示。

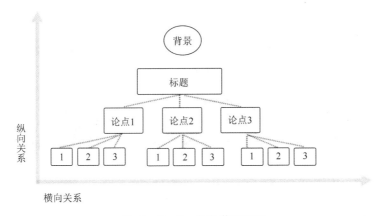

图 11 – 2 – 5　金字塔原理图

金字塔原理结构从上往下看，主要分为背景、标题、论点，每个论点也可有进一步的论点。在完整的文案结构中，背景部分可视具体情况有选择性地运用。标题属于一个文案的中心论点或展现的最大卖点，方便目标人群只要看到标题就能明白一篇文案的中心思想。论点 1、论点 2、论点 3 都是用来证明标题中的中心论点的，而且论点 1、论点 2、论点 3 之间的内容不能有重复。图 11 – 2 – 6 所示为标题是"某雪地靴时尚又保暖"的文案的金字塔结构。

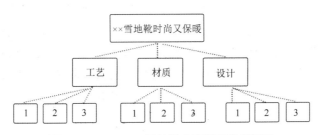

图 11 – 2 – 6　××雪地靴金字塔原理示例图

如果某个雪地靴广告的主要卖点是"时尚又保暖"，那么这个中心思想就应该成为整个广告的标题或主题，"工艺""材质""设计"这三个分论点分别论述该雪地靴是如何时尚又保暖的，对这三个分论点也可进一步进行论述。但如果分论点变成"工艺优良""真皮打造""皮毛一体"，就会逻辑不清，因为"真皮打造"和"皮毛一体"都属于材质的范畴，分论点之间的关系应是各自独立的。

如果文案较长，一般会采用类似于作文中的"总—分—总"的结构，在结尾部分会再总结一次中心思想，强调一下主题卖点，以增强目标人群的记忆。当文案较短时，则采用"总—分"结构。

图 11 – 2 – 7 所示的某扫地机器人的配置说明文案，用的是"总—分"结构。标题"三大配置升级，当得起你喜欢"，是本广告的中心思想；下方的三个分论点"App 智能控制""220 ml 自加湿水箱""2 合 1 大拖布"则是用以支持、说明标题。

三大配置升级，当得起你喜欢

从前坚持的，依然保留；现在给您的，更多惊喜！爆款魔镜S，三大核心升级，简化清洁，解放双手。打开App，尽情享受新科技带来的乐趣吧！

图 11 – 2 – 7　某扫地机器人的配置说明文案图

技能训练

网络上有"月薪 3 000 元和 30 000 元文案人员"之争的文章，讲的是文案人员之间的文案技巧差别。如果真的有月薪 30 000 元的文案人员，你觉得他应比其他文案人员更懂得哪些知识或具备哪些能力？仅仅只是文案的技巧吗？

2. 新媒体文案的创意形式

（1）有趣的"段子"

围绕品牌、企业等创作的品牌"段子"，因为软性植入、趣味性、去广告化等因素，符合当前娱乐化的需求趋势，可增加观赏性，使传播"细无声"。需要注意的是，"段子"应该和品牌相结合，最好将品牌产品作为道具，或者将品牌信息作为背景呈现在文案里。百度的营销"段子"：白娘子受伤现了原形不知所踪，许仙狂奔到西湖边找到当年的船夫，急切问："快告诉我娘子在哪里？我娘子在哪里？"船夫一脸茫然："我，我不知道……"许仙发疯似的紧紧掐住船夫："你是摆渡（百度），你不知道？！"

（2）讲故事

一个新出现的品牌，除了一些简单的宣传和产品本身给人的印象外，消费者对其所知甚少。怎么能让消费者既了解品牌的价值，又不必在二级市场上日夜拼杀呢？那就需要讲一个好的故事。新形势下的营销文案已经不再是简单的产品和内容的呈现，而是被赋予一个个或温馨、或励志的小故事之中，通过故事在无形中带动大众的情感走向，从而使产品内容被深深地印在人们的脑海里，经久不灭。

首先，标题要有故事性，如果标题不够有吸引力，那正文被打开的概率就会很低，所以标题如果以自己或者他人的经历来命名，就会有很强的带入感。因为大部分人都喜欢故事，特别是当人们如果在故事中找到了自己的影子，就很容易产生共鸣，从而获得信任，进而产生成交。

其次，正文最好通过讲故事来推进，因为没有谁愿意听那些大道理，凡是刚开始就讲道理、讲宏观的文章，阅读量和转化率都不会高。所有好的软文，都是开篇就讲故事的。通过很强的带入感，把读者一步步引导下去。很容易让人联想到自己的处境，不知不觉就被故事感染了。厉害一点的可能会让读者感觉自己就是故事的主人公。这就好像很多女孩子在看影视剧的时候，很容易感性地把自己带入剧中，然后被角色的悲惨命运感染，导致痛哭流涕。所以当故事与销售连在了一起之后，后面的成交就会变得相对容易很多。

（3）谈情感与玩情怀

基于感情色彩的沟通内容最容易触动人的内心世界，这也是很多广告人强调要潜入用户心智沟通的原因。2014年有个典型案例值得分享：可口可乐继"昵称瓶"活动后，又掀起了"歌词瓶"狂潮，从周杰伦到五月天，从世界杯主题曲到毕业季应景歌，考虑到了不同年龄段、不同性别，以及特定人群的喜好。

（4）蹭热点，借势营销

借势营销已经成为目前各大品牌的营销标配。借势营销是指在营销中借助某一热点事件，将品牌或产品和事件建立联系，引发关注。做借势营销时要快，速度是决定性因素，如果热度没了，用户的关注度就会消失，再好的文案也发挥不出作用。

11.3　新媒体文案的写作策略

 ### 11.3.1　吸引注意力的写作策略

相关数据显示，移动互联网时代，消费者每天平均接受1 500～2 000个广告，大脑一直处于信息过载状态，对于广告文案的注意变得极其严苛，平均关注时长大幅减少，且极易被其他干扰物转移注意力。

新媒体文案标题
吸引注意力的创
作策略

对于大品牌来说，可以通过大规模、长期的广告投放解决问题；而对于小品牌来说，如果文案不能够在极短的时间内让消费者获得产品的核心价值，以及对消费者自身的益处，就会浪费大量的广告投入，而这些广告投入的浪费，是小品牌不能够长期承受的。

下面介绍5招快速抓取消费者注意力的文案策略，让小品牌投入较少的资源，获得较大收入，从0到1，快速崛起。

第一：打破认知平衡

基本原理如图11 - 3 - 1所示。

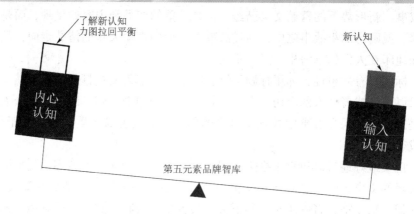

图 11-3-1　打破认知平衡

认知学理论认为，人们更愿意了解一个新信息的秘诀在于：新信息打破了人们心中的固有认知，引起认知不平衡，人们必须通过了解新信息，达到新的认知平衡。人们对于老生常谈的东西视而不见，而对挑战自己常识的东西则充满好奇心。

滋源洗发水的文案就是运用打破认知平衡的典型案例，当大多数的化妆品广告在头发柔顺、去屑、草本健康的概念上，毫无新意的时候，滋源洗发水文案提出"洗了一辈子头发，洗过头皮吗?"，迅速抓住了消费者的注意力，不仅广告大获成功，滋源洗发水也在红海竞争的洗发水市场异军突起，抢得一杯羹。

第二：刺激爬行脑

爬行脑和边缘外层，是人类最原始的脑，控制着人们的生理欲望和情绪、情感，爬行脑是日常决策机构，也是反应最快的脑，用取悦爬行脑的策略写文案，更容易得到大脑的青睐。

研究表明，爬行脑的八大决策原则是：

● 漂亮的就是好的。所以行头、包装以及视觉很重要。

● 未知的就是危险的。所以一定要使用户产生熟悉感，可以和熟悉事物做关联。

● 有利于生存繁衍的就是好的。不然为什么现在健身行业都说健身完了更吸引异性。

● 越能看得到的东西，越是好东西。所以我们总是说要场景化、具象化、细节化。

● 越是经久不变的，越重要。所以百年老店就是好。

● 越大的东西，越重要。所以现在那些高端品的包装是越做越大了，拆了一层又一层。

● 重复越多的，越重要。所以木木老贼也是总在强调"纯粹接触效应"或者占领用户心理。

● 越能打动情绪越重要。所以咪蒙火了。

根据以上爬行脑决策原则，我们可以得出爬行脑文案的几个策略方向：

A. 文案要视觉化、拟声化，刺激六觉：味觉、触觉、听觉、视觉、嗅觉、知觉；

B. 文案要细节化，细节更给爬行脑真实感；

C. 文案要能够调动消费者的情绪；

D. 一图胜千言；

E. 运用叠词，更容易被吸引。

关于文案拟声化，最为经典的当属 Olay 的水漾系列产品文案：水润砰砰不停，通过补水过程的拟声，栩栩如生地表现了补水效果，通过漂亮的女子娓娓读出，效果绝佳。

Olay 的水漾系列产品文案对照如图 11 - 3 - 2 所示。

图 11 - 3 - 2　Olay 的水漾系列产品文案对照

关于文案细节化的例子，我们可以从大卫·奥格威给劳斯莱斯写的汽车文案中，看一下细节文案带给消费者的冲击力。劳斯莱斯文案细节化对照如图 11 - 3 - 3 所示。

图 11 - 3 - 3　劳斯莱斯文案细节化对照

第三：概念重组

认知科学证明，人们对信息的理解，要经历分解→概念重组→新认知的过程，即人们对新信息的认知，都是通过原有旧概念的重组完成的，所以文案切忌生造概念和造词，给消费者模糊不清的信息。大卫·奥格威，在 60 年前，就无意识用过概念重组策略写作文案：当大家都在强调价格便宜、优惠××美元等模糊概念时，大卫·奥格威直接将奥斯汀轿车便宜的利益新概念转化为消费者更为关注的孩子教育的旧概念，取得了非常好的效果。奥斯汀轿车文案对照如图 11 - 3 - 4 所示。

图 11 - 3 - 4　奥斯汀轿车文案对照

第四：激活长期记忆

人类是善忘的动物，短时的情绪和记忆往往被转头遗忘，烦人的广告更是如此，唯有将广告文案与目标消费者的长期记忆做有效勾连，才能被消费者有效记忆。人类的长期记忆有：衰老、年轻、爱情、家庭和睦的需求、事业、财富、亲情、未来等。

我们来看一个保险公司的文案，哪一个更能让你动容，引发你的关注和记忆，显然是A方案，它激活了人们对未来衰老担忧的长期记忆。而B方案让生活更美好则是短时记忆，且不够具象化。人寿保险公司的文案对照如图11-3-5所示。

图11-3-5　人寿保险公司的文案对照

第五：修辞

语言是为了沟通，语言修辞是将沟通形象化、简单化，以达到更快沟通、说服别人的效果。

修辞中的裂锦，常常可以被用来做文案视觉化，效果颇佳。如裂锦句"楼船夜雪瓜洲渡，铁马秋风大散关"，一副北伐中原的宏图画卷跃然心中。

移就指有意识地把描写甲事物的词语移用来描写乙事物的修辞方法。会让文案更加具备新奇性，吸引消费者的好奇心。

卫龙食品将苹果科技产品的描述手法转移到食品上，消费者倍感新鲜，话题性十足，达到了很好的传播效果，同时苹果产品高端的定位调性也符合卫龙食品打造高端辣条的市场策略（如图11-3-6所示）。

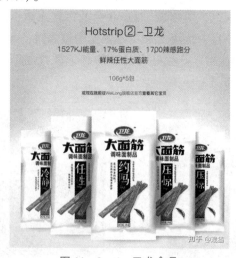

图11-3-6　卫龙食品

11.3.2　产生信任感的写作策略

1. 权威效应

一个地位高、有威信、受人敬重的人所说的话、所做的事最容易引起别人的重视、认可，更让人相信他的正确性，这也就是所谓的"权威效应"。做好权威专家，一是显示权威的高地位，宣扬其在行业中举足轻重，所有人都希望得到他的认可；二是描述权威的高标准，宣扬一般人无法获得，得之不易。要让一个品牌变得更有说服力，可以通过找有权威的人，或者利用权威证书来证明品牌或产品的品质优良。

新媒体文案产生信任感的写作策略

2. 运用数据

文案中的内容要以数据为支撑，才更加让人信服。一个产品卖得好，如果说"卖得特别火"这句话就太模糊了，不容易打动消费者，但是如果改为具体的数字，说"一个月卖出了 42 157 份"，消费者会觉得确实卖得特别火爆。数据可以消除消费者的疑虑，让他的感受更加具体真实。OPPO 手机的广告文案如果写为"超能续航"，虽然这确实是产品的特征，但因为太笼统，消费者无法感知产品的超能续航能力有多强，而文案中写上"充电 5 分钟，通话 2 小时"，立刻给人一种形象具体的感受，让消费者觉得功能确实很强大。

3. 消费者证言

金杯银杯不如老百姓的口碑。消费者会根据豆瓣的评分决定是否去看某场电影；会因为微博里的"水军"而影响对事情本身的判断；会因为卖家秀而喜欢甚至购买某产品。由此可以看出，其他消费者的选择会对消费者的决定产生多大的影响。收集消费者证言不难，重要的是，挑选的证言必须击中消费者的核心需求。市面上各种消费者证言文案都是："我以前有某某烦恼，自从用了这款产品，问题解决了，我很开心！"这样的证言一看就是广告，没有说服力。消费者证言一定要多以消费者的说话语境，解决他们的实际问题。例如，红星美凯龙选取了英伦风、公主心、极简主义者、名牌爱好者等 8 类颇具个性的人群标签，用他们的语言传达了自己对家装风格的理解和要求，继而彰显了红星美凯龙"家想怎么美就怎么装"的核心主张。

4. 化解顾虑

即便消费者对产品已经非常动心了，但是在完成最后购买时还是会担心一些问题，如产品收到后不满意怎么办，坏了是否保修；邮费、安装费谁来承担，是否送货上门；购买一些私人产品时，送货时会不会被人发现。

《爆款文案》中举了一个范例：美国得克萨斯州的农场主弗兰克在销售他的"皇家红宝石葡萄柚"，但这个葡萄柚的品牌很多人没有听说过，消费者难免要担心。弗兰克的葡萄柚文案是怎样打消消费者的疑虑的呢？弗兰克写了如下的葡萄柚文案："让你的家人尝尝这种不同寻常的水果，你来判定一切，如果这 4 个皇家红宝石葡萄柚让你说了声'不错'的话，就留着剩下的水果吧，不然就把那些没吃过的水果寄回给我，邮费我出，你不欠我一分钱，记住，你什么都不必支付，只需验证这有史以来最好的葡萄柚的味道，甚至连验证味道的费用都由我来承担。"文案里，弗兰克充分抓住了人们在尝试新事物时的担心和顾虑，那就是"万一不好吃怎么办"，而且提出了解决办法，那就是"退回给我"。这则广告刊登后，弗兰克收到了大量订单，陆续获得了 8 万名顾客。

11.3.3 产生代入感的写作策略

代入感就是读者读一篇作品时，将自己想象成作品的主角，随着主角的喜怒哀乐而喜怒哀乐，身临其境地参与到故事当中去，获得更强的心理感受。在营销中，一篇代入感强的文案，可以把受众带进一个特定的销售或品牌的场景中，会让受众感同身受，促进购买。代入感可以从以下三个维度去发散思考。

1. 情感共鸣

情感共鸣即站在消费者的角度，从他们的视角阐述问题，在情感上引起强烈的共鸣，从而激发消费者对产品的好感。

2. 场景化设置

场景化文案能给用户制造场景想象或场景联想，通过下一次在相同或类似的场景下触景生情而联想到品牌或产品，从而传达品牌的定位或价值，并提高产品销售或使用率。

3. 具象化内容

具象化文案将抽象的概念、理念融合到产品的使用场景中，通过用户对已知概念的熟悉和了解，将抽象的概念和熟悉的事物相结合，从而帮助用户清晰、准确地理解产品的特色功能。具象化文案的最终目的是让用户明白文案在传达什么，通过内容描述理解抽象的概念。因此写作时要找到产品的主要特色功能，清楚主要理念，将抽象的概念梳理后再具象化。

4. 讲故事

文案的本质是沟通，而故事则是一种高明的沟通策略。从一万年以前的洞穴岩壁，到今天的 IMAX 电影银幕，成千上万的故事在流传，催动着人们的情绪。在信息过载的新媒体环境下，"有故事感"的文案拥有比普通文案更强大的传播力，它们利用人类对故事的天然喜好，消解了用户对广告的排斥感，以一种更巧妙的方式吸引用户的眼球，走进用户的心智，并且有更大的概率留存于用户的记忆中，不被滚滚袭来的信息洪流所冲淡。

正如亚里士多德曾说："我们无法通过智力去影响别人，情感却能做到这一点。"

故事拥有能够影响人类情感、使人留下深刻印象的力量。如果文案中有故事，那么读者通常会在不知不觉间被吸引。

例如，某糕点公司强调其历史的文案。

没有故事：50 年历史与传统的味道。

有故事："听好了。蛋糕啊，一定要在吃下去的瞬间，让人展开笑容才行！"

守护已故祖父的遗言，这 50 年来他都在认真地制作蛋糕。

再如维修公司，漏水就要及时维修的文案：

没有故事：稍微漏水就是危险的征兆。

有故事：原本以为稍微漏水没什么。完全没有想到，一年后会有这般悲剧……

知识小结

本任务单元的内容主要涉及三部分："新媒体文案的认知""新媒体文案的创作思路"和"新媒体文案的写作策略"。其中，"新媒体文案的认知"部分属于前置的基础知识，向学生简要讲解新媒体文案的概念、特点和类型，使学生对新媒体文案的基础知识有所了解，明确新媒体文案的重要性；"新媒体文案的创作思路"和"新媒体文案的写作策略"是本单元的重点，详细讲解了"新媒体文案写作的思路与策略"，使学生了解新媒体文案的创作程序，掌握新媒体文案的创意构思方法，领会新媒体文案的写作策略。

知识测验

一、选择题

1. 新媒体文案对于企业的重要性主要体现在哪几个方面？（　　　）

A. 促进企业品牌及产品信息传播

B. 为企业直接带来销售转化

C. 提高企业的知名度

D. 促进与用户的沟通

2. 文案按企业广告目的可分为（　　　）。

A. 销售文案

B. 传播文案

C. 长文案

D. 短文案

3. 文案的目标人群分析中，下列哪些属于社会因素？（　　　）。

A. 角色与地位

B. 年龄与生命周期

C. 个性与自我观念

D. 家庭

4. 人有哪三种明显的需求需要被满足？（　　　）

A. 归属需求

B. 仰慕需求

C. 地位需求

D. 尊重需求

5. 下列选项中，哪些属于产生信任感的写作策略？（　　　）

A. 权威效应

B. 运用数据

C. 消费者证言

D. 化解顾虑

二、判断题

1. 新媒体对文案的要求较传统文案更为平民化，更短、平、快。　　　（　　）

2. 如果新媒体文案的目的是品牌传播，文案需要思考的则是如何让人感觉到有需要、产生信任。　　　（　　）

3. 文案的写作大纲主要在于梳理清楚三个问题：对谁说？说什么？在哪说？　（　　）

4. 金字塔原理结构从上往下看，主要分为背景、论点、标题，每个论点也可有进一步的论点。　　　（　　）

5. 场景化文案能给用户制造场景想象或场景联想，通过下一次在相同或类似的场景下触景生情而联想到品牌或产品，从而传达品牌的定位或价值，并提高产品销售或使用率。　　　（　　）

技能训练

撰写新媒体文案

1. 实训目的

通过本任务的学习，了解新媒体文案的结构，并能够独立撰写一篇新媒体文案。

2. 实训背景

（1）新品牌新产品：TOPA 红糖公司于 2019 年新成立，主要经营销售红糖产品。

（2）产品介绍：

①该公司投资近 3 000 万元，现代化设备，古法工艺，风味不变。

②全套食品级不锈钢生产设备。

③全封闭生产车间，生产全程无人工干预，设备全程控制，品质稳定。

④多道澄清系统，有效去除甘蔗压榨过程中的农药及重金属残留，这是小作坊手工红糖无法做到的。

⑤大规模生产，产量保证。

⑥原料产地在广西金秀县大瑶山，环境无污染，所取的甘蔗有别于广西其他地方，清香、甘甜，生产出的红糖有着其他地方没有的天然清香。

⑦市面上的红糖有两种：小作坊手工古法红糖和分销商从红糖生产厂家买回生产出的红糖原料后，二次溶解翻煮制成沙状或块状的小包装红糖。我公司生产的红糖从压榨到出糖，流水线一次完成，杜绝二次污染。

小知识：市面上的红糖多为块状，极少有沙状的红糖销售，这是为什么呢？因为手工红糖生产全靠经验，火候不够无法起沙成糖（无法结晶），形成"牛皮糖"，所以一些商家就添加赤砂糖或白糖，便于凝固，从而失去了红糖的功效，如何辨别掺了赤砂糖或白糖的红糖呢？放入热水中，快速溶解，无晶体沉淀物的就是好红糖。有的红糖闻起来无香味，还有刺鼻的味道，这些是手工古法红糖的特点：无法去除压榨过程中的有害物质，水分无法控制，微生物繁衍、死亡，故而散发出刺鼻味道。

3. 实训要求

写一篇文案为这一批新产品进行宣传。该公司的主要销售对象为大学生，微信公众号有大约 1 万人关注。请根据提供的产品信息进行文案撰写。

行业术语

1. 新媒体文案：指主要基于新型的媒体（移动互联网媒体），以实用为目的，向读者展示新鲜的消息，说服他们改变观点或鼓励他们采取行动，试用或购买一个新的产品，对既定的广告主题、广告创意所进行具体表现的一种广告表现形式。

2. 代入感：读者读一篇作品时，将自己想象成作品的主角，随着主角的喜怒哀乐而喜怒哀乐，身临其境地参与到故事当中去，获得更强的心理感受。

3. 借势营销：在营销中借助某一热点事件，将品牌或产品和事件建立联系，引发关注。

4. 金字塔原理：从上往下看，主要分为背景、标题、论点，每个论点也可有进一步的论点。在完整的文案结构中，背景部分可视具体情况有选择性地运用。标题属于一个文案的中心论点或展现的最大卖点，方便目标人群只要看到标题就能明白一篇文案的中心思想。

5. 元素组合法：将不同的元素叠加起来创造出新的物品的方法。

6. 目标人群分析：要搞清楚不同人群的区别，从而指导我们写出更有针对性的文案。当面对高收入、注重品质的人群时，如果文案一味强调价格便宜的特点，就会无效，它对部分价格敏感的人群更有效。因此，要了解影响目标人群的相关因素，可以从文化因素、社会因素、个人因素三个方面入手，还可以通过寻找消费者的购买动机找到文案所需推广的产品或品牌之间的契合点。

7. 核心竞争链对比分析法：将自身的各项价值一一列出并与竞争对手对比，找到其中的差异点。核心竞争链对比分析法能够充分判断和理解竞争对手是谁，竞争对手在做什么，如何与竞争对手进行差异化竞争，从而让产品或品牌变成与竞争对手完全不同的样子。

8. SWOT分析：即基于内外部竞争环境和竞争条件下的态势分析，就是将与研究对象密切相关的各种主要内部优势、劣势和外部的机会、威胁等，通过调查列举出来，并依照矩阵形式排列，然后用系统分析的思想，把各种因素相互匹配起来加以分析，从中得出一系列相应的结论，而结论通常带有一定的决策性。运用这种方法，可以对研究对象所处的情景进行全面、系统、准确的研究，从而根据研究结果制定相应的发展战略、计划以及对策等。S（strengths）是优势、W（weaknesses）是劣势、O（opportunities）是机会、T（threats）是威胁。按照企业竞争战略的完整概念，战略应是一个企业"能够做的"（即组织的强项和弱项）和"可能做的"（即环境的机会和威胁）之间的有机组合。

岗位衔接

新媒体文案的岗位职责：

1. 能及时捕获行业热点、大事件，懂得借势营销，结合公司调性找噱头撰稿，策划内容；

2. 保证日常文稿件输出的质与量，文字功底深厚，能将复杂的术语或事件以通俗易懂的文风表达出来，逻辑性强，执行力够；

3. 有品位，文艺范，会各种文体、各种段子、各种文风、各种场景的可传播性文案；

4. 负责公司历史性资料的收集和整理，品牌手册的内容填充，定期整理竞品文案分析报告，负责平台所有对外宣传文字的斟酌与润色；

5. 根据产品特点和宣传策略规划平面、网络的创意与文案撰写，能够洞察用户心理，以创意方式吸引用户，创意要求与整体宣传策略相匹配；

6. 深入理解产品，善于捕捉产品亮点，对产品创意和产品卖点能进行深入发掘和提炼，撰写产品广告文案、产品介绍以及产品特性描述等资料；

7. 不断完善产品的素材库，确保产品在推广期、非推广期都有充裕的素材使用。

 **知识拓展**

百雀羚经典广告语

百雀羚是一个拥有八十多年历史的国货经典化妆品品牌，是一个你奶奶都会说好用的品牌，而现在核心理念是"安全护肤"，产品品类的定位是"草本护肤"。特征集百雀羚经典广告语，要求作品能突出百雀羚产品的主要卖点，如草本和经典国货；字数不要太多，朗朗上口，最好押韵；作品易记，让人看一眼就能印象深刻，且产生共鸣。

经过举办征集活动，特选摘了部分精彩应征作品予以展示，以供品鉴（仅限参考）：

1. 百雀羚百年，草本驻芳颜。
2. 传承经典，呵护美丽——百雀羚护肤。
3. 草本护肤，优雅清丽。
4. 草本精华——百雀羚。
5. 幸福笑容，总有百雀羚。
6. 温情八十载，草本更信赖。
7. 草本经典，流传千年。
8. 国货百雀羚，草本安全品。
9. 草本护肤，上海的美丽。
10. 安全护肤选草本，源自天然焕青春。
11. 百雀翱翔八十年，草本国粹送爱人。
12. 时光见证品质，岁月沉淀精华。
13. 草本百雀羚，经典更护肤。
14. 草本精华，传承优雅。
15. 草本百雀羚，点滴显真情。
16. 八十一年的岁月，草本更优越。
17. 民系草本八十载，难忘品牌百雀羚。
18. 百年国货，祛斑百灵。
19. 经典护肤有道，草本安全可靠。
20. 国货百雀羚，纯草本护肤。
21. 传承国货八十年，天然草本好容颜。
22. 百雀羚，益美健。
23. 国货百雀羚，草本更天然。

24. 肌肤呼吸的草本秘诀——百雀羚。

25. 烦恼背后的惊喜——百雀羚。

26. 草本之家，国货王牌——百雀羚。

27. 金典百雀羚，国货至尊品。

28. 护肤纯草本，自然好品质。

29. 我听妈妈的诰，我用的是百雀灵。

30. 经典八十年，雀羚更懂你。

31. 草本百雀羚，国货经典存。

32. 百雀羚草本——姥姥的嫁妆就有它。

33. 国货经典，草本护肤。

34. 吸取草本之精华，呵护国货之经典。

35. 草本护肤传奇，经典国货传承。

36. 百年国货百雀羚，护肤草本取精华。

37. 喜欢百雀羚，美丽一辈子。

38. 百雀羚，护肤灵，国货见真情。

39. 百雀羚，老牌子，国货经典。

40. 草本国货好，百雀羚首选。

41. 真草本，好国货——百雀羚。

42. 传承国货八十年，天然草本荟经典。

43. 百雀羚美肤，爱你没商量。

44. 草本百雀羚，自然中国行。

45. 国人选国货，草本百雀羚。

46. 经典国货，百年传承。

47. 美丽见证品质，草本缔造奇迹。

48. 百雀羚草本，国货最爱你。

49. 代代相传之精品，尽在百雀羚草本。

50. 草本护肤百雀羚，国货经典送美丽。

51. 东方草本，安全护肤。

52. 草本更安全，经典当首选。

53. 天然更健康——百雀羚。

54. 草本护肤八十年，国货传承之选。

55. 草本精华之路，八十年经典呵护。

56. 草本护肤情，悠悠百雀羚。

57. 妆出自然，草本经典——百雀羚。

58. 百雀羚草本研制，八十年养肌美食。

59. 百雀羚，它记忆中有你的童年。

60. 国人飘香八十年，草本护肤留经典。

61. 护肤使者百雀羚，百年护肤成经典。

62. 让国人回忆百雀羚。

63. 草本护肤品，国货百雀羚。

64. 草本护肤百雀羚，经典国货中华情。

65. 八十年经典，草本百雀羚。

（资料来源：经典用语大全 . https：//www. jintang114. org/html/guanggaoyu/2018/0507/47681. html）

任务 12　新媒体营销素材制作

学习目标

了解新媒体图片及视频制作软件的操作方法

了解新媒体平台图片及视频素材的使用

了解常规的拍摄设备

掌握画面常见构图方法

掌握拍摄的基础方法

掌握图片拍摄及素材选取技巧

能力目标

能够拍摄图片

能够合理选取素材

能够熟练使用常规的拍摄设备

能够操作新媒体图片及视频制作软件

思政目标

培育并践行社会主义核心价值观

培养新媒体从业人员的法治意识与职业道德

培养新媒体从业人员精益求精的工匠精神

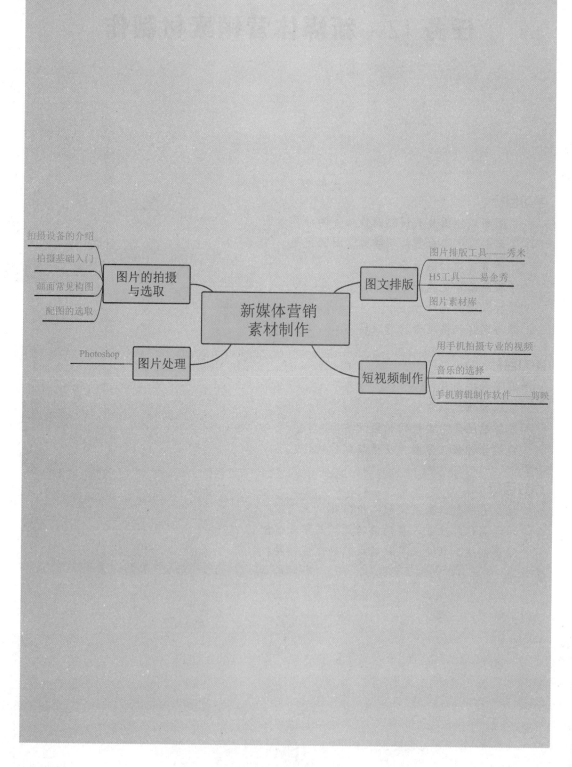

大众点评×摩拜单车：有志者，吃就橙

来一场说吃就吃的旅行，马上启程，吃遍大江南北！大众点评跨界摩拜单车所制作的新媒体内容的运营案例主要有海报设计和 H5 设计。

案例分析：

一、海报设计

在设计上，主色彩以膜拜单车的橙色为主色调。车轮上的大众点点吉祥物与膜拜单车合二为一，体现美食的行动势在必行，很完美地契合了两个品牌的自身特色。整体构图设计体现了美食夜市的既视感，色调偏暖色，带给人深夜食堂的治愈性。整体海报的元素排列上更有视觉冲击性，仿佛置身于真实热闹的美食区。

二、视频类 H5

大众点评为宣传"推荐菜"功能推出了一支蒸汽波风格的 H5，将装置艺术融合进吃货美食文化中，而此次的"吃货英雄"H5也是让人耳目一新，超级英雄式的漫画也充满了看点。

膜拜单车和大众点评联合制作的H5用夸张的故事情节渲染了"凑合吃吧"的悲凉气氛，揭露了吃货们内心最深处的苦恼。而你是否也在找不到想吃的东西时选择将就？这时"凑合吃吧"大魔王，就会趁机吞噬你对美食的渴望和执念。

1. 内容

用一组以漫画的形式搞趣的内容来描述餐饮，突出大众点评这个品牌种类繁多，然后将摩拜自行车和送餐结合在一起，完美地突出了这两个品牌。

2. 亮点

超级英雄的名字为点点（大众点评吉祥物），浓厚的漫画既视感，还参考了电影大片预告片的形式，激情澎湃的背景音乐＋全英文男声旁白配音＋各场景镜头穿插变换。用动漫的形式来表达，给人印象深刻；另外，背景配音使用英文，给人高大上的感觉。

3. 体验

听着英文配音，感觉在看大片；这组动漫色彩丰富、内容搞笑，很有吸引力，能够给人带来很好的印象，摩拜和外卖完美结合，使其品牌效应大大提升。

4. 设计巧妙性

"吃货英雄"其实是通过大众点评的"搜索菜品"功能来帮助吃货们一下找到自己想吃的，也就是拯救了吃货的世界，从而凸显大众点评新上线的功能（菜品可搜索）。视频在后半部分还提到，大众点评＆摩拜单车合作款，"炫光吃货车"，将在上海、成都、深圳三个城市有炫光骑行活动。结尾页点击"呼叫小伙伴"提示分享给好友，点击"领吃货福利"可跳转链接，领取吃喝玩乐大礼包。

12.1　图片的拍摄与选取

 12.1.1　拍摄设备的介绍

一般情况下，单反相机是最理想的拍摄设备。除了单反相机以外，微单和手机在摄影领域也受大众的追捧，拍摄设备小巧易携带，方便随手拍，人脸识别、人像美颜、风格滤镜等技术的不断发展让摄影变得简单，让用户更容易拍出满意的作品。下面对不同的器材加以介绍。

1. 单反相机

这里以佳能单反相机为例进行介绍。佳能的单反机型不仅拥有出色的画质和强大的性能配置，而且丰富的镜头和配件资源也是众多爱好者所看重的。对于摄影新手，可以选用佳能的1500D。

首先，从定位来看。1500D是佳能的入门级单反，作为一款入门机，价格优惠。这款相机机身小巧，方便外出携带，可以单手轻松握持，约436克的重量也让你能够轻装上阵。

其次，在成像方面，这款单反配备了一块2400万像素级别的APS–C画幅传感器，带来了足够丰富的画面细节，APS–C大尺寸传感器则让照片更具质感。

第三，这款相机采用9点自动对焦系统，这套经典系统的速度、精度都不错，可以帮你定格精彩瞬间，提升拍摄的成功率。有了高效自动对焦的帮助，会让你平时的拍摄省心不少。

值得一提的是，根据拍摄主体以及场景的不同，这款相机配备了6种场景模式（人像、风光、微距、体育、食物、夜景人像），在场景模式下用户不需要调整拍摄参数，要做的就只是构图和按动快门，剩下的交给相机完成就可以了，即使摄影新手也能轻松拍出好作品。

2. 微单

微型小巧且具有单反功能的相机称之为微单相机。微单相机所针对的客户群主要是那些一方面想获得非常好的画面表现力，另一方面又想获得紧凑型数码相机的轻便性的目标客户群。

以索尼a6000、索尼a6300为例，这两款型号是索尼产品中性价比较不错的，无论是在对焦速度、连拍速度、抓拍等方面都非常不错。

3. 手机

手机产品的拍摄性能，无论是摄像头像素大小的比拼还是图像处理器性能的优化，在当前都成为人们关注的一大焦点。这里以华为Mate20Pro为例，这款手机的拍照性能非常出色，背部三摄镜头为成像效果带来更多的选择，全新一代的图像处理器以及AI成像技术加持使这款手机的拍照效果实力显现，业内也是一片好评。

 12.1.2 摄影基础入门

1. 利用自然光

自然采光可能有很大差异，这取决于许多不同的因素。一天中的时间，季节和天气都将影响光线的质量和方向，并可帮助您确定最佳摄像机角度，拍摄对象位置，相机设置等。光还可以极大地影响照片的感觉。

（1）逆光拍摄

拍摄阳光，不一定是要向着同一方向（顺光）的，有时试试把主体背着阳光拍，这样会拍出另一种感觉。例如拍摄树叶，我们可以于树叶的另一面拍摄，利用阳光穿透树叶，把叶子拍得清澈，突出纹理。拍摄人像/动物时，逆光拍摄能拍出漂亮的黄金色发丝，令相片更动人，利用偏黄的白平衡也能令相片变得暖起来，但要好好控制曝光或补光量，以免主角变得全黑。

（2）拍摄影子

拍摄阳光，太阳本身未必一定要是主角，其实有光便有影，影子有时更能增加趣味，提供更大的想象空间。

（3）拍摄剪影

逆光拍摄时有时主角会变得很暗，那么可以直接拍摄出漂亮的剪影，我们需特别留意主角的轮廓和形态，也要留意背景能否突出剪影。

（4）拍摄反光面

我们可以拍摄反射面内的世界，例如玻璃、镜子，甚至是水面的反光。我们也可以拍摄反转的世界，利用平衡构图或是直接把反射面充满整个画面也是很好的拍摄手法。

（5）利用镜头的光晕

镜头的光晕（Lens flare）其实是镜头的缺点，但若果好好利用这个缺点，我们可以替相片加上一个特别的感觉！每支镜头拍出的光晕也不同，向着阳光的角度也有别。

（6）利用太阳拍出星芒

如果你有拍过城市夜景，你一定看过星芒的出现，我们可以看到城市街道灯光的星芒，其实拍摄太阳也可以，我们只需把光圈调小（f/16、f/22 等），然后把太阳放在对象与对象的中间拍摄，例如拍摄密密的树林或是高楼大厦，我们便可以利用这个表达手法。

2. 提前布置场地

我们在拍摄照片时有很多的照片还是会选择在户外拍摄的，因为好多摄影师都倾向于自然光拍摄，而我们被拍摄的客人或者亲戚朋友都喜欢自然的照片。这就需要拍摄者提前做好场地布置的准备。比如摄影需要的风光板，外景灯，镜头，内存卡，电池，三脚架等等。这里说到的三脚架是比较重要的，它能帮助你在拍摄时给你的相机稳定的支撑。在大多数情况下，很多简单的摄影器材也是可以达到三脚架的理想效果的。

3. 利用天气带来的环境效果

利用戏剧性的天气可以使照片增色并且传达一种情调。

（1）阳光灿烂

阳光灿烂的日子是进行风光摄影的好天气，光线充足、色彩鲜艳、比较容易出好作品，也是弹性最大的拍摄天候。在不同的时段拍摄，照片会包含不同的色彩以及感情深度，除了考虑时间因素，还要考虑主题周围的环境，因为环境可以影响或反射阳光，从而使拍摄主体的颜色发生变化。拍摄时不要忘记根据你所要达到的效果调整相机的白平衡，通过改变色温，整个图像的颜色也会发生改变。

在晴天拍摄，由于光线的方向比较明显，所以光线的运用尤为重要。在逆光或半逆光的情况下拍摄时，光与影的对比会使拍摄对象产生一种立体感，更为生动。需要注意的是，晴天艳阳下，由于水蒸气作用，会让空气的透明度不够、拍摄的画面偏灰，因此要慎选拍摄的时段。当通透度不够时，可以将拍摄视角从大场景转向近距离的题材，以局部的表现手法为佳。

（2）晨雾

弥漫的光线对于某些情绪类型的照片非常理想。清晨的阳光柔和，温暖且微妙，晨光在雾中透出来，别具氛围。雾气中，远处的景物影调很浅，拍摄时可以选暗色调的景物形成影调的对比，逆光拍摄雾景效果较为突出，在拍摄之前选择好角度，不失时机抓拍特有的光线造型效果，也要留意测光和调整白平衡。

（3）落日

"夕阳无限好"，在摄影中，黄昏的光线有着最丰富多样的变化，选择合适的时间拍摄尤为重要，一般来说在太阳即将落下山脊（海平面）的时候按下快门。此时的太阳是最为漂亮的时候，也是拍摄剪影的好时刻。在构图上，一般拍摄者可以将落日放在黄金分割线上，同时也要考虑太阳在整个画面中所占的比例，适当的使用前景烘托氛围，比如树木、云彩等。

日落拍摄时，使用不同的曝光会产生不同的拍摄效果，一般可以将相机调至中央重点测光，以太阳周围的天空亮度为测光点，稍微上下加减曝光。

（4）风云变幻

戏剧性的风暴天气会创造出你无法从其他场景中得到的感觉，风卷飞云、浓云翻滚、气势磅礴的景色让你感受时光飞逝。此时找到合适的拍摄地点，将相机调到手动模式、小光圈、全景测光、低感光度、还要有点耐心，多尝试拍摄你会得到心仪的作品，加入适当前景可以让画面更为丰满。

（5）多雨的季节

下雨天通常是大家尽量避免的拍照情境，其实雨天不是不能拍照，而是要根据雨势的大小来判断。浪漫的斜风细雨、街头湿漉漉的小景、迷离的雨中倒影、"风雨欲来风满楼"的景色，雨天拍摄可以表现雨景中的特殊形态，带点诗情画意，别有一番风味。

要拍出落下的雨点，可以选择暗色调的背景，选用侧逆光或逆光拍摄。为了凝固雨滴，使用 1/125s 或者更高的快门速度；1/60s 或更慢的快门速度会使雨滴呈现拉长现象。雨天光线较暗，曝光时间往往要长一些。由于光的漫射，雨中的景物反光较强，多变化视角更易增添情趣。雨中拍摄要注意找寻有遮掩的地方，使用雨伞或者用塑料袋简单地包裹好你的相机，留意落在你镜头或者滤光镜上的雨珠，以免损伤器材。

（6）夜景拍摄，光影婆娑

除了那些能产生迷人影像的白天之外，"愈夜愈美丽"对于夜晚的城市而言是恰如其分的，不眠的城市有着丰富的色彩、鲜艳的灯光。夜景拍摄要最大限度的利用光源，丰富画面中的影调，我们可以利用高感光度、调整色温或者较长的曝光时间，来完成夜景的拍摄。

12.1.3　画面常见构图

1. 九宫格构图

九宫格构图也被称为三分法构图，是一种比较常见和应用十分简单的构图方法。一般有两横两竖将画面均分，使用时将主体放置在线条四个交点上，或者放置在线条上。操作简单，表现鲜明，画面简练，很多相机上都直接配备有这个构图辅助线，应用广泛，多应用于风景、人像等（如图 12-1-1 所示）。

图 12 - 1 - 1　九宫格构图

2. 对称构图

对称构图有上下对称、左右对称等，具有稳定平衡的特点。在建筑摄影中表现建筑的设计平衡，稳定性。广泛应用于镜面倒影中，表达出唯美意境，画面平衡性的特点。对称式构图多用于建筑、倒影拍摄等（如图 12 - 1 - 2 所示）。

图 12 - 1 - 2　对称构图

3. 对称构图

三角形构图会增添画面的稳定性，常在画面中构建三角形构图元素，特别是人像摄影中。多用于拍摄建筑、山峰、植物枝干、人物等（如图 12 - 1 - 3 所示）。

图 12 - 1 - 3　三角形构图

4. 对角线构图

对角线构图其实是引导线构图的一个分支，将引导线沿画面对角线方向分布，就成了对角线构图。引导线可以是直线，也可以是曲线甚至是折线，只要整体延伸方向与画面对角线方向接近，就可以视为对角线构图（如图 12 - 1 - 4 所示）。

图 12 - 1 - 4　对角线构图

5. 留白构图

让主题周围在画面中留出一些空白空间，它同样能让你的主题很明显且具有吸引力，同时还创造出一种极简的画面（如图 12 - 1 - 5 所示）。

图 12 - 1 - 5 留白构图

 12.1.4 配图的选取

众所周知，视觉元素在信息传递中扮演了举足轻重的角色，无论是社交媒体的信息，还是发微博或制作 PPT，都可以用图像来展示更多的内容。所以，新媒体图片的选取成为一项重要的内容，它在文章中起着以下几种作用。

（1）带动情绪，直观表达

欧普到家公众号文章配图，采用清新手绘风格，图片内容丰富，突显欧普服务的暖心之处（如图 12 - 1 - 6 所示）。

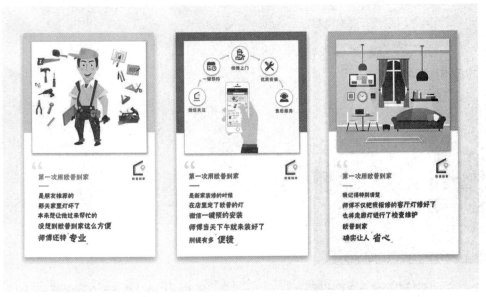

图 12 - 1 - 6 欧普到家公众号文章配图

（2）承载更大的信息量

江小白在微博推广星座限量定制酒，所使用的的配图直接向客户展示了 12 星座的酒瓶设计图案信息，星座配酒，故事都有（如图 12 - 1 - 7 所示）。

图 12 - 1 - 7　江小白微博配图

（3）优化排版

星巴克在微信公众号发布的一篇文章《我的城市，有我所爱》，无接触式体验点亮城市，图文混排，一起体验那份美好（如图 12 - 1 - 8 所示）。

（4）强调文章调性

喜茶在微信公众号发表的一篇"芒芒 2.0 ｜ 重逢，踏秋归来"，以故事性配图展开，非常符合喜茶的企业调性，起到了很好的线上宣传效果（如图 12 - 1 - 9 所示）。

图 12 - 1 - 8　星巴克公众号文章配图　　　　图 12 - 1 - 9　喜茶公众号配图

12. 2 图片处理

12. 2. 1　Photoshop

Photoshop 简称 ps，是 Adobe 公司开发和发行的图片编辑软件，它的专长是图片的合成处理，而非图形创作。要进行图片创意制作，需要用到矢量图形设计软件，常用的软件如 Adobe 公司开发 illustrator 软件，两者相结合能制作出非常精美的创意海报、宣传画册等。photoshop 的主要应用领域有平面设计、广告摄影、影视创意、网页制作、后期修饰和用户界面设计。在新媒体营销时代，photoshop 的修图功能必不可少，微信公众号文章中的图片修饰；微商在朋友圈营销使用的产品海报；淘宝商家店铺页面设计；企业站设计等方方面面，学会使用 photoshop 是新媒体营销时代必备的技能。

photoshop 拥有十一个主菜单、一个实用的工具栏和三大主要面板。

（1）文件菜单（如图 12 – 2 – 1）："文件"菜单中包括新建、打开、关闭、保存、导出、导入等基本功能。

（2）编辑菜单（如图 12 – 2 – 2）：通过"编辑"菜单下的"拷贝"命令可以将图片粘贴到新的文件/图层上。"图层"工具是 photoshop 强大的功能，几个图层的叠加组合可以制作出一幅全新的海报，每个图层独立、相互不干扰，通过调整图层的上下顺序又可以制作出完全不同的海报。"填充"和"描边"工具的功能是给图形图像添加颜色，"填充"是对图形内部赋予颜色，"描边"是给图形轮廓添加颜色。"变换"工具可以将一个图片变换为各种角度，裁切成任意形状。

图 12 – 2 – 1 文件菜单

图 12 – 2 – 2　编辑菜单

（3）图像菜单（如图 12－2－3 所示）："图像"菜单下的"图像大小"和"画布大小"命令，可以将图像/画布改变成任意大小，但要注意比例问题，图像可能会出现变形情况。模式命令可以将图像的颜色转换为 RMB/CMYK 格式，以便打印输出。通过"调整"菜单可以调整的亮度、色阶、色彩饱和度等等，将一幅色彩灰暗的图像调整为色彩明亮的图像，还可以将图像中的某一种颜色替换为另一颜色，也可以将一幅图由彩色变为黑白色。

（4）图层菜单（如图 12－2－4 所示）："图层"菜单是针对图层的操作，如新建/复制/删除图层，为图层添加样式，新建调整图层，栅格化图层等操作。由于在 photoshop 的界面中有单独的图层面板，因此"图层"菜单并不经常使用。

图 12－2－3　图像菜单

图 12－2－4　图层菜单

（5）文字菜单（如图 12－2－5 所示）："文字"菜单是针对文字的操作，可以设置文字的排列方向，创建 3D 文字，栅格化文字图层等操作。由于文字工具使用频繁，软件设计者把它单独放在界面左边的工具栏中，方便用户使用，因此"文字"菜单的使用频率并不高。

（6）选择菜单（如图 12－2－6 所示）：利用"选择"菜单可以选择图层、色彩范围，还可以修改选区，扩大、变换、载入、存储选区。

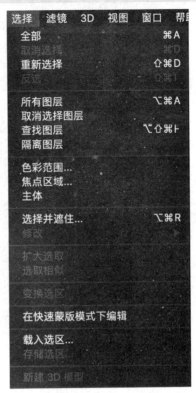

图 12 – 2 – 5 文字菜单　　　　　　图 12 – 2 – 6 选择菜单

（7）滤镜菜单（如图 12 – 2 – 7 所示）：滤镜大家都非常熟悉，现在的自拍软件都有滤镜功能将图像进行美化，可以说滤镜就是图片的一把整容刀，再普通的图像加上滤镜都能拍出影视大片的效果。photoshop 拥有大量的滤镜库，用来实现图像中的特效，除了软件本身自带的滤镜，还可以外加滤镜插件。"液化"滤镜可用于推、拉、旋转、反射、折叠和膨胀图像的任意区域，常用于修饰人物脸型，使其看起来更加消瘦。"风格化"滤镜通过对像素的处理和置换制作出具有艺术效果的图，"等高线"命令能将一幅照片处理成速写图，"浮雕效果"命令将照片制作出浮雕画的样子，"凸出"命令又可以制作出马赛克图片的效果，还可以用"油画"命令将图片处理成油画效果。"模糊"滤镜会使清晰的画面变得模糊，可以用来表现快速运动的画面，如疾驰的汽车，也可以修饰人物面部的瑕疵，如明显的暗疮、痘印。"智能滤镜"是运用在智能对象上的滤镜，也就是说智能对象使用的滤镜都是智能滤镜，以上普通滤镜都可以转换为智能滤镜。"滤镜"菜单下还有其他滤镜，在这里就不一一列举了。值得一提的是，photoshop 的外加滤镜插件效果非常强大，旧版本时相当复杂的操作步骤，现在只需要一个滤镜插件就可以实现，其中包含了调色、磨皮、手绘、设计辅助等，如修图师最爱的人像磨皮神器 – DR4、一键降噪插件 – Noiseware 等，这些插件赋予了 photoshop 更多的可能性。

（8）3D 菜单（如图 12 – 2 – 8 所示）：利用"3D"菜单可以很方便地制作出 3D 立体效果图。

（9）视图菜单（如图 12 – 2 – 9 所示）："视图"菜单用来控制软件的视觉效果，包括缩放图像、建立参考线、显示标尺等命令。

图 12-2-7　滤镜菜单　　　　　图 12-2-8　3D 菜单　　　　图 12-2-9　视图菜单

（10）窗口菜单（如图 12-2-10 所示）："窗口"菜单中包括 photoshop 中所有的工具窗口，打开"窗口"菜单点击相应的命令，就可调取相应的工具窗口，打钩的工具代表已经显示在面板中。

（11）帮助菜单（如图 12-2-11 所示）：显示 photoshop 的帮助信息。

（12）工具栏（如图 12-2-12 所示）：photoshop 拥有大量且实用的工具栏，工具的操作也都非常简单，通过鼠标左键单击拖拽即可完成操作。photoshop 的工具栏有 60 多个工具，全部排列出来是非常庞大的一个界面，下面我们来一起学习常用的 21 个工具。

图 12-2-10　窗口菜单　　　　　图 12-2-11　帮助菜单　　　　图 12-2-12　工具栏

"移动工具"的功能是移动选区或图层，单击鼠标左键拖拽即可完成操作。

"矩形选框"和"椭圆选框"工具可以便捷在画布上选取矩形或椭圆大小的画面。

"磁性套索"工具用来选择不规则的图形，也可用来做一些精度要求不高的抠图。

"魔棒"工具可以选择图像中色彩相似的区域，通过容差值大小的设置改变颜色选择的范围，容差值越小，色彩相似度越高。

"裁剪"工具用来切剪或拓展图像边缘，选择裁剪工具后会出现节点框，鼠标向选框内拖拽可裁剪多余图像，鼠标向选框外拖拽可拓展图像边缘。

"吸管"工具用来吸取图像和色板中的颜色，鼠标左键单击即可选取颜色。

"污点修复画笔"工具用来去除图片中的标记和污点，鼠标左键在污点处单击并拖拽即可完成操作。

"画笔"工具的功能是用定义的画笔笔触给图像上色，画笔的定义方法很多，有软件内部自带的画笔，也可以将外部导入进来的图形图像设为自定义画笔。

"仿制图章"工具的功能是选取图像中某一部分像素作为图章，涂抹在图像中其他位置，就好像完全复制出来一样。使用的方法是用 ALT + 鼠标左键单击拖拽选取像素作为图章，在需要涂抹的地方单击鼠标左键并拖拽即可。

"历史记录画笔"工具的功能是将图像恢复为以前的样子，鼠标左键单击拖拽即可。

"橡皮擦"工具的功能是将图像中的像素擦除为背景色，鼠标左键单击拖拽即可。

"油漆桶"工具的功能是使用前景色填充色彩连续的区域，鼠标移动至需要填充颜色的区域左键单击即可。

"模糊"工具的功能是模糊图像中的区域，鼠标左键单击拖拽至哪里，哪个区域就会变得模糊。

"减淡"工具的功能是将图像中某一区域颜色调亮，相应的"加深"工具是将某一区域颜色调暗，鼠标移至需要调亮/调暗位置，左键单击拖拽即可。

"钢笔"工具的功能是通过锚点和手柄更改路径或形状，常用于选择不规则且形状较复杂的区域，想要熟练使用"钢笔"工具，需要大量且重复的练习。

"横排文字"工具的功能是为图像添加文字，文字排列的方式默认为横排，也可通过右击"横排文字"工具，在弹出的菜单中选择"直排文字"工具，即可改变文字的排版方向。

"路径选择"工具的功能是选择图像中的整个路径，选择后可删除整个路径或整体移动路径在图像中的位置。

"矩形"工具用于绘制矩形，右击"矩形"工具按钮，在弹出的菜单中选择"圆角矩形"工具、"椭圆"工具、"多边形工具"、"直线"工具，即可绘制不同的形状，也可以自定义绘制形状。

"抓手"工具用于移动画布。画布比例放至较大倍数时，不能全部显示在画面中，可以通过"抓手"工具移动画布查看画面中的不同位置。

"缩放"工具的功能是放大和缩小图像的视图，放大后以便我们查看和修改图像的细，缩小可以查看图像的整体效果。

"前景色和背景色"工具的功能是设置图像的前景色和背景色。前景色用于当前绘制的图像颜色，背景色是图像的底色，擦除前景色后露出的颜色就是背景色。鼠标左键单击"前景色"或"背景色"按钮，可通过弹出的"拾色器"对话框选取颜色。

12.3　图文排版

用户在微信公众号看到一篇设计精良的文章，往往会不由自主地打开文章，精美的图片、美好的文字、恰到好处的排版，加上悦目的颜色，让人忍不住将文章深读下去。读完一篇仍意犹未尽，便将此公众号以往的文章都翻阅一遍，再点上"关注"按钮，于是一篇文章成功的引流了一位用户。由此看来，掌握图文排版技术是新媒体人士的必备技能。我们在这里给大家介绍两款简单易学的软件，通过这两款软件的设计，新手也可以做出令人叫绝的图文设计。

12.3.1　图文排版工具——秀米

秀米是一款在线设计工具，包括图文排版和 H5 设计，被广泛地应用在微信公众号上，秀米的宗旨是让公众号文章变美。此外，秀米还可以生成长图和贴纸图文，发布于更多的平台上。秀米的开发者十分用心，即便这款软件已经很容易掌握，他们还是考虑到部分用户对应用软件极其陌生，在软件页面最显眼的位置放上"图文排版新手指南"（如图 12 - 3 - 1）、"一文读懂秀米"（如图 12 - 3 - 2 所示）、"如何理解布局思维"这样实用性的文章，用户一打开网页就能第一时间阅读秀米的使用手册。

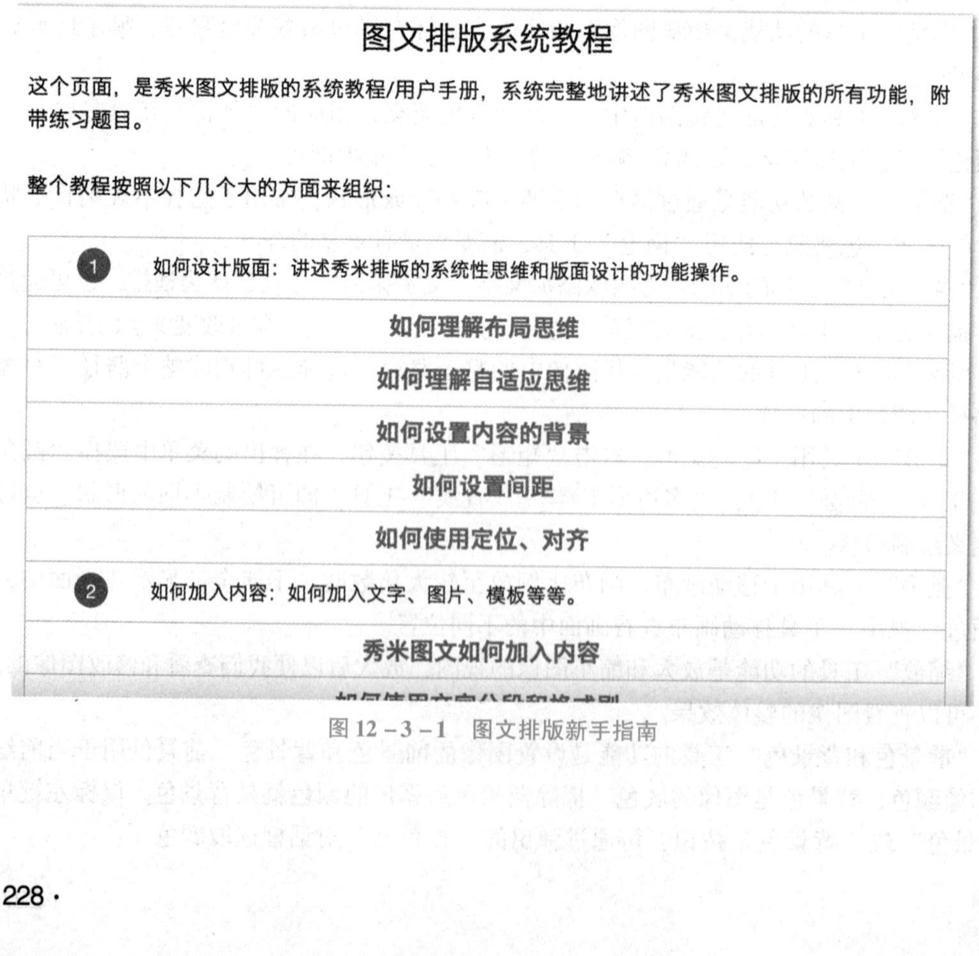

图文排版系统教程

这个页面，是秀米图文排版的系统教程/用户手册，系统完整地讲述了秀米图文排版的所有功能，附带练习题目。

整个教程按照以下几个大的方面来组织：

① 如何设计版面：讲述秀米排版的系统性思维和版面设计的功能操作。

如何理解布局思维

如何理解自适应思维

如何设置内容的背景

如何设置间距

如何使用定位、对齐

② 如何加入内容：如何加入文字、图片、模板等等。

秀米图文如何加入内容

图 12 - 3 - 1　图文排版新手指南

图 12 - 3 - 2 "一文读懂秀米"

1. 登录秀米注册新账号

打开浏览器在地址栏输入"秀米",在弹出的页面中找到"秀米首页 - 秀米 XIUMI",后面有"官网"二字,网址为"www. xiumi. us",单击进入网站(如图 12 - 3 - 3 所示)。在网站的右上角点击登录按钮,注册秀米新账号。根据网络实名制要求,新用户注册秀米账号必须绑定手机号。(如图 12 - 3 - 4 所示)

图 12 - 3 - 3 秀米网站首页

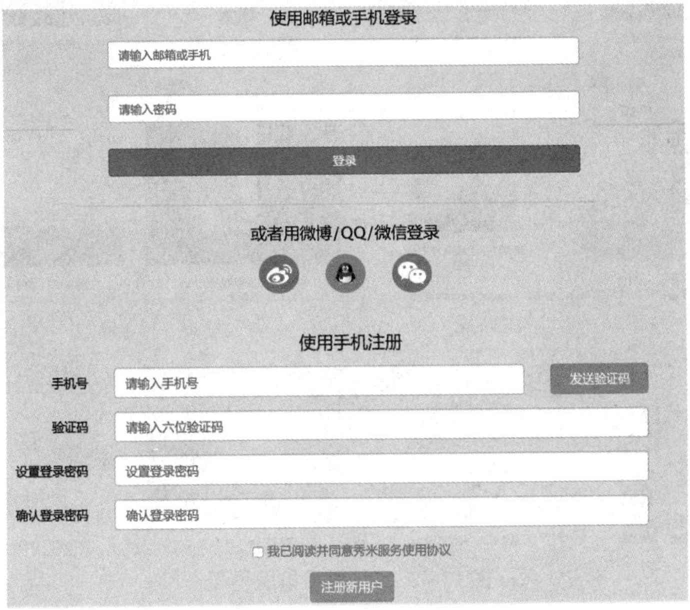

使用邮箱或手机登录

请输入邮箱或手机

请输入密码

登录

或者用微博/QQ/微信登录

使用手机注册

手机号   请输入手机号   发送验证码

验证码   请输入六位验证码

设置登录密码   设置登录密码

确认登录密码   确认登录密码

☐ 我已阅读并同意秀米服务使用协议

注册新用户

图 12 - 3 - 4 秀米注册账号界面

2. 用户界面（成功登录后）

　　注册成功之后登录账号进入图文排版和 H5 制作界面（如图 12 - 3 - 5 所示），页面有三个选项。左边为"挑选风格排版"，里面有大量排版风格，分收费模板和免费模板（如图 12 - 3 - 6 所示），用户可以在众多排版格式中选择自己喜欢的样式，单击"另存给自己"，用户可以在"我的秀米"中查看（如图 12 - 3 - 7 所示）。页面中间位置是"图文新手指南"，文章详细介绍了软件的使用，用户阅读完文章就基本掌握软件的使用。这一点设计非常贴心，十分适合初次使用秀米的用户。页面右边为"新建一个图文"按钮，点击进去就可以着手设计自己的图文排版。

图文排版

原创模板素材，精选风格排版，独一无二的排版方式，设计出只属于你的图文。

挑选风格排版

图文新手指南

新建一个图文

图 12 - 3 - 5　账号登录后界面

图 12 - 3 - 6　风格排版界面

图 12 - 3 - 7　另存排版界面

3. 秀米排版操作界面

秀米排版操作界面（如图 12 - 3 - 8 所示）共分为三个区域，左边素材区、中间编辑区、右边和顶部的工具区。

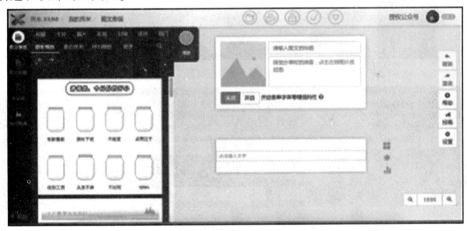

图 12 - 3 - 8　秀米排版操作界面

（1）素材区

素材区（如图 12 - 3 - 9 所示）包括主题色、图文模板、图文收藏、剪贴板、我的图库。图文模板的功能是为用户提供模板样式，其中包括四个按钮：最新模板、最近使用、样刊模板和更多。"最新模板"提供最近时间更新的模板样式，这类风格的模板与最近的天气、时事、热点有关，贴近当前人们的生活。"最近使用"提供的是用户最近使用过的模板。"样刊模板"里有制作好的样刊，有用户自己制作的样刊，也有系统提供的样刊，使用样刊具有一键排版功能。"更多"（如图 12 - 3 - 10 所示）中有更加丰富的模板供用户挑选，并且将模板细分为标题模板、图片模板、二维码名片模板等等，用户单击就可以直接使用或收藏，收藏后的模板被保存在"图文收藏"按钮下。"剪贴板"用于存放编辑过程中复制的图片、文字内容。"我的图库"中存放的是从网络中及电脑中上传的图片。

图 12 - 3 - 9　素材区

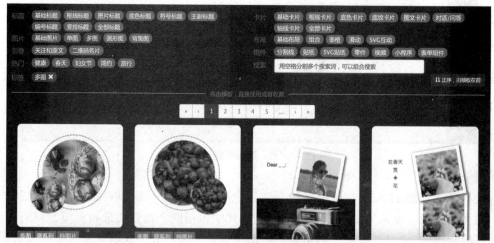

图 12 - 3 - 10　更多模板界面

（2）编辑区

编辑区（如图12－3－11所示）分为三个部分，封面区域、正文编辑区和右侧的辅助编辑功能。

图12－3－11　编辑区

封面区域的图片可以放入任何大小的图片，对于微信图文来说，封面图片的分辨率最好是900×383或者383×383。上传封面图片的方式为：单击选中封面图片按钮，在"我的图库"中鼠标左键单击要设置的为封面的图片即可。封面图片设置好后，填写好封面标题和摘要，方便管理图文及同步上传至微信公众号。（如图12－3－12所示）

图12－3－12　封面区域

　　向正文编辑区添加图文内容的方法：将素材区的图文内容或者模板直接拖动至正文编辑区即可，拖动进来的内容直接放在正文的最下方（如图 12 – 3 – 13 所示）。如果需要放置的内容在正文的中间某个指定位置，需要选中指定位置的前一个模块，单击鼠标将图文内容添加进来。模板中的图片是可以替换的，单击选中模板图片，再点击图库里的图片进行替换（如图 12 – 3 – 14 所示）。

图 12 – 3 – 13　向正文编辑区添加内容

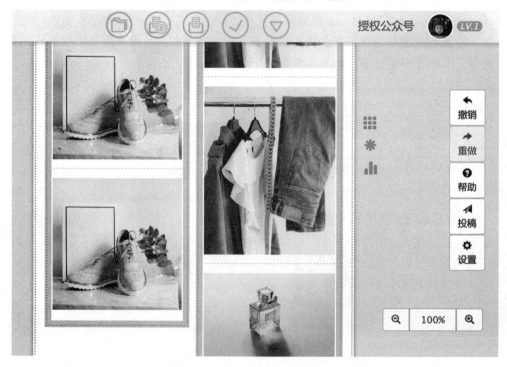

图 12 – 3 – 14　右侧和顶部工具区

（3）右侧和顶部工具区

"布局模式"按钮的功能是可以对图文进行深度排版，关闭该选项状态则进行快速排版。模板中的图片通常是可以直接替换的，但需要注意的是，如果模板中的图片不可以替换，那么一定是因为这个图片呗设置为背景图，此时需要使用右侧的工具区的"布局"按钮。打开布局模式，选中模板中的背景图片，在布局的工具条上找到背景图的设置，单击"我的图库"中的图片进行替换（如图 12 - 3 - 15 所示）。"基础格式"按钮的功能为设置图文的背景色和背景图。"全文统计"用于统计文章字数、图片和链接数量以及阅读所需时长。

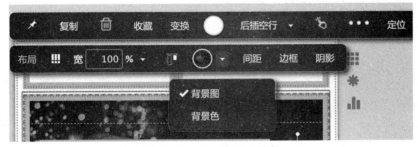

图 12 - 3 - 15　布局工具条

"撤销"和"重做"按钮的功能是撤销上一步和恢复上一步的操作。"帮助"按钮为我们提供一些教程和帮助目录。用户可点击"投稿"按钮，将自己设计模板上传至秀米网站。"设置"按钮可以对编辑功能做一些设置，如不带格式粘贴，在文字中添加小图片功能。

顶部工具区有"打开""预览""保存"这样的基础功能。"复制到微信公众号"功能将编辑好的图文内容直接复制到微信公众号后台，这里提示需用谷歌浏览器操作，选用其他浏览器可能会导致粘贴功能失效。

图 12 - 3 - 16　更多按钮

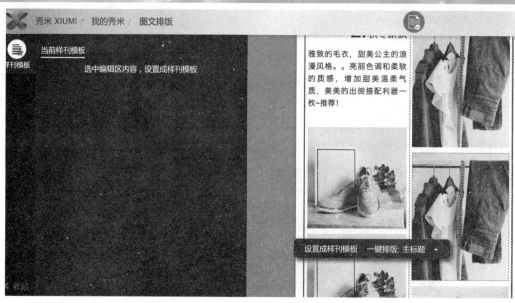

图 12 – 3 – 17 样刊模板

"更多操作"按钮中的功能是针对图文文件的操作，可以新建、导入 word 文档、另存图文这类基本功能，还有生成长图和贴纸图文功能。我们重点介绍设置样刊功能。单击"将本图文设置为样刊"按钮，选中正文编辑区的图文内容，单击工具条上的"设置成样刊模板"按钮，用户可以在样刊模板中看到样刊。

4. 将图文内容同步至公众号

首先，在编辑界面右上角点击"授权公众号"进入授权页面授权公众号（如图 12 – 3 – 18所示）。

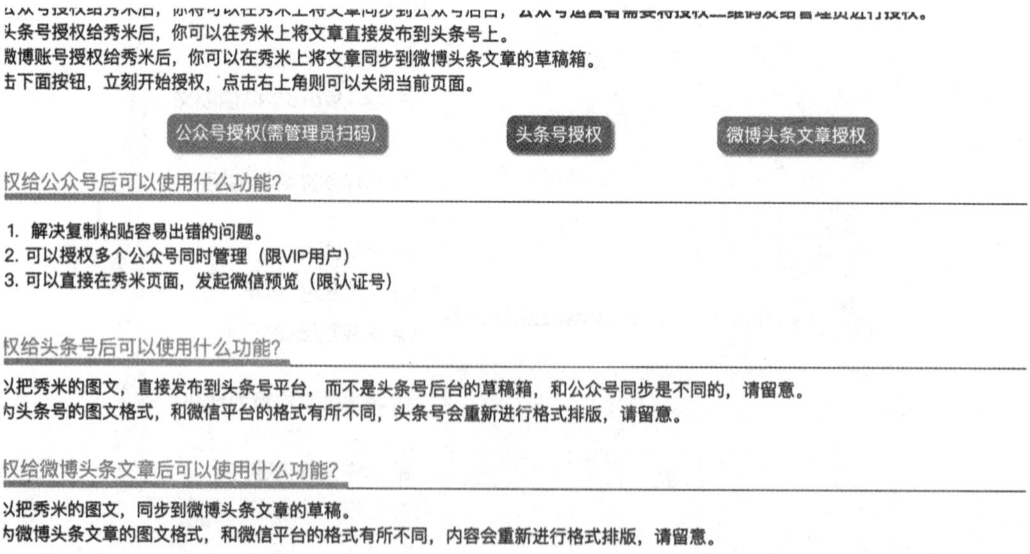

公众号授权成功后，你将可以在秀米上将文章同步到公众号旧日，公众号编辑后面需要授权一遍将来不需要授权此门授权。
头条号授权给秀米后，你可以在秀米上将文章直接发布到头条号上。
微博账号授权给秀米后，你可以在秀米上将文章同步到微博头条文章的草稿箱。
击下面按钮，立刻开始授权，点击右上角则可以关闭当前页面。

公众号授权(需管理员扫码)   头条号授权   微博头条文章授权

权给公众号后可以使用什么功能？

1. 解决复制粘贴容易出错的问题。
2. 可以授权多个公众号同时管理（限VIP用户）
3. 可以直接在秀米页面，发起微信预览（限认证号）

权给头条号后可以使用什么功能？

以把秀米的图文，直接发布到头条号平台，而不是头条号后台的草稿箱，和公众号同步是不同的，请留意。
与头条号的图文格式，和微信平台的格式有所不同，头条号会重新进行格式排版，请留意。

权给微博头条文章后可以使用什么功能？

以把秀米的图文，同步到微博头条文章的草稿。
与微博头条文章的图文格式，和微信平台的格式有所不同，内容会重新进行格式排版，请留意。

图 12 – 3 – 18 授权页面公众号

单击"公众号授权"按钮，进入公众号授权管理页面，由微信公众号管理员使用微信扫描二维码授权（如图 12 - 3 - 19 所示）。

图 12 - 3 - 19 公众号授权管理页面

授权后成功后，自动跳转编辑页面，单击"同步到公众号"功能，图文就成功同步到公众号上（如图 12 - 3 - 20 所示）。

图 12 - 3 - 20 同步到公众号页面

 12.3.2　H5 工具——易企秀

H5 是一种基本 HTML5 生成的移动微场景，主要可以在移动端进行宣传的网页页面，传播能力极强，有非常好的宣传效果。H5 凭借着较低的开发成本、便利的在线编辑平台、友好的操作页面，搭着移动端互联网人口红利的机遇，成为新媒体营销的一把利器。易企秀是一款操作简单、无须掌握编程技术的手机网页制作平台，为用户提供大量免费模板，只需简单的替换操作就可以完成 H5 动画制作。此外易企秀与主流社会化媒体打通，让用户通过自身的社会化媒体账号就能进行传播，展示业务，收集潜在客户。

（1）打开浏览器，找到"易企秀"网页页面，进行注册登录，可以采用微信、QQ、微博、手机号码等多种方式注册。登录注册界面如图 12 - 3 - 21 所示。

图 12 - 3 - 21　登录注册界面

（2）注册完成功登录后，进入"易企秀"网站页面，点击"免费模板"选项，会看到大量模板显示在页面。用户可以根据行业、用户、风格等分类，找到自己需要的模板（如图 12 - 3 - 22 所示）。

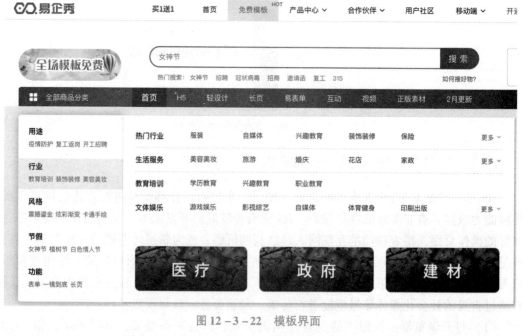

图 12 - 3 - 22　模板界面

（3）选择好模板后，单击模板进入该模板界面，选择"立即使用"按钮（如图 12 - 3 - 33所示）。

图 12 - 3 - 23　套用模板界面

（4）使用模板后，进入模板编辑界面，模板里的内容都可以进行替换。单击模板的边框，在弹出的"组件"面板中，选择"更换图片"按钮进行图片更换。还可以通过"功能设置"为图片设置跳转功能，还可以给图片添加边框、阴影、添加动画效果与动画的触发方式（如图 12 - 3 - 24 所示）。

图 12 - 3 - 24　模板编辑界面

（5）使用"文字"工具为其添加文字。单击"文字"工具，模板中出现文本框，再单击选中文本框，在弹出的"组件设置"面板中，对文字的颜色、大小、行距等进行设置（如图12-3-25所示）。

图12-3-25 文字设置

（6）使用"图片"工具为模板添加图片。单击"图片"工具，在弹出的图片库中选择所需的图片，易企秀网站也为用户提供大量正版免费图片。"背景"工具的操作与图片设置操作一致（如图12-3-26所示）。

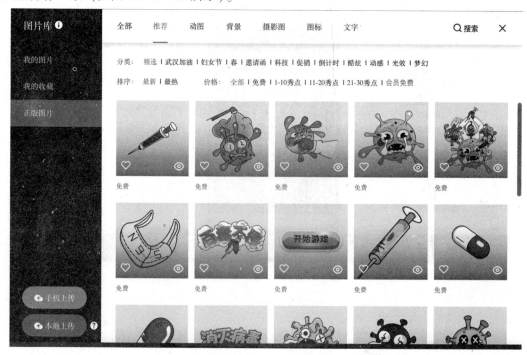

图12-3-26 图片库

（7）使用"音乐"工具为模板添加音乐。用户可以使用网站提供的正版音乐，也可以通过手机端及电脑端上传音乐（如图 12 - 3 - 27 所示）。

图 12 - 3 - 27 音乐库

（8）"形状"工具为用户提供了多种形状，用户可按照图形、文字、图标进行分类查找。形状的选择需适应模板风格，不合适的形状看上去像在模板上打了一块补丁，与模板匹配的形状则会给模板锦上添花，产生意想不到的效果。形状添加到模板后，可单击形状，在弹出的"组件设置"面板中，对形状的颜色、透明度等设置进行调整（如图 12 - 3 - 28 所示）。

图 12 - 3 - 28 形状库

（9）"组件"工具为用户提供了实用的组件，有视频、计数、投票等功能，这里我们用投票功能举例。单击选择"组件"工具中"投票"选项，在弹出的"组件设置"面板中填写信息。先填写投票标题，再选择投票类型，分为图片投票和文字投票，我们选择"文字投票"，之后在选项设置里填写选项内容，投票功能就做好了。其他组件操作与投票功能相同，这里就不一一列举了（如图12-3-29所示）。

图12-3-29　组件工具

（10）"表单"和"特效"工具："表单"工具在做数据时会运用到，"特效"工具使页面在打开时产生特殊的视觉效果。

（11）所有的页面设计完成之后，用户可点击"预览和设置"按钮查看制作的页面效果，单击保存之后就可以选择"发布"按钮进行发布了。

12.3.3　图片素材库

1. 花瓣网

花瓣网是国内设计师交流和分享的平台，网站按照设计类型进行分类，有UI、平面设计、工业设计、插画等多个行业。网站也为爱好者设计了一个非常便捷的采集器，用户可登录花瓣建立自己的账户，账户内建立不同的画板，每个画板可按行业、风格等分类，用于存储不同类型的图片。用户在网站上看到喜欢的图片，只需单击图片上的"采集"字样，图片就可一键收集在用户的画板中（如图12-3-30所示）。

图 12 - 3 - 30 花瓣网

2. 千图网

千图网是国外素材最多的网站之一，网站涉及的素材类型更丰富，除了平面设计、插画、摄影图库，还收集了 PPT 和 Word 设计模板、视频、配乐，还有丰富的字体供用户使用。用户注册网站时，网站会根据用户填写的兴趣及所从事的行业，为用户推荐相关图片素材。千图网还提供了正版商用素材，用户可付费下载使用，避免版权纠纷。如用户或企业需要使用大量正版商业素材，可开通 VIP 账户，全年不限量下载素材（如图 12 - 3 - 31 所示）。

图 12 - 3 - 31 千图网

3. 包图网

包图网更专注于原创商业设计，网站涵盖的范围为千图网相似，与前两者相比，包图网高品质海报设计更为突出（如图 12 - 3 - 32 所示）。

图 12 - 3 - 32　包图网

12.4　短视频制作

12.4.1　用手机拍摄专业的视频

在使用手机拍摄视频时，应该注意的问题有以下几个。第一，拍摄时手机尽量不要抖动，画面要保持平稳，必要时可借助手机三脚架。如果要拍摄运动画面，保持匀速稳定的行走，尽可能借助身边可以利用的器具。第二，光线一定要明亮，灰暗的画面很少能够吸引人。第三，注意短视频平台的拍摄要求，抖音和快手适用于竖排镜头；头条则适用横排镜头。第四，拍摄时要注意画面构图，掌握基本的构图原则，拍摄主体要明确。第五，视频素材尽量多拍一些，方便后期剪辑时做镜头的衔接，可编写简单的视频脚本。第六，建立自己的视频素材库，把拍摄的视频按类别保存，方便以后编辑视频使用。

12.4.2　音乐的选择

音乐是视频的灵魂，优质的音乐可以提升作品的品质。在我们浏览短视频平台时，首先听到的是视频的音乐，优质的音乐能够吸引人们继续欣赏下面的视频；反之，一段糟糕的音乐也会毁了一段好的视频内容，有很多视频因为选了糟糕的音乐使人们还没有看视频，就已经把它划出屏幕。所以，一个好的短视频作品，内容和音乐缺一不可。使用背景音乐时要注意版权问题，有些音乐是不可随意使用的，用户可以在专业音乐网站购买商用音乐，也可以在淘宝上搜索制作音乐的工作室，它们可以把自己的原创音乐低价授权给你。

12.4.3　手机剪辑制作软件——剪映

剪映是一款实用的手机端视频剪辑 App，由短视频大佬抖音收购的脸萌团队设计完成。剪映界面非常简单，只有一个大的"开始创作"按钮，下面的则为草稿箱。剪映界面虽然简单，可它的功能却不简单。

（1）打开剪映 App，在页面上方点击"开始创作"按钮（如图 12 - 4 - 1 所示）。

图 12 - 4 - 1　剪映 App 首页

（2）在素材库找到你要剪辑的视频，选中并添加到项目中（如图 12 - 4 - 2 所示）。

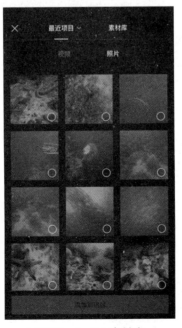

图 12 - 4 - 2　素材库

剪映支持批量导入多个视频或图片，支持视频与图片的混合内容导入，需要注意的是超过1080P分辨率的视频将被压缩。剪映支持视频剪辑功能，支持分割裁剪视频、视频变速、修改添加音频、音频变声与人生增强、支持倒放与旋转视频，自带多种转场特效（如图12-4-3所示）。

图12-4-3 导入素材

（3）添加录音。

在剪映中可以轻松的为视频加旁白配音，用户只需要点击音频区域，就能添加录音，录音时视频也会根据录音时间来变化，方便用户根据视频内容来进行讲解描述（如图12-4-4所示）。

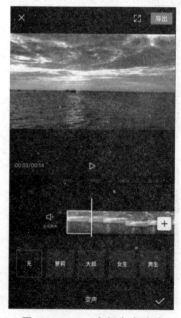

图12-4-4 音频变声功能

（4）字幕功能。

剪映带有添加字幕功能，单击"文本"工具，用户可以轻松为视频添加字幕，剪映还具有字幕识别功能，可以自动识别视频中的讲话并将其转换为字幕，且识别正确率高（如图 12 – 4 – 5 所示）。

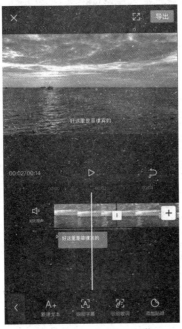

图 12 – 4 – 5 识别字幕

（5）其他功能。

剪映还具有滤镜、特效、美颜、贴纸等功能（如图 12 – 4 – 6 所示）。

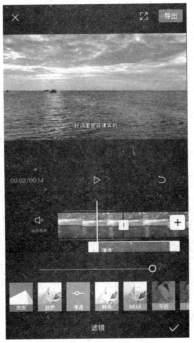

图 12 – 4 – 6 滤镜功能

（6）导出视频。

最后就是视频导功能，在编辑视频时，剪映会在视频末尾自动添加剪映编辑片段，不喜欢的用户可以将其删除，导出的视频格式为 MP4（如图 12 - 4 - 7 所示）。

图 12 - 4 - 7　导出视频

7. 案例：制作剪映卡点视频

在剪映的视频剪辑功能中，有一个好用的卡点视频制作工。卡点视频也就是根据音乐的节奏来切换画面的视频，在抖音上很多视频都是用了卡点技巧制作。卡点视频制作步骤如下（如图 12 - 4 - 8 ~ 图 12 - 4 - 11 所示）：

图 12 - 4 - 8　添加音乐

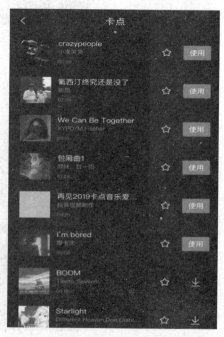

图 12 - 4 - 9　卡点音乐

（1）新建项目导入图片素材。

（2）编辑界面选择"添加音频"，在音乐中剪映为用户准备了不少卡点适合的音乐，选择合适的音乐，点击"使用"。

（3）点击音频区域会出现"踩点"功能，剪映提供了自动踩点功能（可根据节拍或旋律自动踩点），当然你也可以自己手动踩点。

（4）进入剪辑功能，可以看到视频上多了用于定位的黄色小圆点，这些小圆点是软件自动根据音频设置切换画面的标记。

（5）根据小圆点来编辑视频中每张图片出现与结束的时间。单击选中需要设置的图片，向前或向后拖动改变图片的时间。

（6）导出视频。

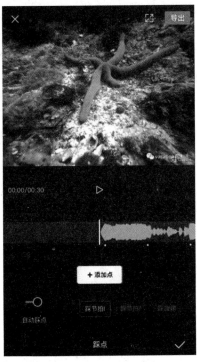 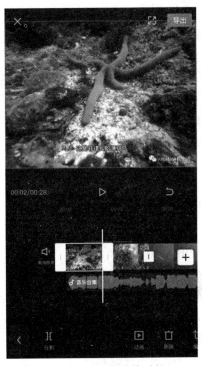

图 12-4-10　自动踩点功能　　　图 12-4-11　设置图片时长

思 政园地

2019 年 1 月 9 日，中国网络视听节目服务协会正式发布了《网络短视频内容审核标准细则》和《网络短视频平台管理规范》。其中关于技术管理规范的规定如下：

1. 网络短视频平台应当合理设计智能推送程序，优先推荐正能量内容。

2. 网络短视频平台应当采用新技术手段，如用户画像、人脸识别、指纹识别等，确保落实账户实名制管理制度。

3. 网络短视频平台应当建立未成年人保护机制，采用技术手段对未成年人在线时间予以限制，设立未成年人家长监护系统，有效防止未成年人沉迷短视频。

知识小结

　　本任务介绍了新媒体营销素材的制作。包括图片的拍摄技巧与构图方法以及 Photoshop 图片处理软件的使用，秀米图文排版软件、易企秀 H5 在线制作平台的使用，剪映短视频 App 软件的使用。通过本章的介绍，用户可以基本掌握软件的使用，制作出适合新媒体平台传播的图片、图文和短视频文件。

知识测验

一、选择题

1. 常见的画面构图方法有（　　）。

A. 九宫格构图　　　　B. 对称构图　　　　C. 三角形构图　　　　D. 对角线构图

2. Photoshop 中的图像菜单可以实现的操作是（　　）。

A. 改变大小　　　　　B. 调整图像亮度　　C. 旋转图像　　　　　D. 为图像添加滤镜

3. 下列搜索高清图片的网站有（　　）。

A. 千图网　　　　　　B. 花瓣网　　　　　C. 昵图网　　　　　　D. pexels

4. H5 的优势有（　　）。

A. 开发简单　　　　　B. 无须编程　　　　C. 开发周期短　　　　D. 便于传播

5. 使用手机制作视频的常用 App 有（　　）。

A. VUE　　　　　　　B. 美拍　　　　　　C. 快手　　　　　　　D. 抖音

二、判断题

1. 用户可以随意使用图片，不需考虑版权问题。　　　　　　　　　　　　　　（　　）
2. Photoshop 中的 CMYK 图像格式用于屏幕显示。　　　　　　　　　　　　（　　）
3. 秀米图文的封面可以放任何大小的图片。　　　　　　　　　　　　　　　　（　　）
4. 剪映中导入的视频可以倒放。　　　　　　　　　　　　　　　　　　　　　（　　）
5. 剪映只能导入视频素材。　　　　　　　　　　　　　　　　　　　　　　　（　　）

 技能训练

在注册过的平台上上传一个视频

　　任务流程：

　　第一步明确任务目标；第二步明确任务内容；第三步根据辅导资料完成相应学习；第四步完成任务；第五步复习（任务/课程）。

　　任务目标：

　　在注册过的平台上，上传一个视频。

　　任务内容：

　　（1）拍摄制作一条短视频内容，可以下载 VUE 进行剪辑制作，上传至少包含抖音、哔哩哔哩、快手、今日头条。

（2）将分享链接、内容截图直接提交至实训任务成果内容当中。

 **行业术语**

九宫格构图：也被称为三分法构图，是一种比较常见和应用十分简单的构图方法。一般有两横两竖将画面均分，使用时将主体放置在线条四个交点上，或者放置在线条上。操作简单，表现鲜明，画面简练，很多相机上都直接配备有这个构图辅助线，应用广泛，多应用于风景、人像等。

对称构图：有上下对称、左右对称等，具有稳定平衡的特点。在建筑摄影中表现建筑的设计平衡，稳定性。广泛应用于镜面倒影中，表达出唯美意境，画面平衡性的特点。对称式构图多用于建筑、倒影拍摄等。

三角形构图：会增添画面的稳定性，常在画面中构建三角形构图元素，特别是人像摄影中。多用于拍摄建筑、山峰、植物枝干、人物等。

对角线构图：其实是引导线构图的一个分支，将引导线沿画面对角线方向分布，就成了对角线构图。引导线可以是直线，也可以是曲线甚至是折线，只要整体延伸方向与画面对角线方向接近，就可以视为对角线构图。

留白构图：让主题周围在画面中留出一些空白空间，它同样能让你的主题很明显且具有吸引力，同时还创造出一种极简的画面。

Photoshop：简称 ps，是 Adobe 公司开发和发行的图片编辑软件，它的专长是图片的合成处理，而非图形创作。要进行图片创意制作，需要用到矢量图形设计软件，常用的软件如 Adobe 公司开发 illustrator 软件，两者相结合能制作出非常精美的创意海报、宣传画册等。Photoshop 的主要应用领域有平面设计、广告摄影、影视创意、网页制作、后期修饰和用户界面设计。在新媒体营销时代，Photoshop 的修图功能必不可少，微信公众号文章中的图片修饰；微商在朋友圈营销使用的产品海报；淘宝商家店铺页面设计；企业站设计等方方面面，学会使用 Photoshop 是新媒体营销时代必备的技能。

秀米：一款在线设计工具，包括图文排版和 H5 设计，被广泛地应用在微信公众号上，秀米的宗旨是让公众号文章变美。此外，秀米还可以生成长图和贴纸图文，发布于更多的平台上。

H5：一种基本 HTML5 生成的移动微场景，主要可以在移动端进行宣传的网页页面，传播能力极强，有非常好的宣传效果。H5 凭借着较低的开发成本、便利的在线编辑平台、友好的操作页面，搭着移动端互联网人口红利的机遇，成为新媒体营销的一把利器。易企秀是一款操作简单、无须掌握编程技术的手机网页制作平台，为用户提供大量免费模板，只需简单的替换操作就可以完成 H5 动画制作。此外易企秀与主流社会化媒体打通，让用户通过自身的社会化媒体账号就能进行传播，展示业务，收集潜在客户。

剪映：一款实用的手机端视频剪辑 App，由短视频大佬抖音收购的脸萌团队设计完成。剪映界面非常简单，只有一个大的"开始创作"按钮，下面的则为草稿箱。剪映界面虽然简单，可它的功能却不简单。

岗位衔接

新媒体图文编辑人员的岗位职责：

1. 负责公司新媒体平台（含官方网站、微信公众号，微博、小程序）运营和维护；

2. 负责信息搜集、图文内容编辑、审核、发布等日常更新维护工作；

3. 负责文章的撰写、整合、优化等相关工作；

4. 负责粉丝互动、话题制造、活动执行、电商客服等相关工作；

5. 对互联网有浓厚兴趣，善于捕捉网络热点、思维敏捷有创新。

视频编辑人员的岗位职责：

1. 负责公司各类短视频拍摄及后期剪辑制作，以及短视频的内容文案策划；

2. 负责公司新媒体短视频平台（抖音、快手等）内容运维以及直播带货节目摄制；

3. 擅长把握短片的节奏感、懂得丰富的视频剪辑手法、镜头表现与衔接、对影片有独到见解和控制能力；

4. 负责视频后期剪辑包装，包括后期剪辑、调色、特效，保证成片的整体风格与包装效果；

5. 对新事物极度的敏感，工作认真负责富有激情。

知识拓展

600 多岁的故宫如何成为新晋网红？

这些年，故宫越来越不像是一个600多岁的中国文化宫殿，更像是一个新时代的"网红"。

最近故宫挺忙的，先是腾讯和故宫合作三周年的分享会在故宫举行，后来又听说雷军在故宫开了小米MIX3发布会，竟然还出了月饼。这些年故宫越来越不像是一个600多岁的中国文化宫殿，更像是一个新时代的"网红"。而往回看，细数这几年故宫的发展，我们看看故宫做出了什么成果。

2015 年，故宫依靠文创类产品一年卖了 10 亿元，比门票收益还要多；故宫淘宝所出的文创产品也备受大众热议，牌匾冰箱贴、尚方宝剑雨伞、官帽伞、胶带，等等，受到很多人的追捧；而故宫所出的纪录片《我在故宫修文物》《故宫新事》更是在豆瓣斩获高分。

一切迹象表明，故宫在大众的心中，已经成为一个"网红"。

那么，故宫是如何成为今天的样子呢？它是如何脱去高大上的外衣，从一个文化宫殿，成为一个流量巨大的"网红"呢？接下来，从 4 个角度来带你了解故宫这个"网红"是如何打造的。

01 第一次反差萌尝试

2014 年 8 月 1 日，故宫在自己的公众号发布了一篇名为《雍正：感觉自己萌萌哒》的文章，文章由文字和图片简单构成，并没有其他过多的排版修饰。

不过，即便排版再丑，这篇文章在当时也引起了很多人的转发，更在网络上引起了热议。

当雍正帝一改以往严肃刻板的形象，成为一个"可爱萌主""抠脚大汉"，这一下子在社交圈引起了很大的反响。

　　这篇名为《雍正：感觉自己萌萌哒》的文章，阅读量迅速达到了 10 万＋，这样的数据在当时是非常厉害的。而在这之前他们公众号所有的文章时，阅读量大多都是几百的状态。正是因为这次尝试的成功，让故宫的工作人员开始意识到，这样的形式恰恰是一个很好的切入点。的确，他们为故宫的文创类产品，找到了一个很好的入口。

　　600 多岁的故宫，凭借大众以往对故宫严谨高冷的印象，配合现在各种萌贱的表达方式，成功俘获了很多人的心。

　　此后，故宫开始沿用反差萌的套路，大众也非常乐意买账。

　　除了文创产品上能够看出大众喜欢这种反差萌，在 H5 的传播过程中也可以看出。

　　2016 年 7 月，一个 H5《穿越故宫来看你》突然刷屏朋友圈，这是由 treedom 与腾讯 Tgideas 团队为腾讯创新大赛 NEXT IDEA 所做的，在 H5 中明成祖朱棣从画中跳了出来，唱着 rap，跳着舞蹈。这又一次让人们看到了不一样的传统文化，故宫又一次给了大众一种形象上的反差。

　　与故宫相关的历史人物形象，改编后更是在社交圈引起很多的交流和转发，直到现在还能够在朋友圈里看到，有些人的头像就是皇上的反差萌图片。

02 故宫博物院的高分纪录片

其实，早在 2005 年就已经有了关于故宫博物院的纪录片《故宫》，这部纪录片在豆瓣上一直保持在 9.1 的高分。从建筑艺术、功能使用、馆藏文物、皇宫到博物院的历史转变这四个角度，描述了一个经历 600 年积淀后的故宫。

2012 年播出了《故宫 100》，每集用 6 分钟的时间，讲述了故宫不同空间的故事。在豆瓣评分高达 9.3 分。

2016 年，播出了纪录片《我在故宫修文物》，这部纪录片不再是仅仅介绍故宫的故事，而是介绍在故宫修文物的工作人员，通过纪录片看到这些工作人员为了中国的文物所做出的贡献，更好地激起了人们内心的触动。《我在故宫修文物》在首播 1 个月后，在以年轻人为主要受众的 B 站上点击率超 200 万，弹幕数超 6 万条。

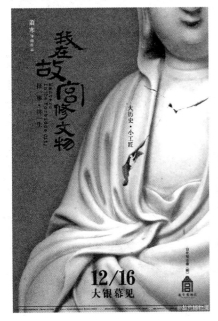

600 多年的古老品牌成为新晋网红，对于学习品牌营销的人士，这是很好的案例。关于故宫，你还有什么想说的呢？

（资料来源：https://www.sohu.com/a/273930577_99936125）